AF597909

TANZ DES LEBENS.
100 JAHRE HAMBURGISCHE SEZESSION

Eine Ausstellung der Stiftung
Historische Museen Hamburg, Jenisch Haus

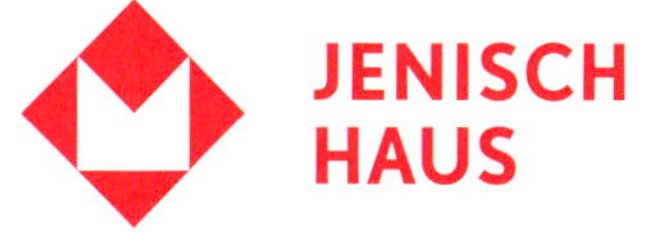

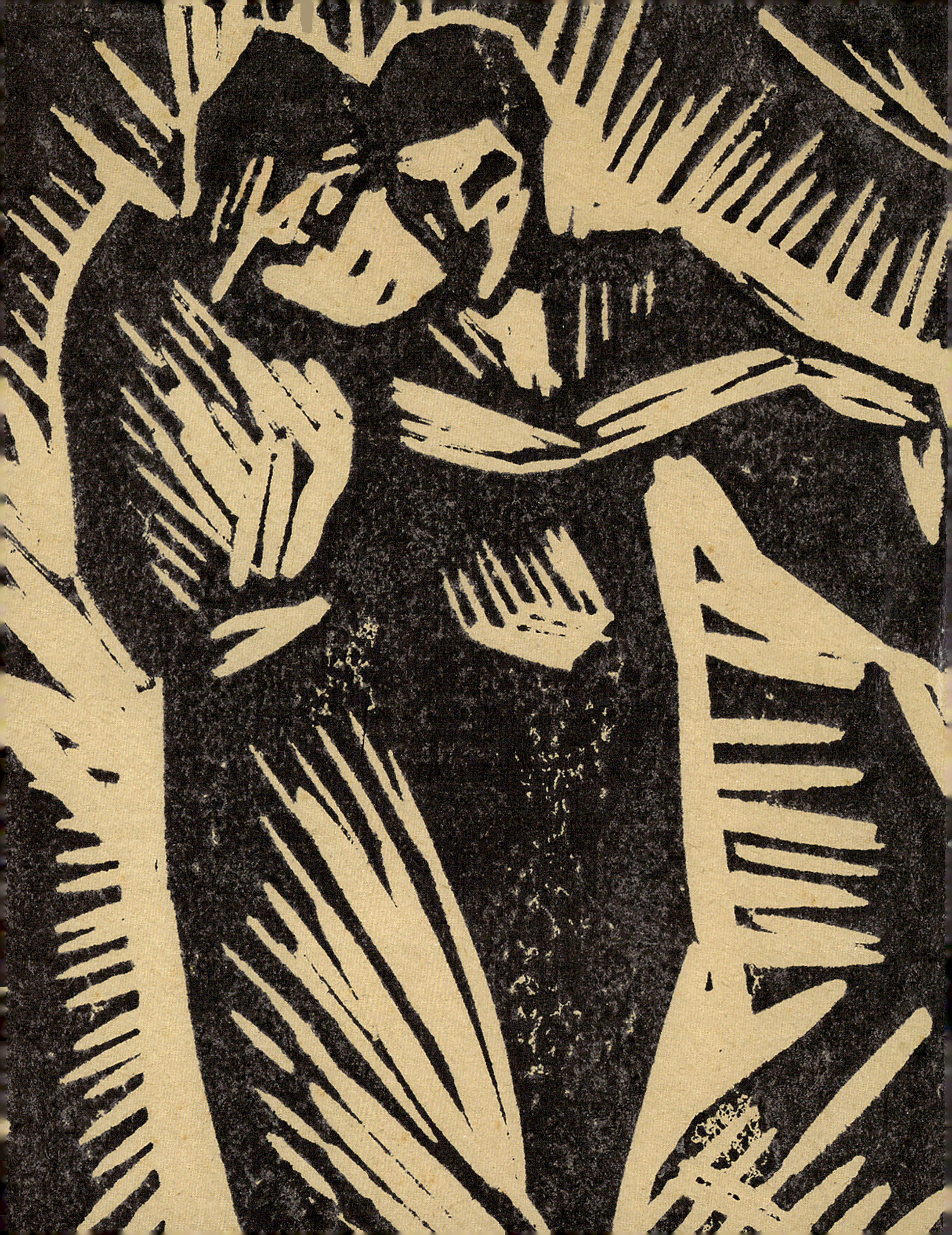

TANZ DES LEBENS

Die Hamburgische Sezession 1919–1933

HERAUSGEGEBEN VON MAIKE BRUHNS,
ANJA DAUSCHEK, NICOLE TIEDEMANN-BISCHOP
FÜR DAS JENISCH HAUS

SANDSTEIN VERLAG

Die Ausstellung wird präsentiert im Rahmen des Jubiläums
100 jahre bauhaus und des Hamburger Architektur Sommer 2019

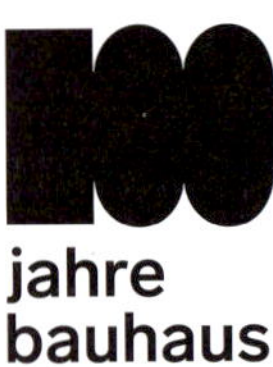

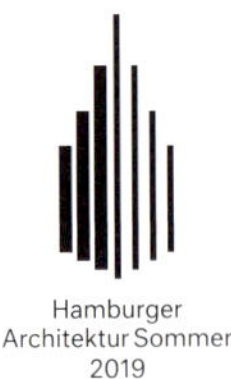

Die Realisierung des Katalogs wurde ermöglicht
durch die großzügige Förderung von

Martha Pulvermacher Stiftung

Carolina D'Amico | Stiftung
Hamburg | Großhansdorf

KUNSTSTIFTUNG
CHRISTA UND NIKOLAUS SCHÜES

Ein großer Dank geht an alle Privatpersonen, die mit Leihgaben und Bereitstellung von Bildmaterial zur Realisierung der Ausstellung und des Katalogs beigetragen haben:

Sammlung Maike Bruhns, Hamburg ▬ Sammlung Jochen Düllmann, Rümpel ▬ Sammlung Ina Lorenz, Hamburg ▬ Sammlung Klaus Friedrich Meyer, Hamburg ▬ Sammlung Ursula Nicolaysen, Hamburg ▬ Sammlung Andreas Plettenberg, Hamburg ▬ Sammlung Jens Scheper, Lütjensee ▬ Sammlung Rüdiger Schütt, Kiel ▬ Sammlung Manfred Sihle-Wissel, Brammer ▬ Sammlung Doris Timmann, Hamburg ▬ Sammlung Tim Tobeler, Hamburg ▬ Sammlung Uta Wendt / Sandro Bendig, Hammoor ▬ Sammlung Peter Widderich, Glückstadt ▬ Sammlung Doris von Zitzewitz, Hamburg. Unser Dank gilt zudem allen hier nicht namentlich genannten privaten Leihgebern.

INHALT

VORWORT

Als die Hamburgische Sezession 1931 zum ersten Mal im neuen Gebäude des Kunstvereins ihre Jahresausstellung eröffnete, sagte Gustav Pauli, der damalige Direktor der Hamburger Kunsthalle, in seiner Ansprache: »Eine Schwalbe, heißt es, macht noch keinen Sommer, aber angesichts so vieler Schwalben darf man wohl von einem Hamburger Kunstfrühling sprechen.« Pauli sollte Recht behalten. Die Gründung der Hamburgischen Sezession im Jahr 1919 – als eine der letzten künstlerischen Sezessionsgruppen in Deutschland – gilt als die Geburtsstunde der Kunstszene in Hamburg. Ihre Bedeutung hallt bis heute nach, reicht über die Grenzen der Hansestadt hinaus und steht gleichzeitig für einen besonderen Aspekt der Hamburger Geschichte und Identität. Das 100. Jubiläumsjahr der Sezession ist Anlass für die Ausstellung »Tanz des Lebens« im Jenisch Haus.

1919 vollzog sich in der Kaufmannsstadt ein gesellschaftspolitischer Wandel. Entbunden von Regeln und Konventionen, die mit dem Zerfall des Kaiserreichs ausgedient hatten, bahnten sich die Künste neue Wege. Die Gründung der Universität fand im selben Jahr statt, es entstanden Kunstzeitschriften und ein modernes Theaterleben, Künstlerfeste fanden statt und Künstlergruppen formierten sich. Insgesamt vernetzten sich Künstlerinnen und Künstler mit Historikern, Galeristen und Museumsdirektoren. Erklärtes Ziel der Hamburgischen Sezession war, das Umfeld für die Kunstwelt in Hamburg zu verbessern und eine Kunstszene zu etablieren. Denn eine Kunstakademie gab es nicht. Nicht die Abspaltung von einer konservativeren Künstlergruppe war, wie bei anderen Sezessionen, Triebkraft, sondern eine Absage an das Althergebrachte insgesamt. Man verstand sich als Elitevereinigung, deren einziger Maßstab die künstlerische Qualität sein sollte.

Beeinflusst von der Reformbewegung und den Erfahrungen des Ersten Weltkriegs entstand eine Kunst, die ein im Zuge der gesellschaftlichen Veränderungen ganz neu empfundenes Menschenbild zeigte mit Themen wie der Suche nach Lebenssinn und individueller Freiheit, dem Menschen als archetypisches Wesen, Eros und Sinnlichkeit, der Rolle von Religion, aber auch der Aufarbeitung von Krieg, Hungersnot und urbanem Chaos. Inspirationsquelle war die zeitgenössische Kunst – sowohl der französische Nachimpressionismus, der Fauvismus, der Kubismus und die Kunst um 1900 als auch und vor allem die expressionistische Malerei. Viele Sezessionisten knüpften an die Kunst aus dem Brücke-Kreis an, die schon vor 1910 in Hamburg – gefördert von engagierten Kunsthistorikern und Sammlern – zahlreiche Anhänger gefunden hatte. Ebenso war Edvard Munch für viele Maler Vorbild. Dabei ging es nicht um Adaption, sondern um vorurteilslose Betrachtung, das Begreifen dieser Kunst und ihrer Bildideen und um die Transformation in einen eigenen Stil. Anfänglich gab es keinen spezifischen Hamburgischen Sezessionsstil, dieser entwickelte sich erst im Laufe der 1920er Jahre.

Die Hamburgische Sezession bestand bis 1933, sie hatte insgesamt 52 Mitglieder, darunter auch Architekten und Literaten. Vom NS-Regime wurde die Gruppe zum Ausschluss der jüdischen Mitglieder aufgefordert, woraufhin sie sich am 16. Mai 1933 auflöste.

»Tanz des Lebens« war der Titel der ersten Sezessionsausstellung, die am 14. Dezember 1919 in der Hamburger Kunsthalle eröffnet wurde. Der Titel war einer Grafik von Heinrich Steinhagen entlehnt, die als Plakatmotiv diente. Neben einer Ausstellungsreihe gab es Vorträge und Künstlerfeste. Für die Ausstellung im Jenisch Haus 100 Jahre später haben wir auf diesen Titel zurückgegriffen. Der 1919 gewählte interdisziplinäre Ansatz, der die Trennung freier und angewandter Künste aufhob, entsprach dem des Bauhauses, das zeitgleich in Weimar gegründet wurde. Entsprechend ist die Ausstellung 2019 auch ein Beitrag zum Jubiläum 100 jahre bauhaus. Sie zeigt auf 400 qm Gemälde, Grafiken und Plastik zu einer Fülle von Themen: Porträt, Frühe Sezession und Expressionismus, Tiere, Feste, Stadt Hamburg, Krieg, Soziale Frage, Nachtleben, Späte Sezession und Zeitwende. In einer Medieninstallation sind zahlreiche Fotografien zu den Künstlerfesten zu sehen. Insgesamt geht es nicht nur um die Präsentation der Werke unterschiedlicher Künstlerinnen und Künstler, sondern um das kulturelle Leben Hamburgs in den 1920er Jahren. Die Ausstellung wird begleitet von verschiedenen Führungen und Vorträgen.

Die Exponate sind zum einen Sammlungsbestand der Stiftung Historische Museen – Altonaer Museum, zum anderen stammen sie aus Sammler- und Nachlassbesitz. Viele der Werke aus Privatbesitz sind bisher noch nie oder nur sehr selten gezeigt worden. Wir danken deshalb den privaten Leihgebern, die für einen längeren Zeitraum auf ihre Sammlungen verzichten müssen, herzlich für die großzügigen Leihgaben.

Der Ausstellungskatalog wurde ermöglicht durch die großzügige Unterstützung der Martha Pulvermacher Stiftung, der Carolina D'Amico-Woisin Stiftung und der Kunststiftung Christa und Nikolaus W. Schües. Dafür möchten wir uns herzlich bedanken.

Die Ausstellung wurde kuratiert von Dr. Maike Bruhns, der wir herzlich für die gelungene Zusammenarbeit rund um Ausstellung und Katalog danken möchten. Ebenfalls danken wir Dr. Rüdiger Schütt und Dr. Verena Fink für ihre Katalogbeiträge sowie wissenschaftliche Mitarbeit. Dank gebührt auch Dr. Rüdiger Joppien für fachliche Beratung und Dr. Friederike Weimar für die Vernetzung der Institutionen, die sich 2019 um die Hamburgische Sezession bemühen. Die Ausstellungsgestaltung lag in den Händen von Jochen Messer, Ausstellungsgrafik und Werbemittel gestaltete das atelier freilinger & feldmann. Ihnen wie auch dem Sandstein Verlag danken wir für die gute Zusammenarbeit.

Wir hoffen, dass wir nach 100 Jahren dem Anliegen der Sezession, der hamburgischen Kunst Raum zu geben und sie sichtbar zu machen, mit Ausstellung und Katalog angemessen nachkommen und die Begeisterung entfachen, die diesen bedeutenden künstlerischen Zeugnissen gebührt.

Prof. Dr. Anja Dauschek Direktorin Altonaer Museum	Dr. Nicole Tiedemann-Bischop Leiterin Jenisch Haus

EINFÜHRUNG

100 Jahre sind seit der Gründung der Hamburgischen Sezession im Sommer 1919 vergangen. Die progressive, avantgardeorientierte, bald elitäre Künstlervereinigung bestand über 14 Jahre bis 1933 und prägte das Kulturleben Hamburgs nachhaltig.

Viele der 52 Mitglieder gerieten mit den Jahren in Vergessenheit, insbesondere diejenigen, die nach der Machtübernahme der Nationalsozialisten emigrierten. Namentlich gegenwärtig sind heute Friedrich Ahlers-Hestermann, Eduard Bargheer, Willem Grimm, Erich Hartmann, Karl Kluth, Emil Maetzel, Dorothea Maetzel-Johannsen, Rolf Nesch, Anita Rée und Gretchen Wohlwill. Sammlern und Insidern geläufig dürften die Maler Fritz Kronenberg, Arnold Fiedler, Fritz Flinte, Willy Davidson und die Bildhauer Hans Martin Ruwoldt und Karl Opfermann sein.

Seit den 1990er Jahren nahm sich die Hamburger Sparkasse mit Einzelausstellungen und dem Ankauf der Sammlung Hermann-Josef Bunte des Themas an, neben Ausstellungen ließ sie Kataloge für einzelne Künstler erarbeiten. Im Jahr 2002 fand eine Übersichtsausstellung zur Hamburgischen Sezession aus dem Bestand der Haspa-Sammlung in der Zentrale am Großen Burstah statt.

Abgesehen davon und von Jubiläumsausstellungen für einige bekanntere Künstler hat es seit 1933 keine fundierte Präsentation der Künstlergruppe mehr gegeben. Den Bemühungen, ihre Tätigkeit breiter bekannt zu machen, war in den vergangenen Jahrzehnten kein Erfolg beschieden.*

Nachdem sich jahrelang ausschließlich engagierte Sammler um den Erwerb von Arbeiten aus Künstlernachlässen, dem Kunsthandel und auf dem Kunstmarkt kümmerten, werden gegenwärtig wieder einzelne Künstler präsentiert, so etwa Anita Rée in der Hamburger Kunsthalle, Karl Kluth im Museum für Kunst und Gewerbe, Rolf Nesch und Eduard Bargheer im gleichnamigen neuen Museum. Publikationen und Monografien zu einzelnen Künstlern liegen mittlerweile in größerer Zahl vor, sie erleichtern die Recherche und Forschung.

Eine Ausstellung zum Jubiläumsjahr 2019 war unerlässlich. Als Übersichtsschau konzipiert, zeigt sie im Jenisch Haus Bilder aus Beständen des Altonaer Museums, vor allem aber aus Sammler- und Nachlassbesitz. Viele der Arbeiten sind kaum oder noch wenig bekannt, einige werden erstmals gezeigt.

Obwohl wegen fehlender Exponate nicht alle 52 Mitglieder vertreten sind, ist es unser Ehrgeiz, die Stärken der Sezession, die kreative Kraft und Vielseitigkeit des künstlerischen Schaffens bekannter zu machen – und nicht zuletzt, ihre künstlerische Tragfähigkeit zu würdigen.

Dr. Maike Bruhns
Kuratorin der Ausstellung
Hauptautorin des Katalogs

* Allein der Galerist Rainer Herold zeigte 1992 Werke aus eigenen Beständen in einer Verkaufsausstellung mit Katalog. 1986 war Ruth Dunkelmanns Ausstellungsvorhaben im Kunsthaus nicht zur Ausführung gekommen. Der Plan, 2004 im Kunsthaus eine große Sezessionsausstellung aller 52 Mitglieder mit einem ausführlichen Katalog zu präsentieren, scheiterte an den Mitteln, ebenso das Vorhaben eines kleinen Sezessionsmuseums.

KRIEG, REVOLUTION, SOZIALE FOLGEN

Der Erste Weltkrieg, Revolution, Armut und Elend – Geburt und Tod

DER ERSTE WELTKRIEG

Der Erste Weltkrieg ging in die Geschichtsschreibung als die Urkatastrophe des 20. Jahrhunderts ein. Nach seinem Ende wurde im Sommer 1919 die Künstlervereinigung Hamburgische Sezession gegründet. Die bei der Gründung beteiligten – wie auch viele der später hinzugekommenen – Mitglieder hatten eine schwere Zeit hinter sich, denn bis auf Friedrich Ahlers-Hestermann[1] waren alle 25 männlichen Mitglieder zwischen 1914 und 1918 zum Kriegsdienst einberufen worden. Die anfänglich patriotische Begeisterung mancher Kunststudenten und Künstler verkehrte sich unter den schwerwiegenden Erfahrungen von Frontkämpfen, Kriegstod und Verwundung schnell ins Gegenteil, viele kehrten mit physischen und psychischen Traumata zurück.

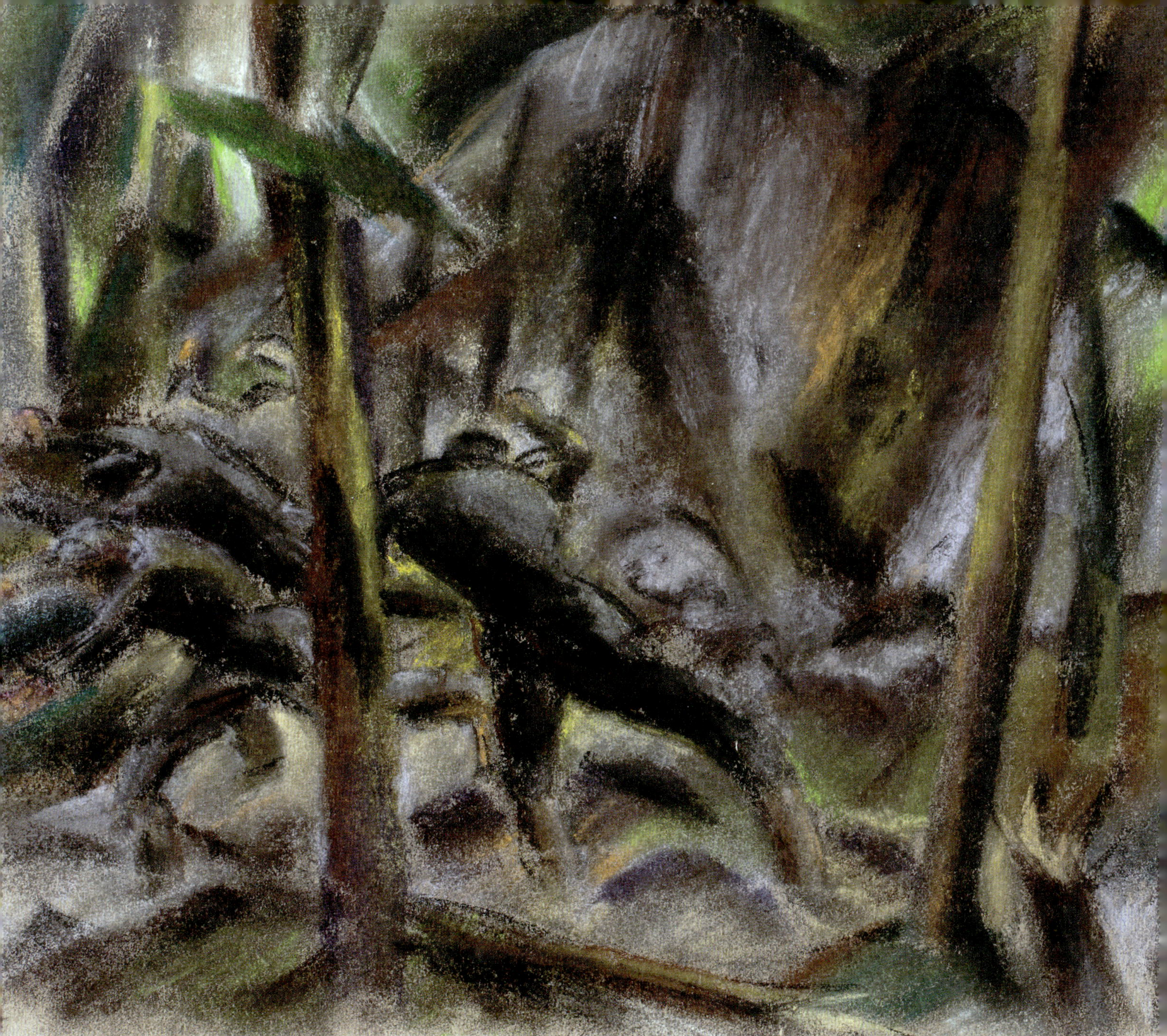

1
Otto Fischer-Trachau,
Kampf im Wald, um 1917,
Kreidezeichnung,
Sammlung Maike Bruhns,
Hamburg

Die wenigsten hatten Glück wie Paul Hamann, der als Mappenzeichner an Ost- und Westfront eingesetzt und von Kämpfen verschont wurde. Emil Maetzel verbrachte die Kriegsjahre als Architekt in Berlin.[2] Gesundheitlich nachhaltig gezeichnet blieben Heinrich Steinhagen mit einem Nervenleiden und Otto Rodewald mit schweren Lungenschäden nach einer Blaukreuz-Gasvergiftung. Der begabte Franz Nölken, einer der fortschrittlichsten Maler in Hamburg und enger Freund von Ahlers-Hestermann, erlebte die Gründung nicht mehr; er fiel am 4. November 1918, kurz vor Kriegsende, in Frankreich.

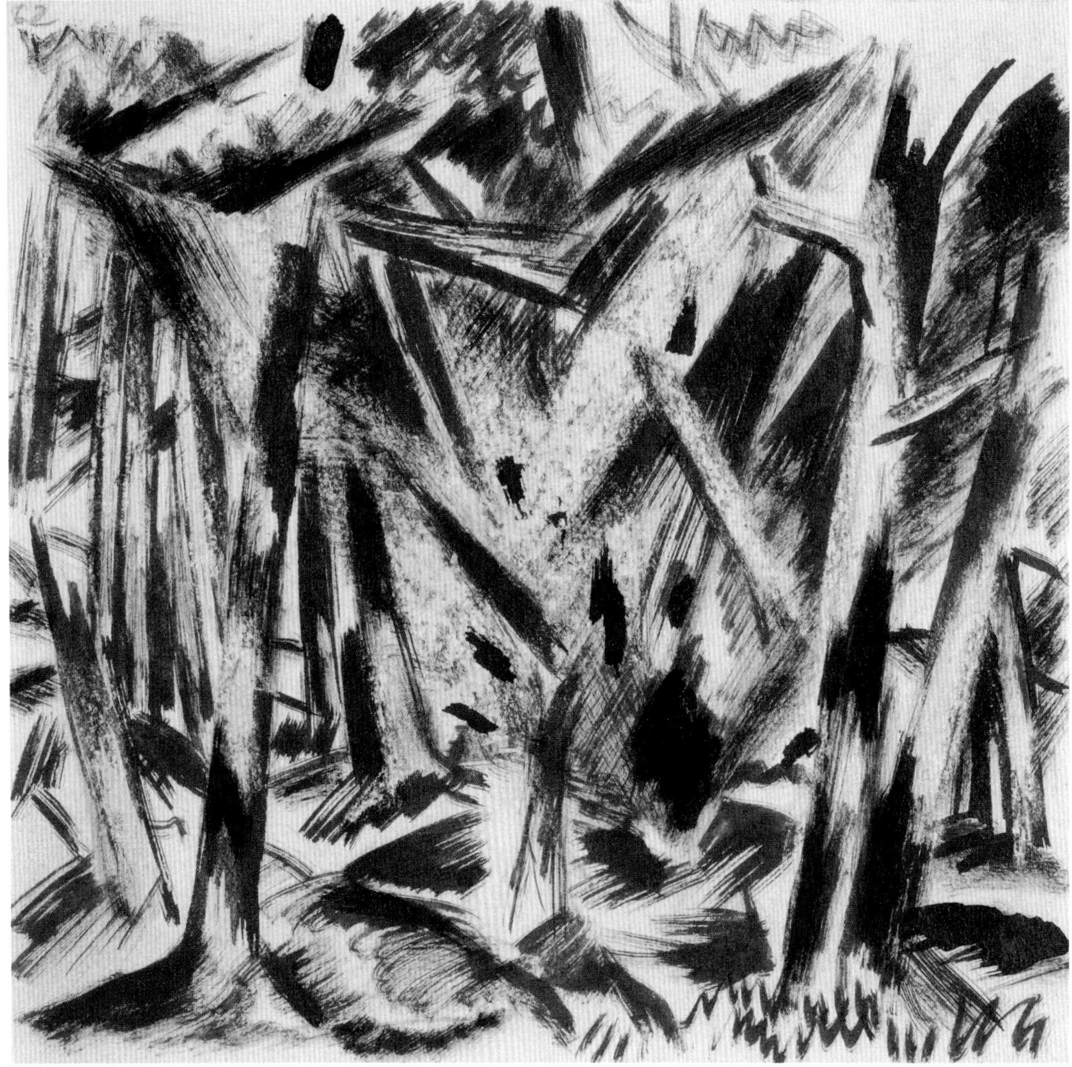

2
Otto Fischer-Trachau, Wald unter Beschuss, um 1916/17, Tuschezeichnung, Sammlung Maike Bruhns, Hamburg

Viele Soldaten setzten sich künstlerisch schon vor Ort mit dem grausigen Geschehen in Russland, Flandern und Frankreich auseinander. Kurt Löwengard führte ein Kriegstagebuch, in das er illustrierend Szenen zeichnete.[3] Rolf Nesch wurde fünfmal verwundet, wegen Tapferkeit vor dem Feind ausgezeichnet und zum Offizier befördert; er stellte ebenfalls zerschossene Landschaften dar, Soldaten im Fort Douaumont und anderes. 1916 porträtierte er »im Westen« den Hamburger Kaufmann Carl Vincent Krogmann, der ihn später nach Hamburg einlud und Sammler seiner Arbeiten wurde. Als Kriegsberichterstatter zeichnete Otto Fischer-Trachau 1917 Kriegsszenen direkt vor Ort, so wie er sie selbst erlebte: schwere Kämpfe im Wald, Zerstörung von Natur und Landschaft, Explosionen, die Menschen in die Luft katapultieren. Er reflektierte das ungeheuerliche Geschehen in sachlicher Wiedergabe mit emotionaler Tendenz (Abb. 1, 2). Ähnlich dramatisch verarbeitete Heinrich Steinhagen seine Erlebnisse.

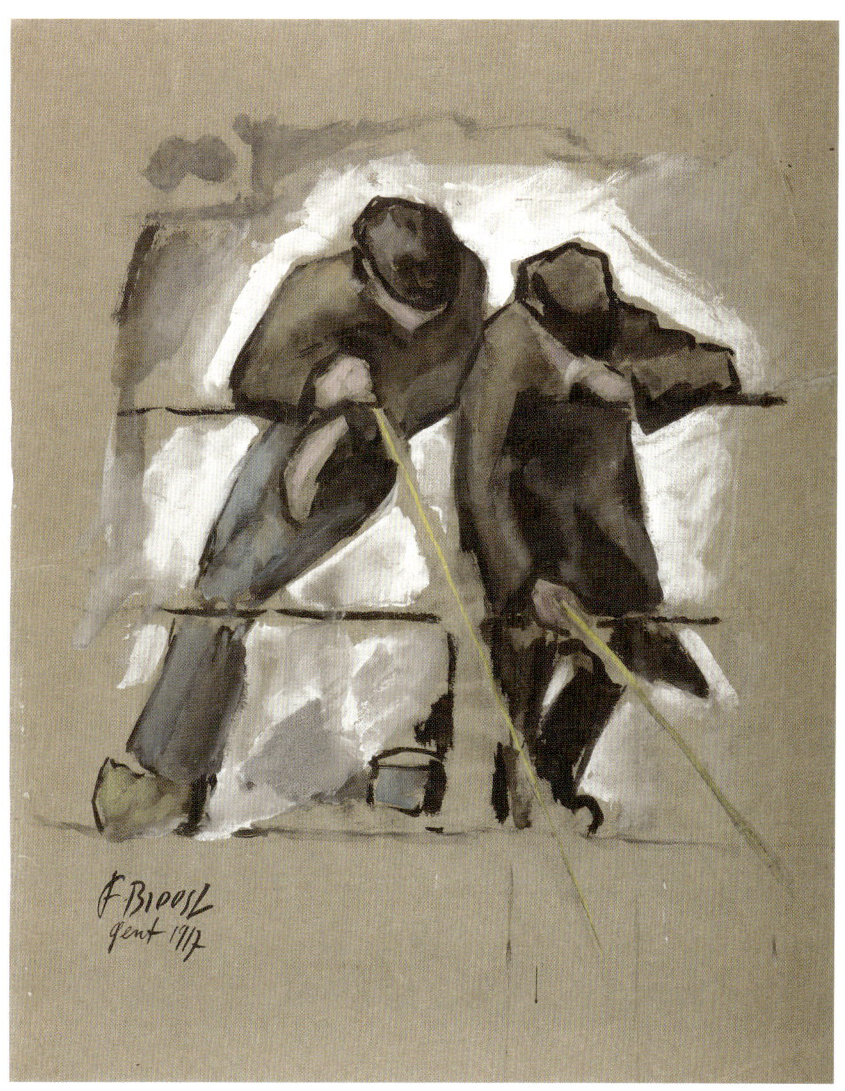

3
Franz Breest, Blinde, 1917, Gouache, Sammlung Tim Tobeler, Hamburg

Franz Breest malte 1917 in Gent zwei »Blinde« (Abb. 3), die mit gesenkten Köpfen, über ein Geländer gebeugt, unsicher aneinander Halt suchen und mit ihren langen Stöcken das Terrain abtasten. Sie agieren vor einem blendend weißen Hintergrund, der der Szene einen dramatischen Anstrich verleiht. Entsetzen wie Empathie des Malers kommen hier zum Ausdruck.

Willy Davidson gestaltete nach seinem Kriegsdienst in Holland, Belgien und Frankreich 1919 das eindrucksvoll dunkle Gemälde »Aus einer belgischen Grenzstadt« (Abb. 4). Es zeigt einen verödeten Ort mit einzelnen Häuserblocks, schmutzigen Brandmauern, eingrenzenden Zäunen – eine Szene, in der maskenhafte Figuren wie Statuen ohne Verbindung vor einem gelben Brandhimmel verharren. Diese Welt scheint erstarrt zu sein, freudlos, feindlich und fremd. Der Kritiker Hakon deutete die dunstige Atmosphäre mit den verwischten matten Farben als Anzeichen »nordisch-trübsinnige[r] Schwere und Düsterkeit«.[4]

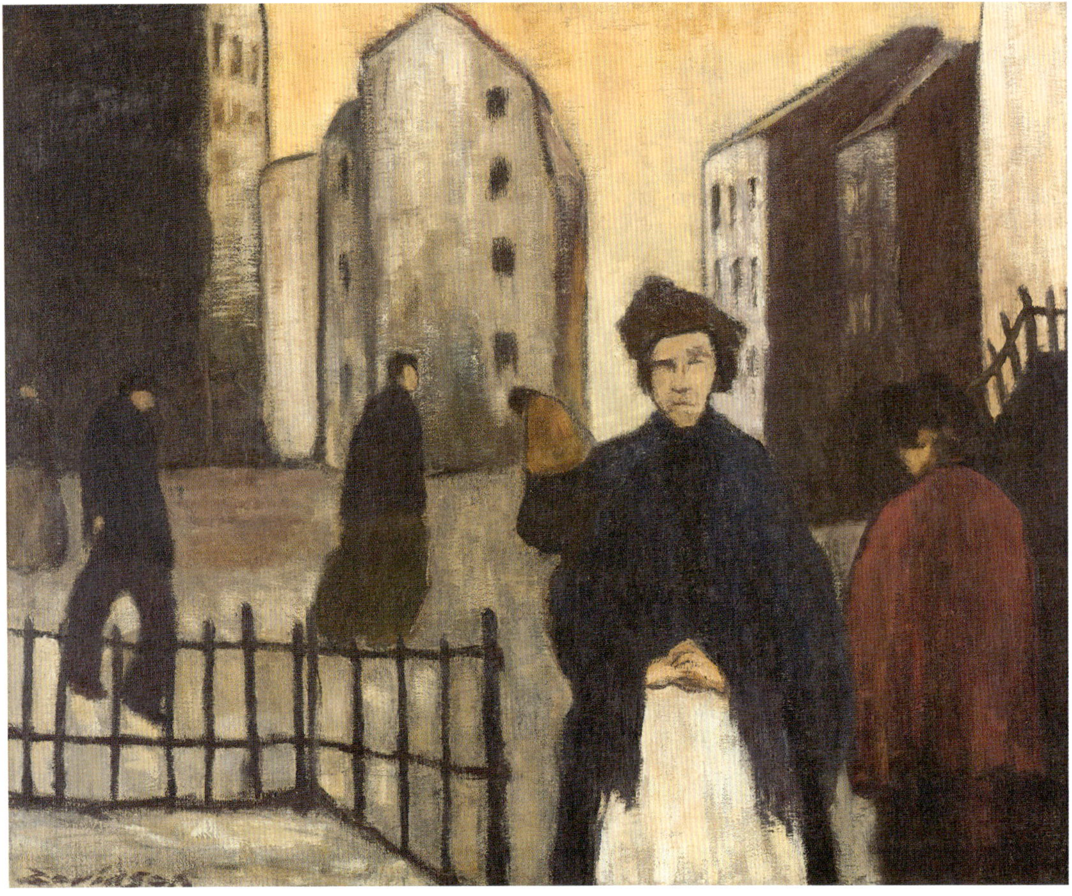

4
Willy Davidson, Aus einer belgischen Grenzstadt, 1918/19, Öl auf Leinwand, Sammlung Jochen Düllmann, Rümpel

Heinrich Stegemann, der der Sezession nahestand, arbeitete 1935 seine Fronterlebnisse in Frankreich in monumentaler Form noch einmal auf, um vor der drohenden Gefahr eines weiteren Krieges zu warnen.

Keiner der Hamburger Künstler erreichte allerdings mit seinen Kriegsbildern die Bekanntheit eines Otto Dix, der seine Erfahrungen später zu einem apokalyptischen Geschehen überhöhte, oder die Betroffenheit eines Karl Schmidt-Rottluff, der angesichts des maßlosen Leides das Haupt des Gekreuzigten in Holz schnitt, auf die Stirn die Zahl 1918 setzte und die Frage darunter: »Ist Euch nicht Kristus erschienen«.

REVOLUTION

Die Weigerung von Matrosen auf Marineschiffen in Wilhelmshaven Ende Oktober 1918, in einen aussichtslosen finalen Einsatz gegen überlegene englische Verbände zu fahren, war die Initialzündung für die Revolution. Diese Befehlsverweigerung mündete in den Kieler Matrosenaufstand. Der Sozialdemokrat Philipp Scheidemann rief am 9. November 1918 vom Reichstag in Berlin die Republik aus und der Kaiser dankte am gleichen Tag ab. Wenige Tage später kam es zum Waffenstillstandsabkommen mit den Siegermächten.

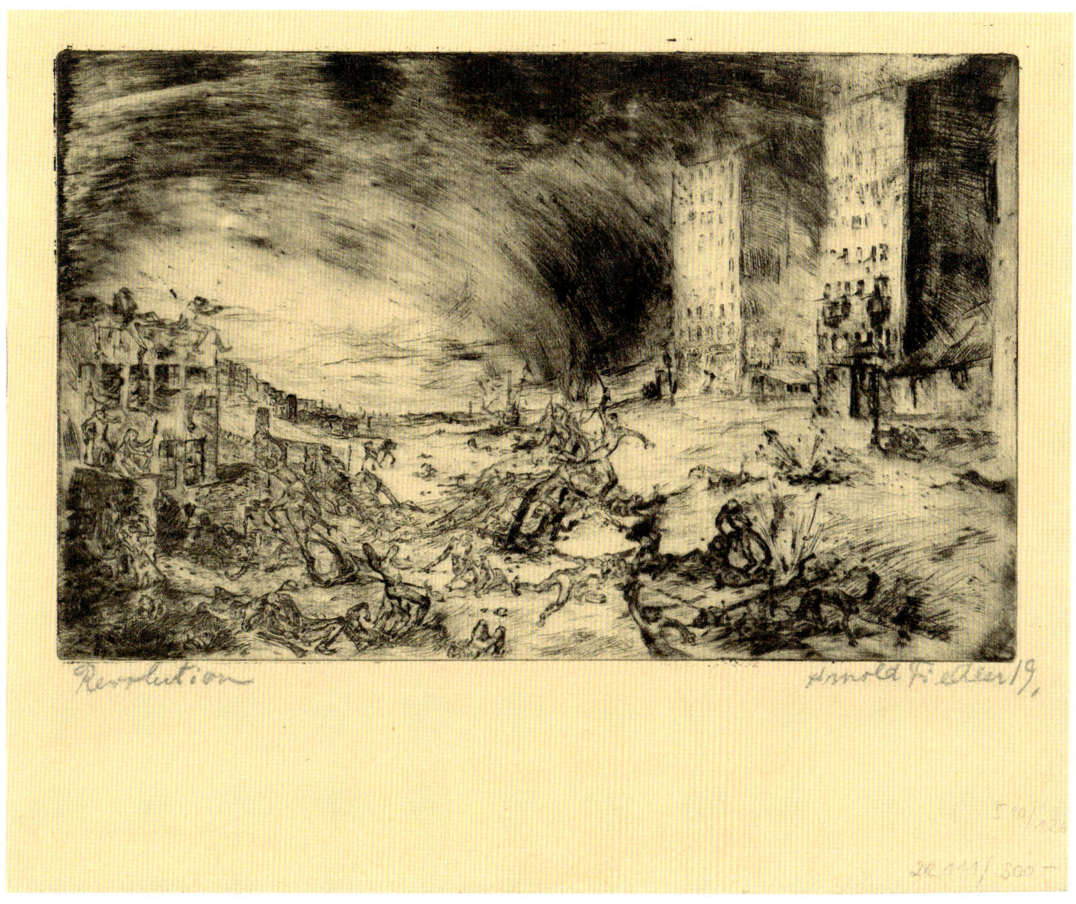

5
Arnold Fiedler, Revolution, 1919, Radierung, Sammlung Maike Bruhns, Hamburg

In den Regionen des Reiches übernahmen Arbeiter- und Soldatenräte, manchmal begleitet von Unruhen, die Macht. Nach der Wahl zur Nationalversammlung trat im August 1919 die neue Weimarer Reichsverfassung in Kraft, damit fand die Revolution ihren Abschluss.

Die politischen Turbulenzen und Wirren der nachfolgenden Auseinandersetzungen zwischen den demokratischen, links- und rechtsradikalen sowie den militärischen Kräften lösten Unruhe und Chaos aus. Alle Maßstäbe des politischen und bürgerlichen Lebens waren infrage gestellt, auch in der Kunst. So wurde beispielsweise die Hamburger Kunsthalle auf Initiative von Heinrich Steinhagen von einem linken Künstlerrat übernommen, wie Friedrich Ahlers-Hestermann später berichtete. Durch kluges Taktieren des Direktors Gustav Pauli löste dieser sich jedoch bald wieder auf.[5]

Künstlerische Zeugnisse zu den wilden Verhältnissen haben sich kaum erhalten, allerdings registrierte der Kunststudent Arnold Fiedler aufmerksam die Geschehnisse und versuchte, sie mit autodidaktischen Mitteln zu dokumentieren. Auf seiner Radierung »Revolution« (Abb. 5) fegt 1919 ein Sturm oder Feuer über einen öden Platz, den einzelne Blocks und Ruinen säumen. Dieser ist mit winzigen Toten übersät. Scharfschützen auf den Ruinen und in den Fensterhöhlen feuern auf alles, was sich bewegt, Einzelkämpfer stürmen vor, teils in heroischer Geste. Alle kämpfen – unklar bleibt, wofür und für wen. Explosionen und

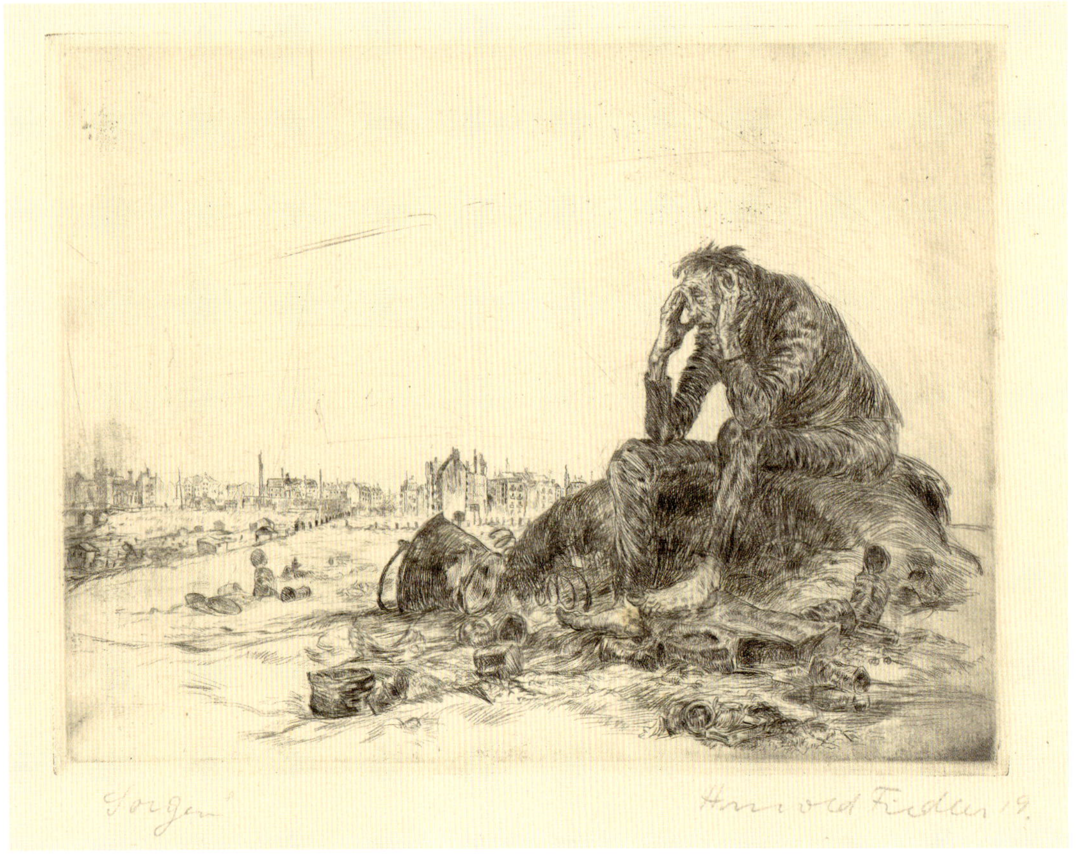

6
Arnold Fiedler, Sorgen, 1919, Radierung, Sammlung Tim Tobeler, Hamburg

Einschläge der Geschütze haben die Erde aufgewühlt. Die große gesellschaftliche Umwälzung präsentiert sich als riesiges Chaos, das niemanden verschont, nicht Menschen, nicht ihr Umfeld, ihre Stadt und Natur.

SOZIALE FOLGEN: ARMUT UND ELEND, GEBURT UND TOD

Weite Kreise der Bevölkerung litten nach 1918 unter den Kriegsfolgen und den politischen Unruhen. Verarmung, Entbehrungen, Hunger, Kälte, Elend und Krankheiten gehörten zum Alltag. Zwischen 1918 und 1920 forderte die Spanische Grippe in ganz Europa Millionen Opfer, auch Hamburg blieb nicht verschont. Schifffahrt und Handel wurden durch die Folgen des Versailler Vertrags lahmgelegt, und die entlassenen Soldaten mehrten die Arbeitslosenzahl. Der Kohlemangel führte zum Stillstand der Maschinen in der Produktion und zu Schwierigkeiten im Haushalt. Ein Neuanfang war notwendig.

In der linken Szene der Stadt engagierten sich Künstler für soziale Belange. Arnold Fiedlers Radierung »Sorgen« (Abb. 6) schildert 1919 eine ausweglose Situation: Alles scheint desolat, die Stadt im Hintergrund menschenleer, die Felder brach. Ein Mann sitzt auf einem toten Pferd und hält sich verzweifelt den Kopf. Der umgestürzte Eimer und Brandreste weisen auf einen ehemaligen Stall hin, geleerte Dosen auf Hunger.

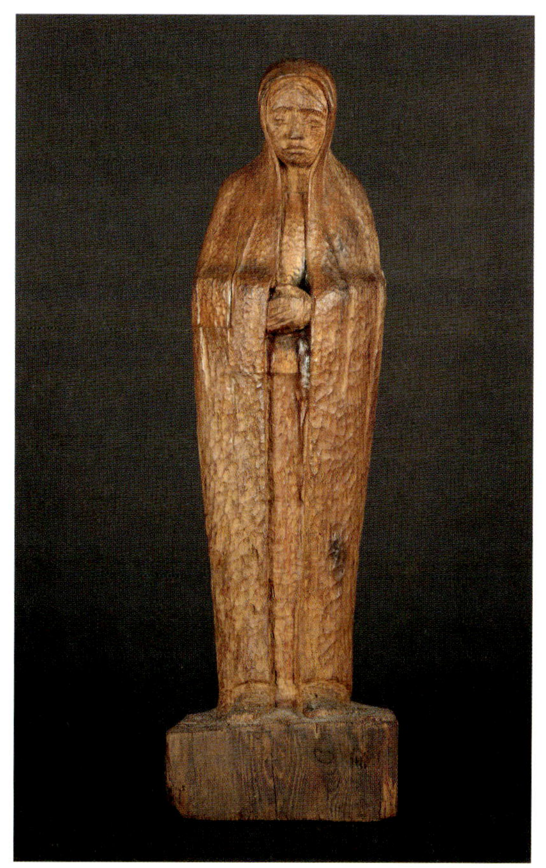

7
Karl Opfermann, Armut, undat., Holzskulptur, Sammlung Tim Tobeler, Hamburg

Die stille Skulptur »Armut« von Karl Opfermann (Abb. 7) bringt ihr Leid mit Ergebung zum Ausdruck. Eingehüllt in ein Umschlagtuch, mit gesenkten Augen und gefalteten Händen scheint sie zu keiner Aktivität mehr imstande zu sein.

Elendsszenen stellten Künstler in dieser Zeit gern in Holzschnitten dar. Otto Fischer- Trachau thematisierte Hunger in »Das Elend von 1919« (Abb. 8). Ein entlassener, hagerer Soldat mit ausgezehrtem Gesicht hebt hier dramatisch und anklagend die Arme, beobachtet von einer Frau mit einem dünnen Kind. Die städtische Umgebung, Häuser und eine Kirche geraten in expressionistischem Wirbel um die Gruppe herum ins Kreisen.

Karl Opfermann befasste sich ebenfalls mit dem Thema »Hunger« (Abb. 9) in der Arbeiterschaft. Auf seinem Holzschnitt reihen sich hohlwangige, abgezehrte Figuren, Erwachsene und Kinder mit schwarzen Augenhöhlen vor einem stillgelegten Fabrikgebäude mit Förderturm und hohen Schornsteinen. Im Gegensatz zu Fischer-Trachau arbeitete er als Bildhauer vorwiegend mit runden Formen.

Ein »Bauernpaar« (Abb. 10) von Heinrich Steinhagen hockt, dumpf vor sich hinbrütend, beieinander, im Hintergrund eine Kuh. Das harte Landleben und die schwere Arbeit sind ihren gebeugten ausgemergelten Körpern anzusehen, besonders eindrucksvoll sprechen die breiten, schwieligen Hände. Steinhagen vertrat einen »monumentalen Expressionismus«[6] mit einer wilden, aber malerischen Pinselführung.

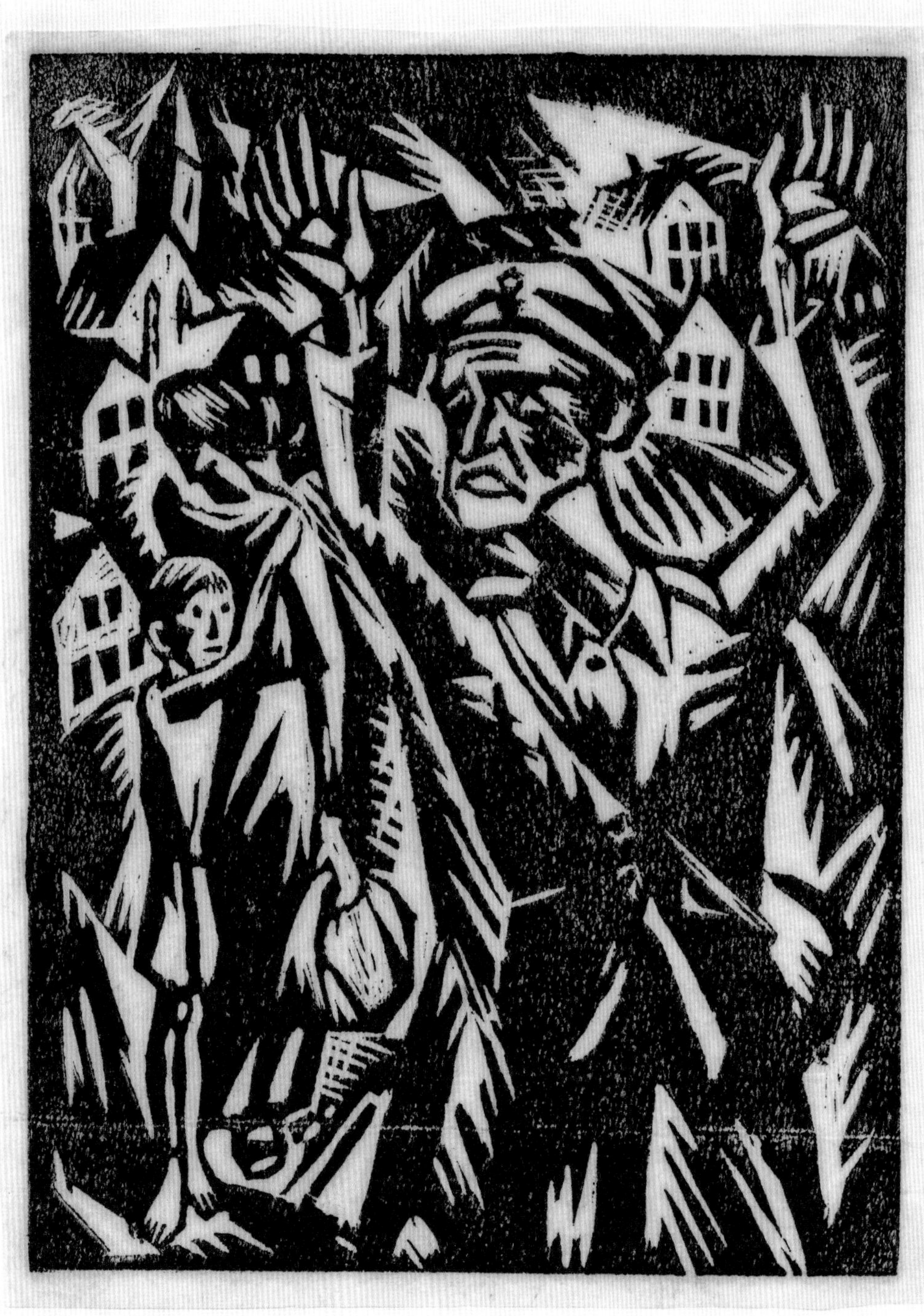

8
Otto Fischer-Trachau, Das Elend von 1919, Holzschnitt, Sammlung Tim Tobeler, Hamburg

9
Karl Opfermann, Hunger, undat., Holzschnitt, Sammlung Tim Tobeler, Hamburg

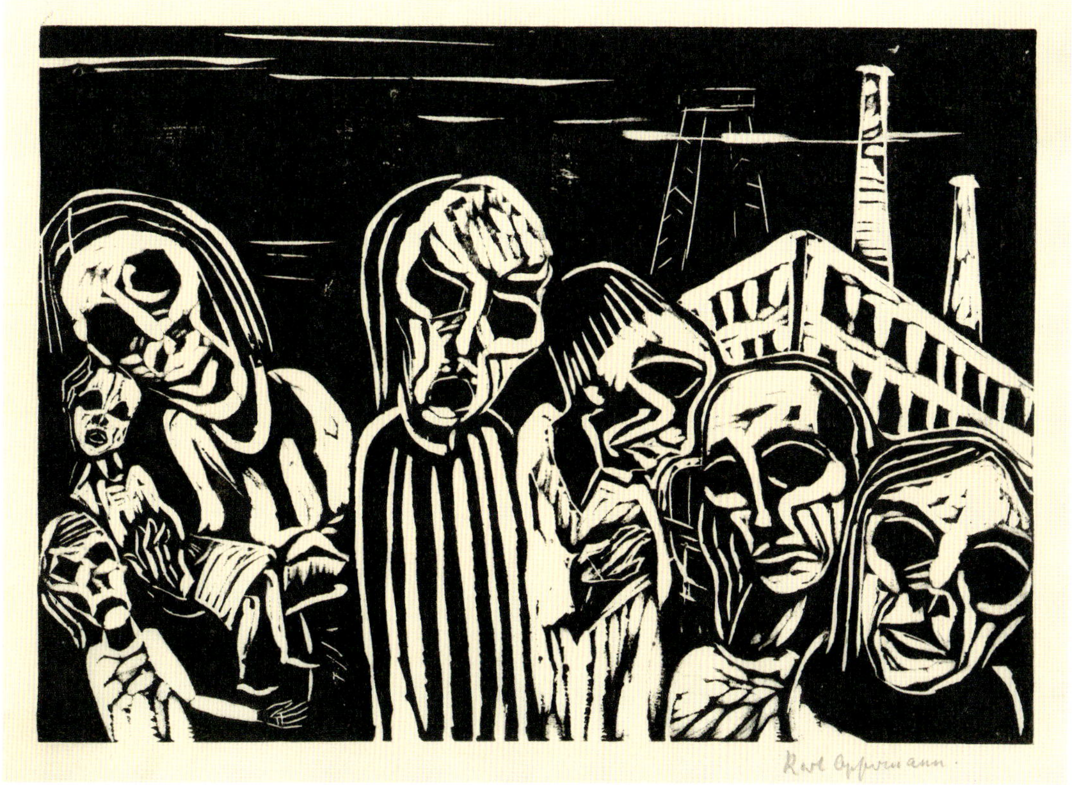

Erich Hartmann führt ein »Paar vor Ziegelei« (Abb. 11) vor Augen mit hartem, maskenhaftem Ausdruck, in eleganter Kleidung, offenbar Kriegsgewinnler. Die Frau trägt reichlich Schmuck an den Händen und Stöckelschuhe, der Mann raucht eine Zigarre. Sie posieren in einem parkartigen Gelände an einem Teich, in dem ein Mädchen gerade ein Bad genommen hat. Als Kennzeichen ihres Wohlstands grenzen im Hintergrund die Schuppen der Ziegelei die Szene ein. Hartmanns gemäßigt expressionistischer Stil, der auf tektonische Linienführung zugunsten leichter Verformung der Proportionen und flächiger Farbwahl verzichtet, zeigt deutlich narrative Elemente.

Ein weiteres Thema dieser Ära sind Geburt und Tod, neues und vergehendes Dasein. Auf der Folie der Todeserfahrungen des Krieges stellen sich existenzielle Fragen. Die zahlreichen Madonnen- und Mutter-Kind-Darstellungen in der deprimierenden Zeit signalisieren religiöse Hoffnungen auf die Zukunft, auf das Leben.

Otto Rodewald hat in seinem Aquarell »Madonna« (Abb. 12) Geburt und Tod gleichermaßen impliziert. Während das Kind im Schoß der Mutter mit einem Stern spielt, deutet sich in ihrem Haupt bereits das Wissen um seine Passion und den Tod am Kreuz an. Die starkfarbige Darstellung ist deutlich geprägt von Jugendstil, Symbolismus, Phantastik und der Freude an dekorativen Formen.

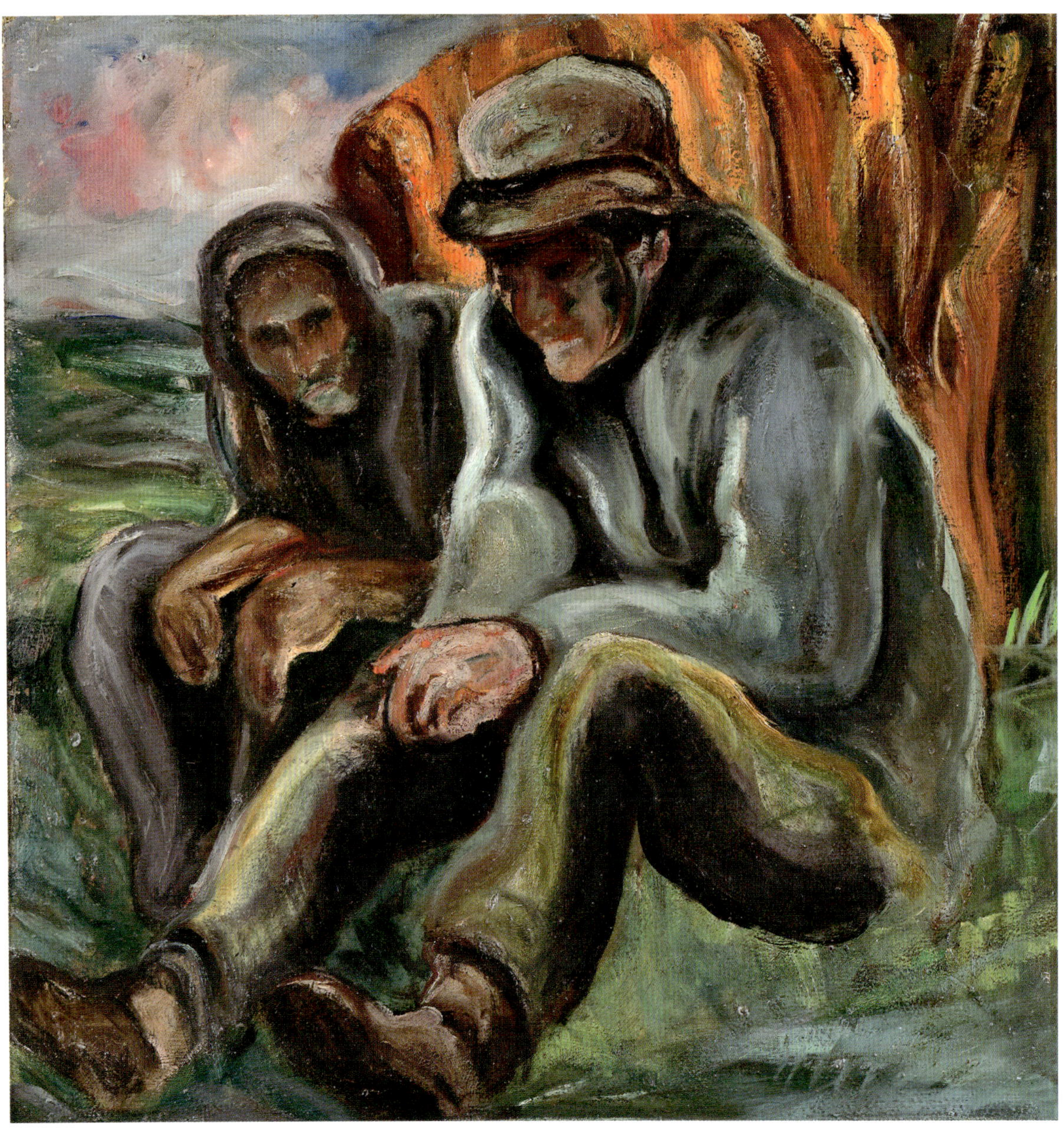

10
Heinrich Steinhagen,
Bauernpaar, undat., Öl auf
Leinwand, Sammlung
Tim Tobeler, Hamburg

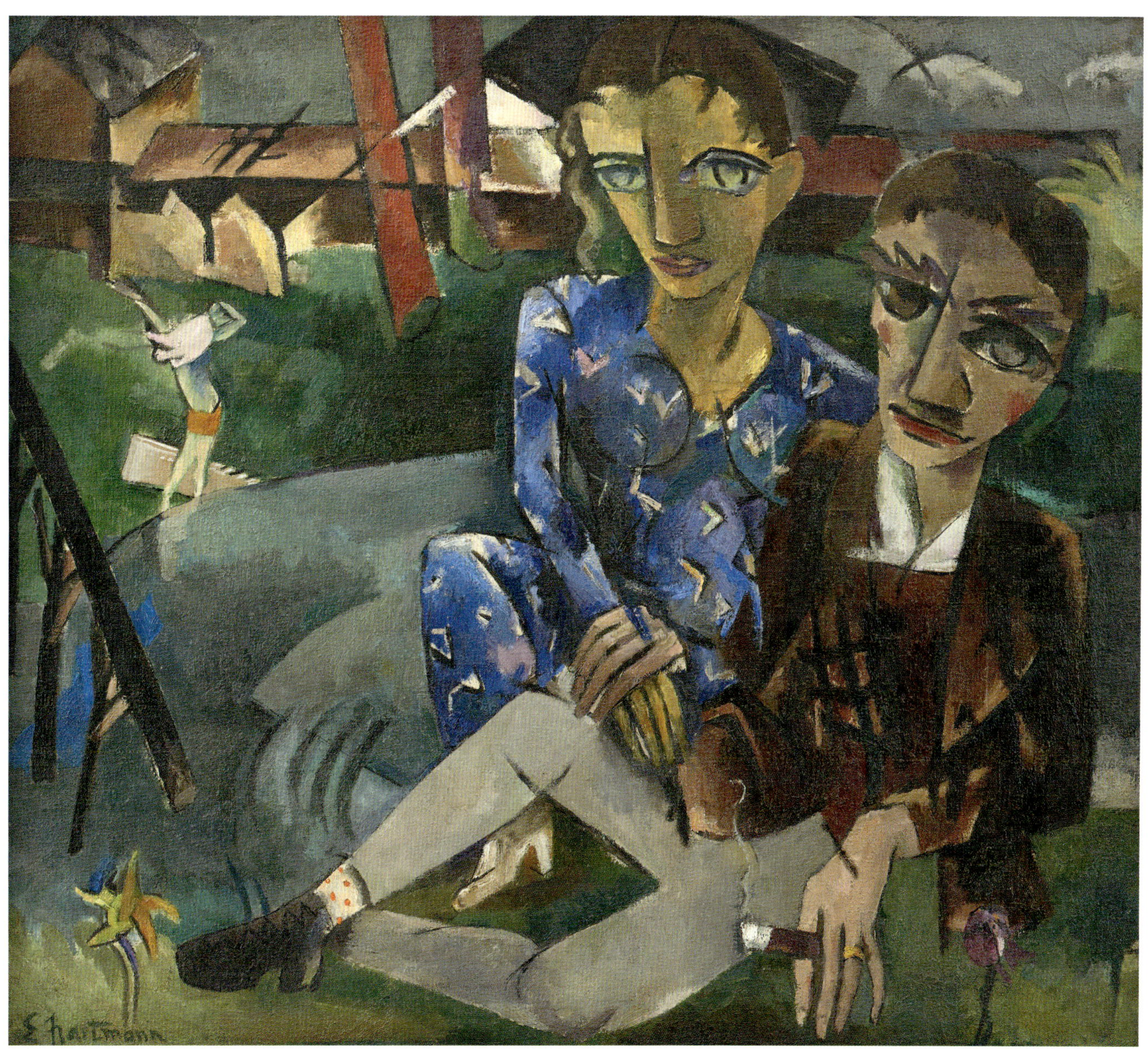

11
Erich Hartmann,
Paar vor Ziegelei, undat.,
Öl auf Leinwand, Stiftung
Historische Museen
Hamburg, Altonaer Museum

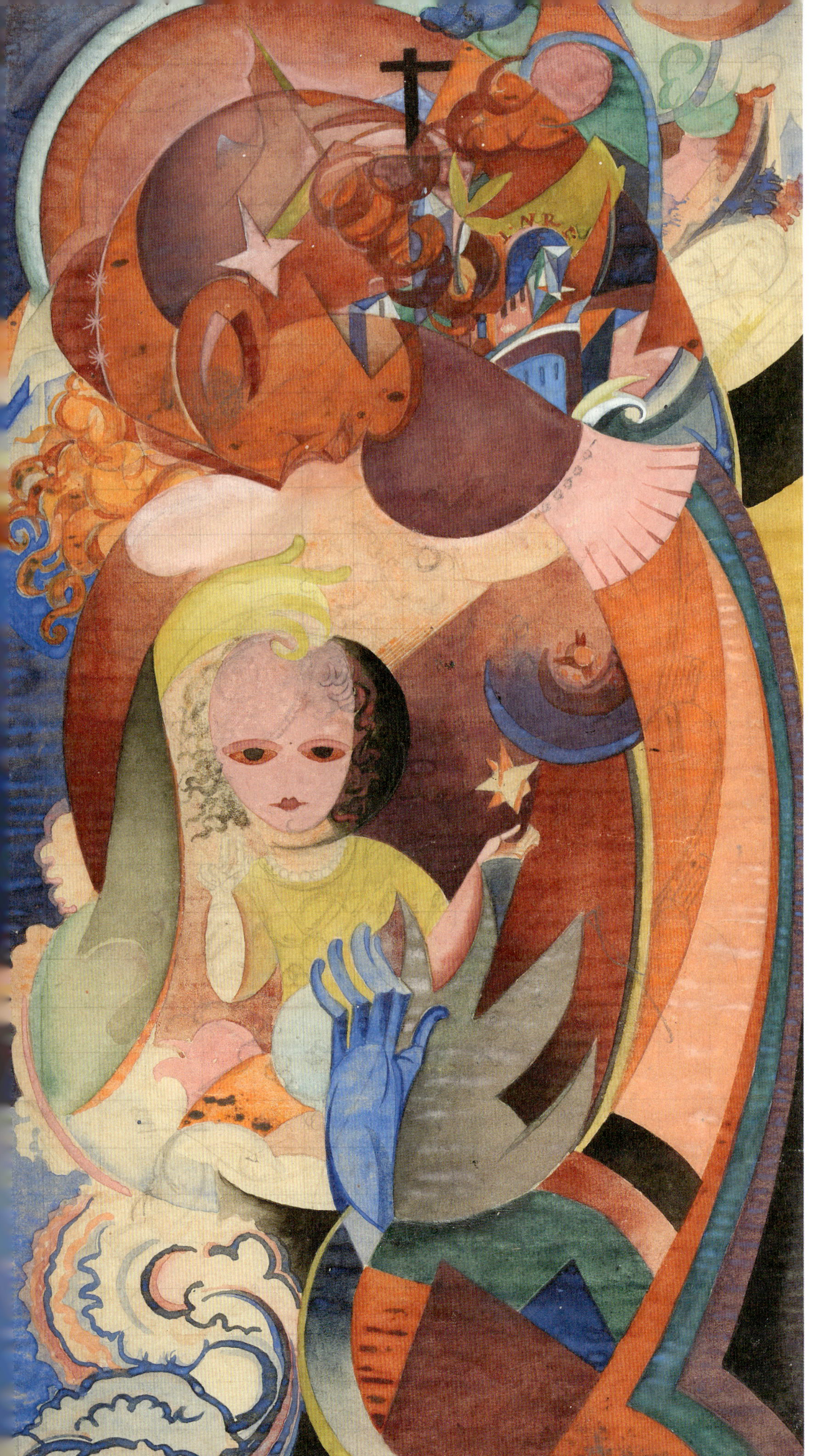

12
Otto Rodewald, Madonna, undat., Aquarell, Privatbesitz Hamburg

13
Emil Maetzel, Madonna, 1920, kolorierte Lithografie, Sammlung Maike Bruhns, Hamburg

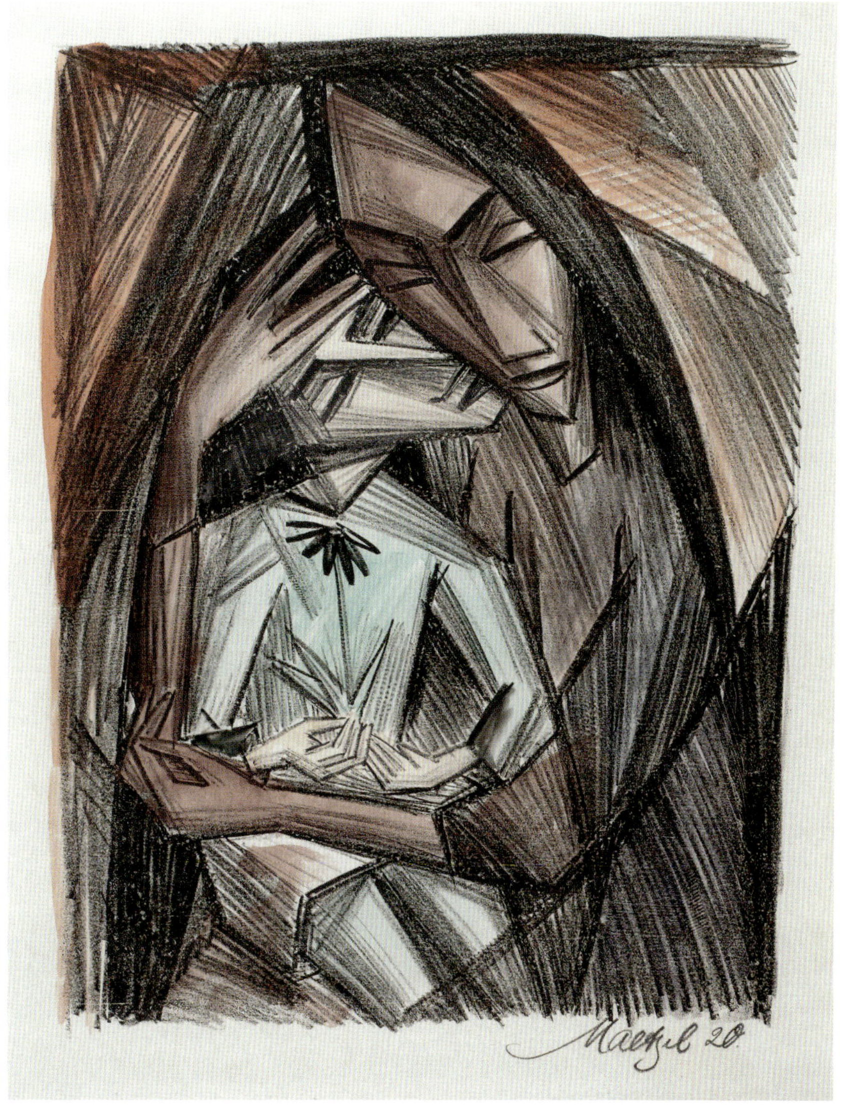

Emil Maetzel gelang in seiner Lithografie »Madonna« (Abb. 13) 1920 eine Darstellung inniger Verbundenheit. Mit der Geburt ihrer vier Kinder[7] hatte das Künstlerpaar Maetzel das Mutter-Kind-Thema zu einem herausragenden Motiv gemacht. Maetzel stellte die Gruppe mit maskenartigen Köpfen auf eckigen Körpern dar, zog mit wenigen Bogenlinien eine schützende Aura um sie, die einem einhüllenden Tuch ähnelt. Spitzwinklige Schraffenfelder umgeben sie. Die Lichtführung lenkt den Blick auf das erhobene Haupt des Sohnes und die zarte Geste, mit der er sich an das mütterliche Gesicht schmiegt. Die einschließende Armgeste der Mutter scheint das Paar abzuschirmen, von der Außenwelt zu separieren. Im Zentrum leuchten die kleinen Hände des Kindes, das mit den Fingerspitzen eine Blume hält, ein Sinnbild für das Leben. Das Motiv bezieht seinen Zauber aus dem Gegensatz der schützenden Muttergeste und dem hoch expressionistischen Ambiente. Der Dichter Karl Lorenz stimmte ein: »Von großer kräftetragender Gewalt unendlichglimmender Hingabe ist die Liebe tausendverkreuzter Madonna […]. Dies Werk ist die große erdeerfüllende Achse, um die herum sich die erste Ausstellung der Hamburgischen Sezession dreht.«[8]

DIE FRÜHE SEZESSION

Gründung, Programm, Mitglieder, Ausstellungen

GRÜNDUNG

Als sich junge Künstler im Sommer 1919 zu der Hamburgischen Sezession zusammenschlossen, beabsichtigten sie einen Aufbruch in die Moderne. Wesentlichen Anteil hatte das Künstlerpaar Maetzel.[9] Als Architekt und Offizier war Emil Maetzel im Ersten Weltkrieg in Berlin in einem Eisenbahner-Ersatzbataillon stationiert und nutzte die Zeit neben dem Dienst für Museums- und Galerienbesuche, was gelegentlich sogar gemeinsam mit seiner Frau Dorothea möglich war. Berlin hatte München inzwischen an Bedeutung für die Moderne überflügelt, hier war das Zentrum des kulturellen Geschehens. Inspiriert durch die Berliner Verhältnisse setzte sich Maetzel nach seiner Rückkehr im Sommer 1919 mit dem Maler Heinrich Steinhagen,[10] dem Bildhauer Friedrich Wield und anderen für eine Bündelung der fortschrittlichen Kräfte in Hamburg ein. Sie warben auch Mitglieder der Neuen Gruppe an, die im Sommer 1918 erstmalig in der Galerie Commeter ausgestellt und sich aus einem frankophilen Kreis um Friedrich Ahlers-Hestermann gebildet hatte. Diesem

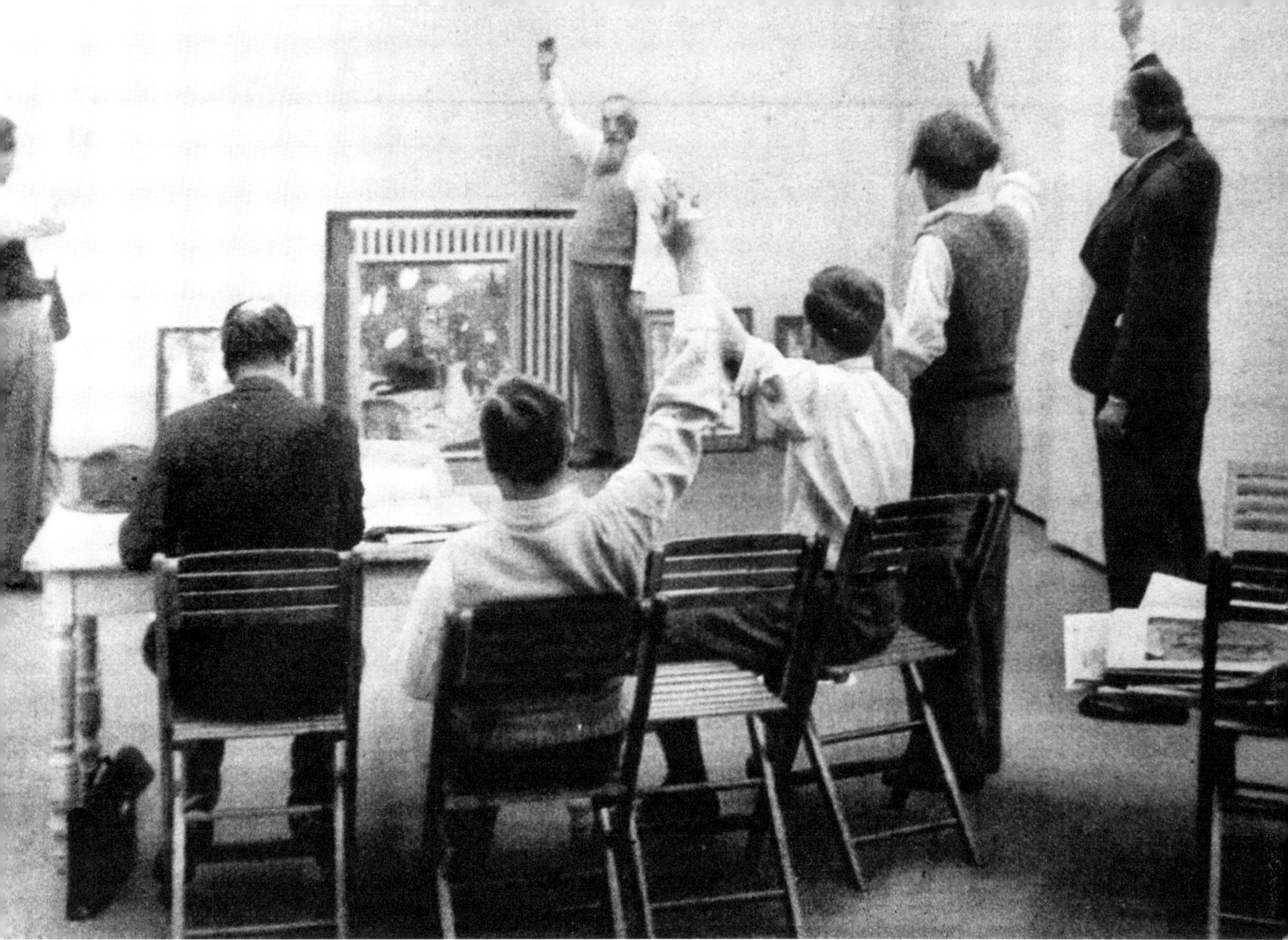

14
Jurierung der 12. Ausstellung der Hamburgischen Sezession 1933

gehörten seine russische Frau Alexandra Povòrina, die Malerinnen Anita Rée, Gretchen Wohlwill und Alma del Banco an.[11] Die neue Vereinigung Sezession wählte Wield zum ersten Vorsitzenden, Steinhagen zum zweiten. Johannes Wüsten, Emil Maetzel, Willy Davidson und Karl Prahl komplettierten den Vorstand.

Am 1. November 1919 äußerte sich Wield in einem Schreiben gegenüber Anita Rée zu dem Vorhaben der Gruppe: »Es handelt sich darum, verschiedene Vorstands- u. Ausstellungsleitungsmitglieder, denen die Schale der Lerchenfelder Brutanstalt gar zu sichtbar anhaftet, sanft aus den betr. Stellen hinauszukomplimentieren.«[12] Mit »Lerchenfelder Brutanstalt« meinte er die Kunstgewerbeschule am Lerchenfeld, die ihre Eleven noch immer in heimatbezogener Freilichtmalerei ausbildete. Zwar hatte sich die Vorgängervereinigung Hamburgischer Künstlerclub von 1897, in dem sich die Vertreter des Impressionismus sammelten, bereits 1907 aufgelöst, nachdem Friedrich Ahlers-Hestermann, Franz Nölken und Walter Rosam nach Paris aufgebrochen waren, doch stagnierte seitdem die Kunstszene in der Kaufmannsstadt. Der Kunst wurde wenig Verständnis entgegengebracht: »Die ›moderne‹ Kunst blieb in Hamburg weiterhin umstritten; eine lebendige Kunstszene konnte sich vor dem Ersten Weltkrieg nicht etablieren.«[13]

DAS PROGRAMM

In einer Art Manifest benannte die Sezession im Katalog ihrer ersten Ausstellung im Dezember 1919 ihre Vorstellungen und Maximen. Da Hamburg seit jeher eine wenig kunstbeflissene Stadt gewesen sei, hätten sich »Begabungen« – Architekten, Maler oder Bildhauer – stets nach auswärts orientiert, weil es an einem kunstfreundlichen Milieu mangele. Jeder Künstler benötige aber für seine Arbeit »geistige Reibung, Verständnis und damit Unterstützung zum mindesten bei Gleichgesinnten«. Diese Atmosphäre existiere in Paris, München und Berlin, in Hamburg nicht. Die Sezessionisten verpflichteten sich zu Toleranz, »Duldsamkeit in jede Richtung«, distanzierten sich zugleich »vom leichtfertigen Schlendrian, von geistlos herabgeleierten Handwerk, vom gewissenlosen Sichgehenlassen« – eine Spitze gegen die Stagnation der einheimischen Malerei ohne direkte Namensnennung oder Schuldzuweisung. In ihrer Bezugnahme auf Jugend und überfliegerische Zukunftsvorstellungen lehnten sich die Jungen bewusst an das revolutionäre Brücke-Programm von 1906 an.

Die Vereinigung war keine Abspaltung von einer bestehenden Künstlergruppe in der klassischen Bedeutung,[14] sondern eine Neugründung, die sich eigene Maßstäbe setzte, die Betonung auf künstlerische Qualität und Anerkennung alles Neuen legte und über 14 Jahre dies immer wieder beschwor.[15] Die Kunstszene war zu modernisieren, die Ausstellungsbedingungen waren zu verbessern, ein Ausstellungsgebäude zu realisieren, »das schon vor dem Ersten Weltkrieg versprochen worden war«.[16] Es mangelte an vielem: an einem fördernden Umfeld, an Mäzenen, engagierten Sammlern, kompetenten Kunsthändlern, an einer Akademie mit bedeutenden Lehrern, Anregern aller Art. Positiv zu sehen waren die guten Kontakte zur Kulturprominenz, zu den Direktoren der Hamburger Kunsthalle, Gustav Pauli, und des Museums für Kunst und Gewerbe, Max Sauerlandt, sowie zu Oberbaudirektor Fritz Schumacher, die der Vereinigung wohlwollend begegneten und Ankäufe und Aufträge ermöglichten.[17] Aufgeschlossene Persönlichkeiten wie sie waren in Hamburg allerdings Einzelerscheinungen.

In der Eröffnungsrede zur ersten Ausstellung nannte Friedrich Wield weitere Ziele,[18] die in den Folgejahren eingelöst wurden und den elitären Charakter der Gruppe begründeten: Zu den meisten Ausstellungen lud man Gastkünstler aus dem In- und Ausland ein und initiierte ein kulturelles Netzwerk, indem man Nichtkünstler, Literaten und Architekten wie Karl Schneider als Mitglieder aufnahm. Vorträge von Fachleuten verwandter Genres bereicherten in Rahmenprogrammen viele Ausstellungen. Hier sprachen Dichter, Journalisten, Schauspieler, Theaterexperten, Musiker, Kunsthistoriker und -kenner, Architekten.[19] Sie informierten das Publikum über ihr eigenes Spezialgebiet, sodass die aktuelle Kunst in ein breites Spektrum der Moderne eingebunden wurde.

15
Programm der Hamburgischen Sezession im Katalog der ersten Ausstellung, 1919, Sammlung Maike Bruhns, Hamburg

In den letzten zwanzig Jahren haben manchmal Namen selbst kleiner Ortschaften einen guten Klang bekommen, weil sich in ihnen Künstlergemeinschaften gebildet hatten.

Hamburgs Name hat da nie mitgeklungen.

Wohl aber hörte man ab und zu im Reich, daß eine starke Begabung, sei es ein Architekt, ein Maler oder Bildhauer, Hamburgs Sohn sei.

Was machte diese Künstler in ihrer Heimat heimatlos? Und was läßt noch heute jede auf sich vertrauende Begabung sich fortsehnen von Hamburg?

Der Künstler, der schaffen soll, kann nur in einer bestimmten Atmosphäre gedeihen. Es ist ihm Lebensnotwendigkeit um sich ein Milieu zu haben, in dem er geistige Reibung, Verständnis und damit Unterstützung zum mindesten bei Gleichgesinnten findet. In Paris, München, Berlin findet der Künstler diese Atmosphäre. In Hamburg vermißt er sie.

Aus dieser Erkenntnis heraus schlossen sich junge Hamburger Künstler zu einer Gemeinschaft zusammen, die ihnen ein solches Milieu schaffen soll.

Der Name „Hamburgische Sezession" soll nicht Ansager sein, daß diese Künstler mit einem neuen künstlerischen Programm auftreten wollen. Aber sie wären nicht jung, würde ihr Wille nicht in die Zukunft weisen.

Die Werke der ersten Ausstellung beweisen Duldsamkeit gegen jede Richtung.

Unduldsamkeit aber herrschte, als es galt, die Abtrennung vom leichtfertigen Schlendrian, von geistlos herabgeleierten Handwerk, vom gewissenlosen Sichgehenlassen vorzunehmen.

In dieser Abtrennung liegt das eigentliche Programm der Hamburgischen Sezession.

Der Journalist und Gründer der intellektuellen »Tafelrunde«, Hans W. Fischer, lobte 1923: »Die bildenden Künstler sind in Hamburg die geistig beweglichste Gruppe, die am nachhaltigsten Fühlung mit den anderen Künsten sucht [...]. Die Vorträge hatten vielleicht das gewählteste Publikum Hamburgs und gewannen rasch solchen Ruf, daß der verhältnismäßig kleine Saal die Hörer nicht fassen konnte. Es sprachen u. a. Schiefler, Sakheim, Karl Lorenz, Niemeyer, Rosa Schapire [...]. Daß ich jedes Jahr hier sprechen durfte, habe ich als eine Auszeichnung empfunden, die mich verpflichtete, jedesmal von Grund auf und mit letztem Ernst an meinem Gegenstande zu arbeiten.«[20]

MITGLIEDER

In 14 Jahren Existenz gehörten der Sezession bis 1933 insgesamt 52 Mitglieder an: Maler, Grafiker, Bildhauer, Keramiker, Schriftsteller und Architekten.[21] 33 Künstler beteiligten sich im Dezember 1919 an der ersten Ausstellung. Schon kurz darauf kam es 1920 zu »Unausgeglichenheiten des Anfangs«, wie Ahlers-Hestermann später dezent formulierte,[22] zu Querelen, Auseinandersetzungen, Austritt oder Ausschluss von 14 Mitgliedern – das war fast die Hälfte der Gruppe –, darunter auch einer der Initiatoren, Steinhagen. Sie gründeten eine berufsständische Vereinigung, die Hamburgische Künstlerschaft, die zum Sammolbecken für alle Künstler wurde, lokale Traditionen und Belange in Wirtschafts- und Sozialfragen vertrat.[23] Einige der Ausgetretenen stellten später als Gäste und Freunde mit der Sezession wieder aus.[24] Die 20 Maler und Bildhauer der zweiten Ausstellung blieben überwiegend bis zum Ende der Vereinigung Mitglieder.

Nicht alle Sezessionisten stammten aus Hamburg. Die Stadt zog mit ihrer besonderen Regionalstruktur Künstler an – mit Industrie und Handel, Attraktionen wie dem Hafen, Vergnügungsvierteln, Parks, prächtigen Villen an Alster und Elbe, reizvollen Vororten. Dort lebte eine pluralistische, sozial differenzierte Gesellschaft, die neben Großbürgertum, Kaufleuten, Mittelschicht und Handwerkern einen hohen Anteil Kleinbürgertum und Arbeiterschaft aufwies, eine politisch brisante Mischung. Von auswärts kamen zunächst Otto Fischer-Trachau, Hilde Hamann, Erich Hartmann, Emil Maetzel und Dorothea Maetzel-Johannsen, Johannes Wüsten, Otto Rodewald und Heinrich Steinhagen in die Sezessionsgruppe, später Ivo Hauptmann.

Gegen Ende der 1920er Jahre traten jüngere Künstler der Vereinigung bei, die von dem elitären Ruf der Sezession und der neu belebten Kunstszene Hamburgs angezogen wurden. Der Schweizer Karl Ballmer, Eduard Bargheer, Willem Grimm, Karl Kluth, Fritz Kronenberg, Rolf Nesch und Wilhelm Plate erweiterten das vielseitige Kunstspektrum erheblich.[25] Unter den acht Malerinnen der Sezession waren Alma del Banco, Dorothea Maetzel-Johannsen, Alexandra Povòrina, Anita Rée und Gretchen Wohlwill ihrer gewählten Profession verpflichtet und in einem Ausmaß emanzipiert, dass sie als eigenständige, gleichberechtigte Künstlerinnen wahrgenommen und akzeptiert wurden.[26]

DIE AUSSTELLUNGEN

Keine der zwölf Sezessionsausstellungen glich der anderen, jede setzte eigene Schwerpunkte und Maßstäbe, dem Fortschreiten der politischen, gesellschaftlichen und wirtschaftlichen Verhältnisse und dem Wandel der Kunstszene entsprechend.[27] Bis 1930 fanden alle Ausstellungen in den Sälen des Kunstvereins statt, der ohne eigene Räumlichkeiten in der Hamburger Kunsthalle gastierte, danach im neu erbauten Ausstellungshaus.[28]

Die erste Ausstellung wurde am 14. Dezember 1919 eröffnet, 22 der 33 Mitglieder nahmen teil. Stilistisch bot die Schau eine wilde Mischung aus Expressionismus, Kubismus, frankophiler Malerei, spätimpressionistischen und realistischen Strömungen. Obwohl die Presse von Unverständnis oder Befremden beim Publikum berichtete, von Ablehnung oder Begeisterung bei Kunstkritikern und Karikaturisten,[29] konnte der Dichter und Herausgeber expressionistischer Pressen, Karl Lorenz, resümieren: »Es war ein Geschehen für Hamburg ein unendlich großes.«[30] Emil Maetzel hatte auf dem Titelholzschnitt des Katalogs[31] einen weiblichen Akt mit afrikanischer Maske in ein Boot gesetzt, das der Sonne entgegensegelte – ein schönes Sinnbild für den Aufbruch und die Stadt am Wasser. Erstmals referierten zwei »literarische« Mitglieder, der Dramaturg Arthur Sakheim und die Kunsthistorikerin Rosa Schapire über Versuchstheater und neue Kunst.

Die zweite Ausstellung fand im Januar/Februar 1921 statt,[32] bei reduzierter Mitgliederzahl und teilweise ausgewechseltem Vorstand wegen der Austritte.[33] Zur Anregung und zum Vergleich waren Leihgaben moderner Kunst aus hamburgischem Privatbesitz mit ausgestellt, darunter Chagall, Derain, Jawlensky, Kandinsky, Klee, Marc, Picasso und Schmidt-Rottluff.

Afrikanische Skulpturen aus der Sammlung Konietzko[34] erweiterten das Kunstspektrum, darunter eine Ahnenfigur aus dem Kongo und Masken. Ihre beeindruckende Ursprüng-

16
Emil Maetzel, Titelholzschnitt des Katalogs der ersten Ausstellung der Hamburgischen Sezession, 1919, Sammlung Maike Bruhns, Hamburg

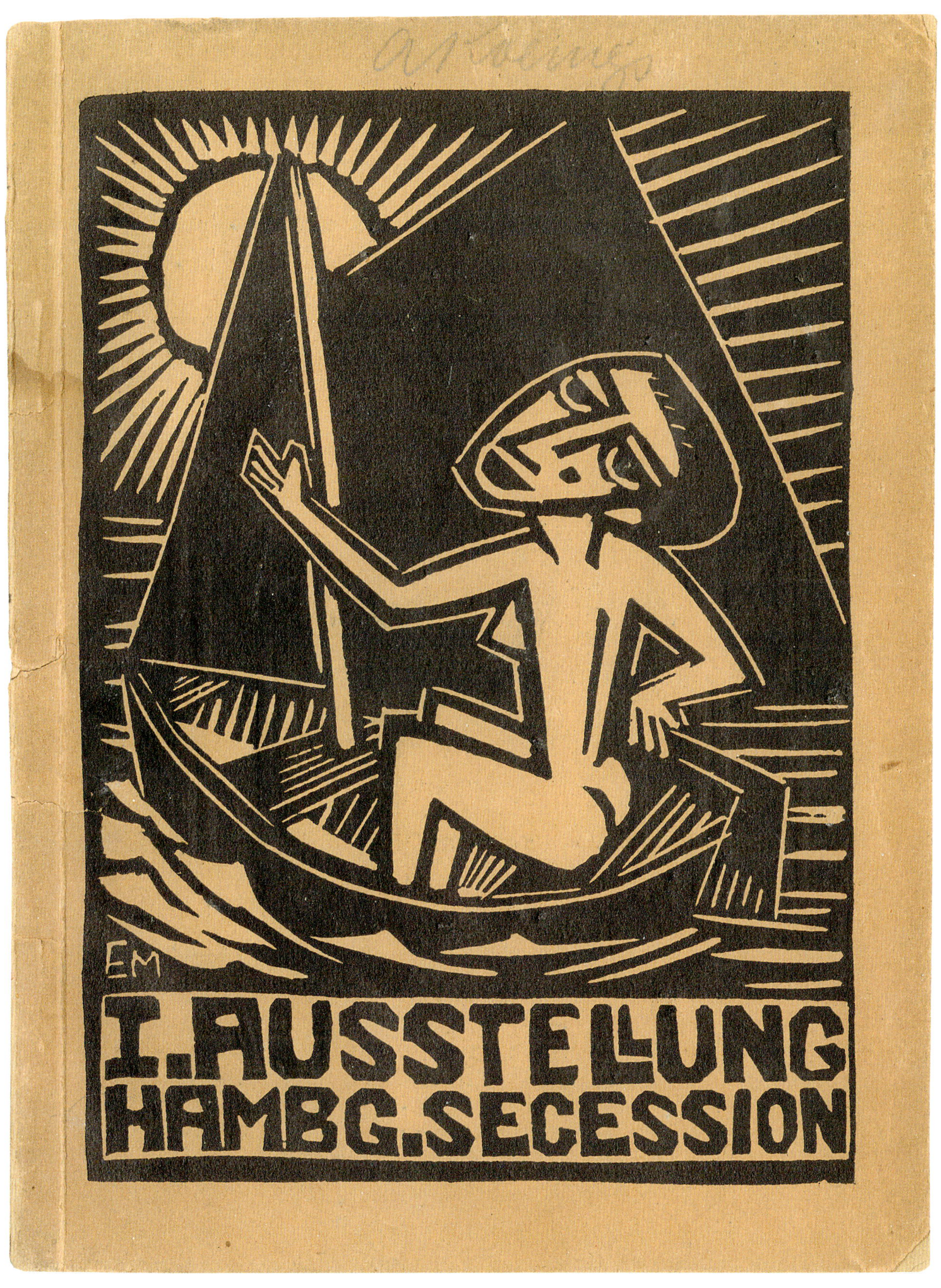
EM
I. AUSSTELLUNG
HAMBG. SECESSION

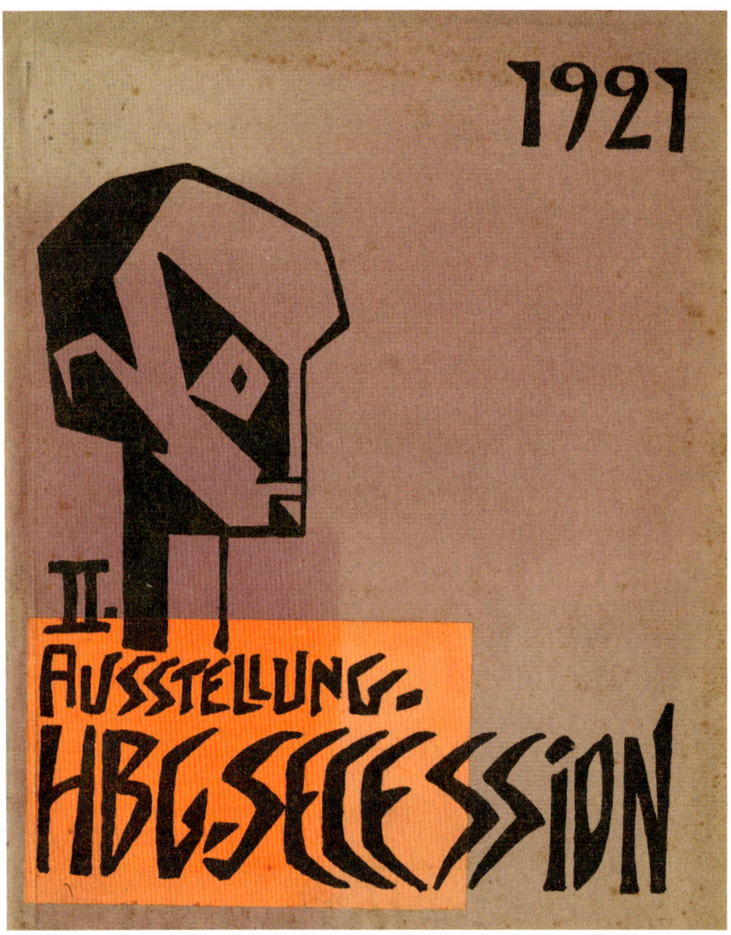

17
Dorothea Maetzel-Johannsen, Titelholzschnitt der zweiten Ausstellung der Hamburgischen Sezession, 1921, Sammlung Maike Bruhns, Hamburg

lichkeit galt als wegweisend. Die Bezüge zu Afrika und der Expressionismus dominierten die Ausstellung, die Exponate waren im Katalog in Holzschnitten und Lithografien abgebildet. Dorothea Maetzel-Johannsen zeichnete für den Titel und das Plakat einen expressiven Maskenkopf über einer eigenwillig eckigen Beschriftung (Abb. 17). Die Kombination von Hamburger und großer Avantgardekunst wurde in der Presse wohlgefällig kommentiert, zugleich aber auf die ablehnende Reaktion der Öffentlichkeit gegenüber dem Expressionismus und der Kunst der »Irren« und »Wilden« hingewiesen.[35]

Afrikanische Plastik und Gebrauchsgegenstände wurden auch in der dritten Ausstellung im Winter 1922 gezeigt, gemeinsam mit Arbeiten der Sezession und von Gästen[36] aus Hamburg. Ein zwölfseitiger Leporello ohne Abbildungen ersetzte den Katalog, seine Titelabbildung im abstrakten Stil von Kandinsky hatten die Maetzel-Kinder koloriert. Die Inflation war in vollem Gang, alle Mittel spürbar verknappt, vieles ganz unzugänglich. Ein Skandal um Tetjus Tügels »Die Heimat des Matrosen« mischte die Kunstszene auf. Das Aquarell zeigte eine Szene auf St. Pauli und war wegen Pornografie angezeigt worden. Dank der Sachverständigen-Gutachten von Gustav Pauli, Max Sauerlandt und Gustav Schiefler, die das verdächtige Thema als Freiheit der Kunst deklarierten, kamen Tügel und der mitangeklagte Vorstand Friedrich Wield ungeschoren davon. Von dieser dritten Ausstellung an

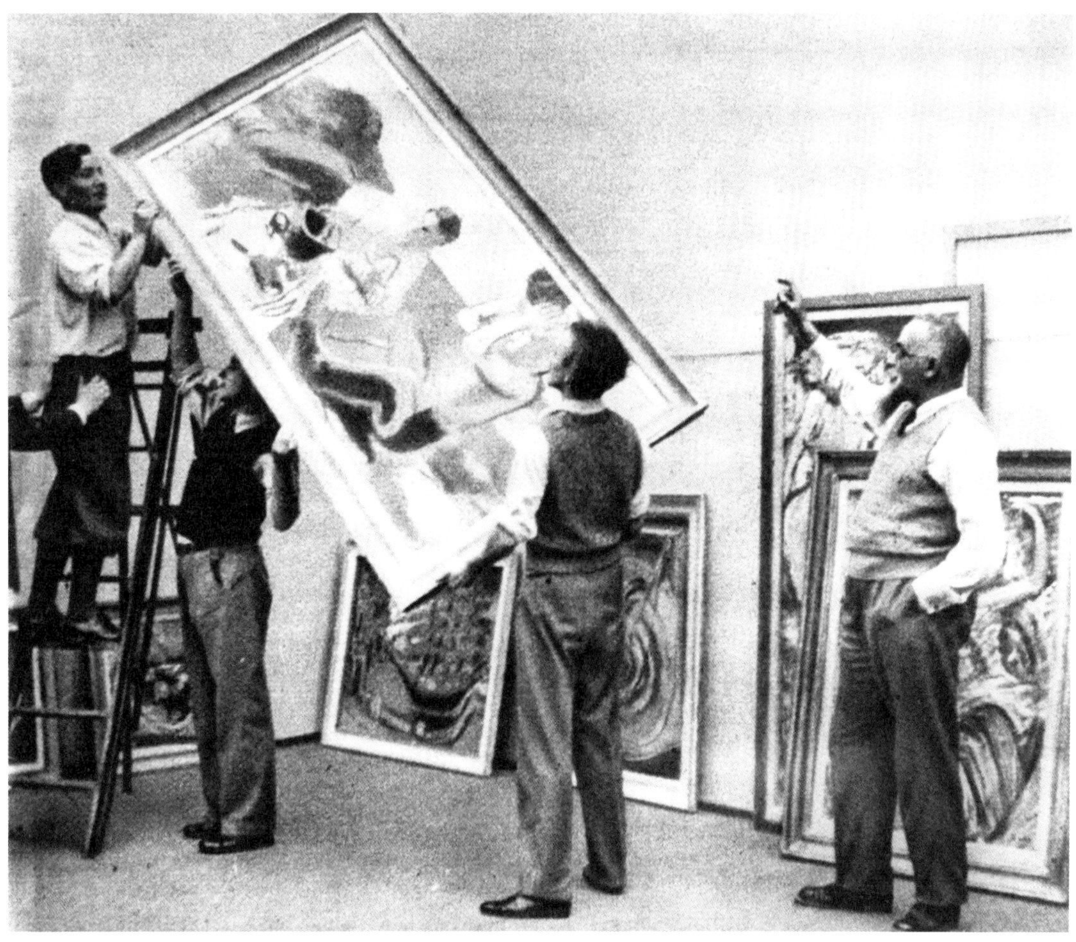

18
Vorbereitung der zwölften Ausstellung der Hamburgischen Sezession 1933

nahm die Presse die Sezession als eigenständige Gruppe stärker wahr, vorher fand sie meist im Kontext mit den anderen Künstlergruppen Beachtung.[37]

Die folgende vierte und fünfte Ausstellung sind aufgrund fehlender Kataloge kaum zu rekonstruieren. Nach Wields Rücktritt vom Vorstand 1922 herrschten Programmlosigkeit,[38] Schwäche und Rückschritt. Mit dem Abflauen des Expressionismus[39] nach 1923 scheint auch der enorme Anfangsimpetus und das Engagement der Künstler nachgelassen zu haben. Mit der fünften Schau kehrte zwar Beruhigung und Entspannung ein, aber das allgemeine Niveau wurde bemängelt.[40]

Im Unterschied dazu zeigte die sechste Ausstellung 1926 nur drei Künstler, Gemälde von Dorothea Maetzel-Johannsen, Plastik von Friedrich Wield und Arbeiten von Walter Gramatté als Gast, begleitet von einem Katalog mit neun Abbildungstafeln.

Die Sezession beteiligte sich mehrmals an auswärtigen Ausstellungen, 1922 in Helsinki, 1927 in Nürnberg, 1928 in Berlin, 1931 in Göteborg, Kopenhagen und Köln.[41] Sie reihte sich damit in den allgemeinen Ausstellungsbetrieb der Weimarer Republik ein und machte überregional Werbung für Hamburg.

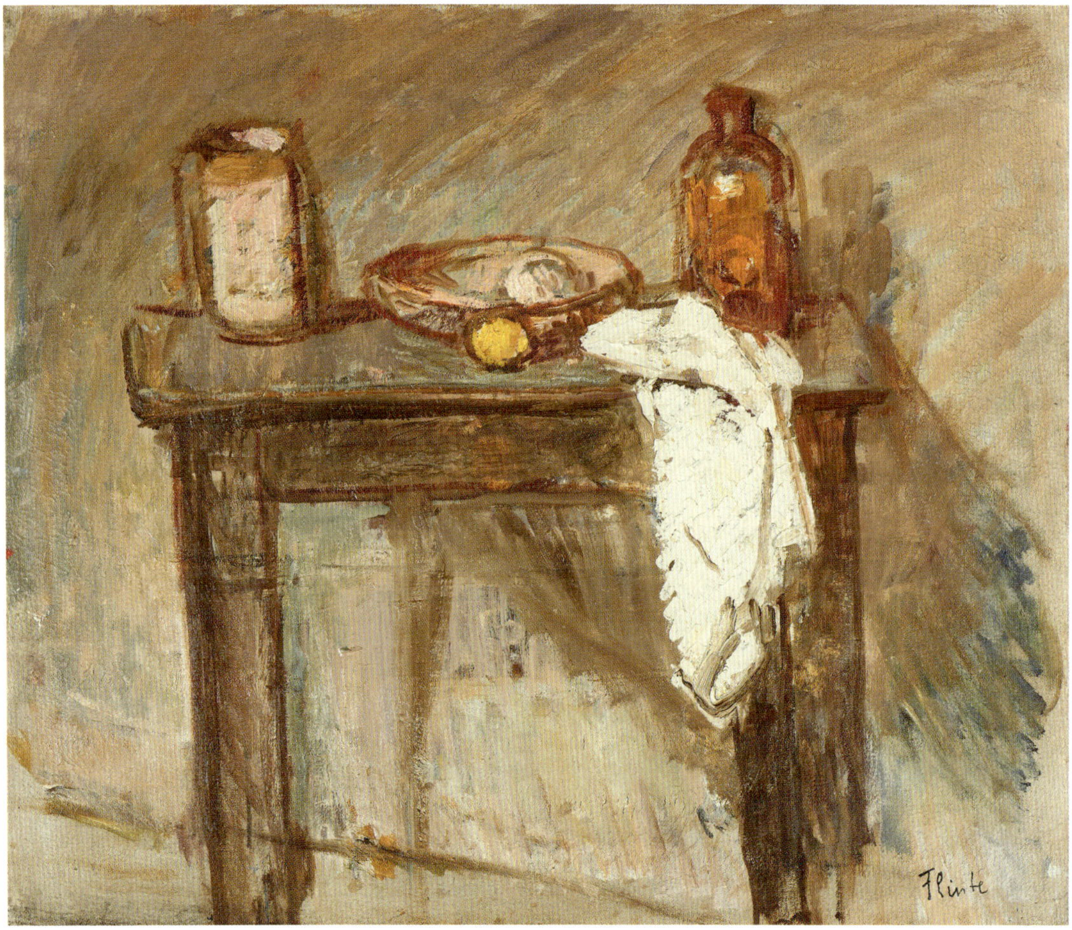

19
Fritz Flinte, Tisch, undat., Öl auf Leinwand, Sammlung Jochen Düllmann, Rümpel

Die siebente Schau der Sezession präsentierte 1927 neben Arbeiten der 21 Mitglieder die mehrerer Gäste aus Hamburg. Im Vorwort des Katalogs wies Kunsthallendirektor Gustav Pauli ausdrücklich auf die kulturellen Kunstdefizite der Hansestadt hin: das noch immer fehlende Ausstellungshaus[42] und mangelnde Atelierräume, die zu Abwanderung von Künstlern geführt hätten. Dabei nähmen die Arbeiten der Hamburger Gruppe in der deutschen Kunst bereits eine geachtete Sonderstellung ein.

Andere Ziele setzte die achte Sezessionsausstellung 1928. Da die Stadt trotz aller Appelle nach wie vor »keinen Heller« für die bildende Kunst – im Gegensatz zur Musikförderung – erübrigte, wie Baurat Richard Tüngel[43] im Katalog einmal mehr monierte, und drei Künstler bereits abgewandert waren, hatte der neue Vorsitzende Emil Maetzel[44] den Architekten Karl Schneider[45] um eine Sonderschau zum Thema Raumgestaltung gebeten. Dieser richtete in den Kunstvereinsräumen der Kunsthalle sechs Wohnräume ein: Halle, Wohnzimmer, Speisezimmer, Kinderzimmer, Bibliothek und Gartensaal mit farbigen Wänden und selbstentworfenen Möbeln. Seine Ideen und Vorschläge für zeitgemäßes, preiswertes Wohnen ergänzten einige Sezessionsmitglieder mit Bildern und Plastiken. Design, Mobiliar und Kunst bildeten ein modernes Ensemble. Die Kunstausstellung der Sezession wurde diesmal im Keller der Kunsthalle eingerichtet. In seiner Eröffnungsrede ließ sich nun auch Emil Maetzel zu einer Philippika gegen die Trägheit der Stadtoberen hinreißen.[46]

Um Vergleich, Anregung und Horizonterweiterung ging es dann bei der Präsentation auswärtiger Kunst in der neunten Sezessionsschau 1929 in der Sonderausstellung »Neue Europäische Kunst«. 116 Bilder und Plastiken bekannter deutscher und europäischer Künstler, unter ihnen Paul Klee, George Grosz, Willi Baumeister, Max Ernst, Giorgio de Chirico, Joan Miró und Man Ray, kamen großenteils aus Hamburger Sammlungen und namhaften Galerien in Berlin. Dazu Grafik von Georges Braque, Juan Gris, Fernand Léger und Pablo Picasso. Auf Augenhöhe hingen berühmte Werke des Kubismus und Surrealismus, der Neuen Sachlichkeit und Abstraktion in den Kunstvereinsräumen. An ihnen mussten sich die Arbeiten der 27 Sezessionisten im Kunsthallenkeller messen. Tatsächlich lassen sich Anregung oder entschiedene Abgrenzung in den Werken von Grimm, Kronenberg und Löwengard beobachten, auch die Aufnahme von Impulsen oder Auseinandersetzung mit Picasso, Braque und Derain. Karl Kluth ließ sich von de Chirico, Gretchen Wohlwill von Karl Hofer inspirieren. Die Presse registrierte folgerichtig eine Steigerung des allgemeinen Niveaus.

Die zehnte Ausstellung fand im März/April 1931[47] endlich in den Räumen des neuen Ausstellungshauses in der Neuen Rabenstraße 25 statt, zu dem Karl Schneider eine alte Villa umgebaut hatte.[48] Die Sezession richtete ihm dankbar eine Sonderschau »Karl Schneider – Architektur« ein und pries seinen selbstlosen Einsatz im Vorwort des Katalogs. Schneider stellte Arbeiten der letzten zehn Jahre aus: Skizzen, Vorstudien, Zeichnungen, Modelle, Fotos seiner Bauten, Typenmöbel.

Die letzten beiden Ausstellungen, Nummer elf und zwölf, wurden 1932 und 1933 zu Diskussionsforen der Moderne und der neuen Kunst. 1932 ging es um eine Auseinandersetzung mit monumentalen Aufgaben in Wandgemälden und Großplastik, parallel zu den Aufträgen der Kunstkommission.[49] Bei der Eröffnung hob Gustav Pauli die einzigartige Konzentration künstlerischer Kräfte in der Geschichte der Hamburger Kunst hervor, er würdigte damit ausdrücklich die Sezession. Größere Formate, vor allem der neue Sezessionsstil,[50] führten zu einer einheitlicheren Gesamtwirkung. Dazwischen hingen Arbeiten von alten Einzelgängern, Künstlern, die sich nicht angeschlossen, sondern persönliche Positionen beibehalten hatten, wie Kronenberg, Flinte (Abb. 19), Rée und del Banco. Sie bereicherten das Kaleidoskop der Eigenheiten, schadeten dem Gesamteindruck der Ausstellung aber nicht. Die Presse erging sich in Lobeshymnen, die Hamburgische Sezession schien am Ziel.

Die letzte Ausstellung wurde eine Woche nach der Machtübernahme der Nationalsozialisten in Hamburg eröffnet. Als Doppelausstellung geplant, zeigte sie neben Gemälden und Plastik der Sezession eine Sonderausstellung für Friedrich Ahlers-Hestermann zum 50. Geburtstag. Der literarisch und kulturell stark engagierte Mitgründer der Vereinigung lehrte seit fünf Jahren an den Kölner Werkkunstschulen, beteiligte sich aber mit Alexandra Povòrina regelmäßig an den Hamburger Ausstellungen. 1933 durfte er zehn Bilder statt der üblichen fünf oder sechs zeigen. Die Ausstellung sollte bis zum 17. April laufen, wurde jedoch am 30. März 1933 vorzeitig polizeilich abgebrochen und geschlossen.[51] Der zweite Teil, eine für den Herbst vorgesehene Ausstellung von Papierarbeiten, kam nicht mehr zustande. Zeitentsprechend und richtungsgemäß erstreckten sich die Pressereaktionen von begeisterter Anerkennung der elitären Kunst bis zu entschiedener Ablehnung und Verunglimpfung aus dem rechten Spektrum.

AUSBILDUNG, REISEN, MALSTILE

Ausbildung in Hamburg, die »westliche Fraktion«, Reisen, Malstile, Expressionismus, Einfluss Afrikas, Neue Sachlichkeit

AUSBILDUNG IN HAMBURG

Am Anfang der Ausbildung stand häufig eine Lehrzeit bei einheimischen Malern. Friedrich Ahlers-Hestermann und Anita Rée lernten bei Arthur Siebelist, im Winter im Stadtatelier die Genremalerei, im Sommer vor Ort auf dem Land Freilicht. Die Kunstgewerbeschule praktizierte ähnliche Methoden für ihre Maler- und Bildhauereleven. Junge kunstbegabte Frauen wie Alma del Banco besuchten die private Kunstschule von Valeska Röver, später von Gerda Koppel. Alle erlernten die Grundlagen des künstlerischen Handwerks in der Nachfolge der Impressionisten. Manchen jüngeren genügte diese Schulung nicht, sie bemühten sich um eine Ausbildung an renommierten Akademien oder um Anleitung namhafter Avantgardisten im In- und Ausland. Willy Davidson studierte an der Dresdner Akademie bei Gotthard Kühl, Kurt Löwengard am Bauhaus Weimar, Fritz Kronenberg und Karl Kluth an der Akademie Stuttgart, Arnold Fiedler bei Hans Hofmann in München.

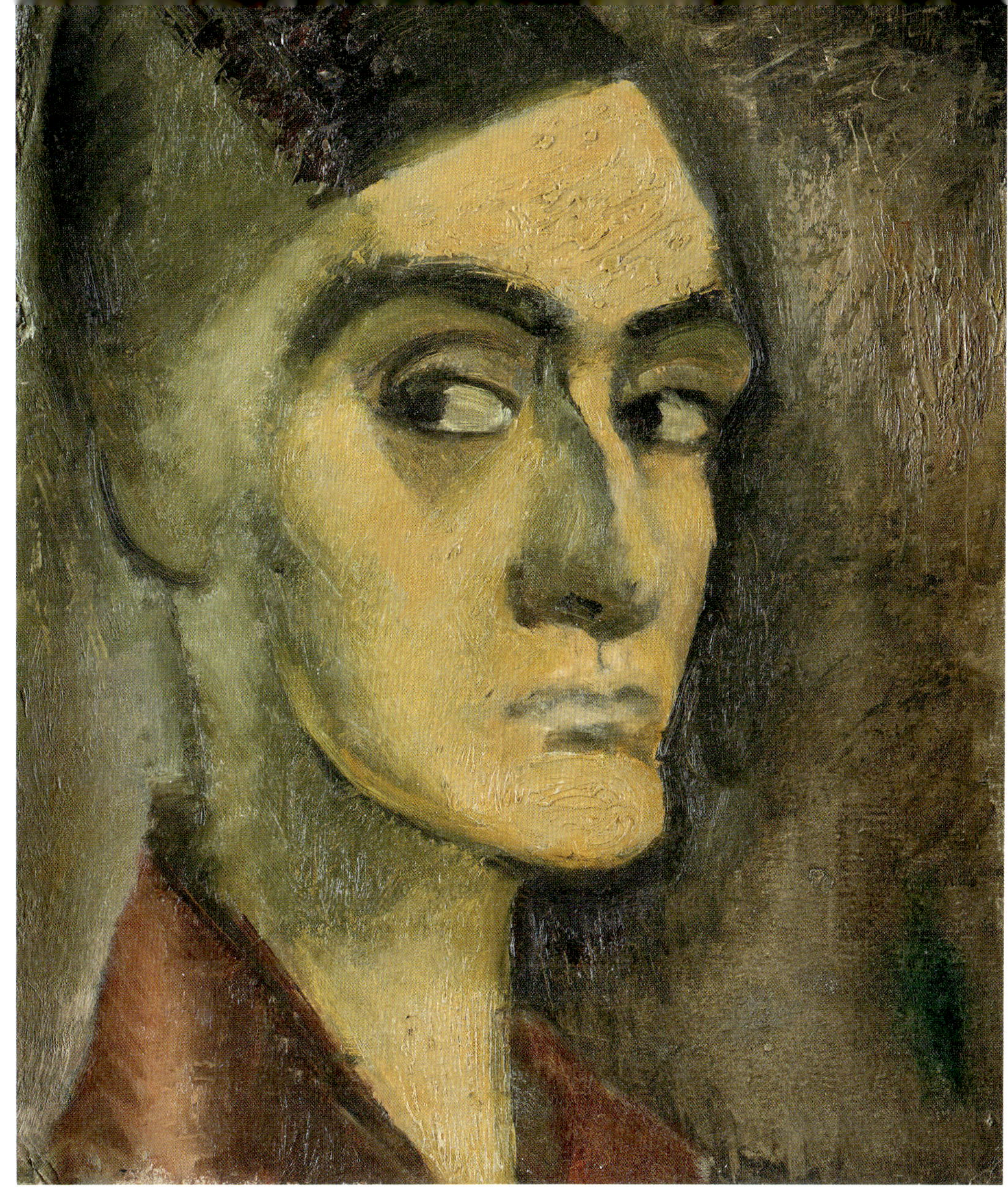

DIE »WESTLICHE FRAKTION«

20
Anita Rée, Selbstbildnis, um 1913, Öl auf Hartfaserplatte, Sammlung Maike Bruhns, Hamburg

Das große Sehnsuchtsziel der meisten Künstler war Paris, Drehkreuz der modernen Kunst. Auch Hamburger folgten diesem Traum, einige lange vor dem Ersten Weltkrieg. Zwischen 1905 und 1907 arbeitete Friedrich Wield bei Auguste Rodin; Gretchen Wohlwill, Friedrich Ahlers-Hestermann und Alma del Banco bildeten sich bei Matisse weiter, Alexandra Povòrina bei Maria Wassiliewa im sogenannten Russenatelier; sie hatte 1914 Kontakt mit Alexander Archipenko und Moissy Kogan, Anita Rée mit Fernand Léger.[52] Sie begeisterten sich für Paul Cézanne, praktizierten fauvistische Farbflächenmalerei nach Henri Matisse und André Derain, setzten sich mit dem Kubismus von Léger, Braque und Picasso auseinander und übten sich in individueller Adaption. Später kamen weitere Paris-affine Maler zur Sezession: Ivo Hauptmann, der schon 1903 an der Académie Julian studiert und sich den Pointillisten des Neo-Impressionismus angeschlossen hatte,[53] trat

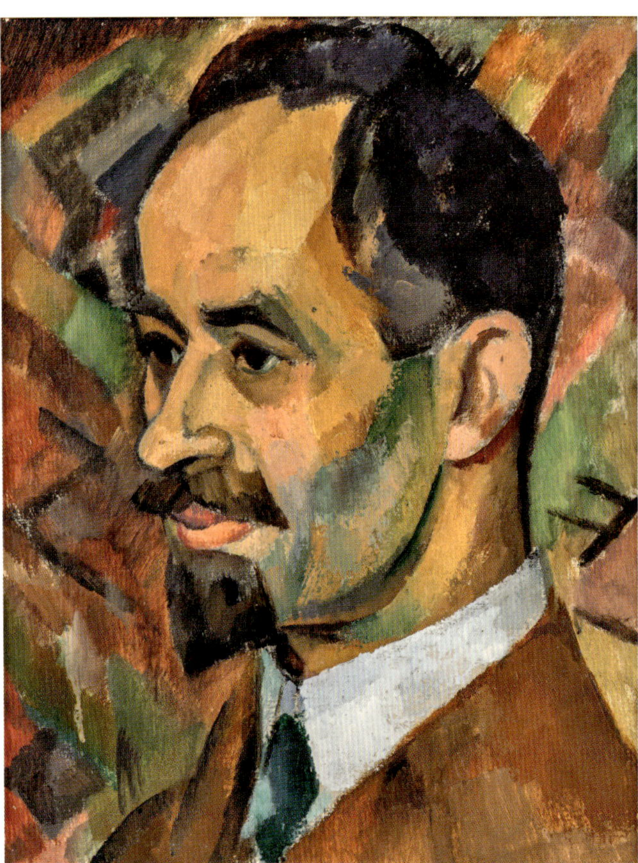

21
Alexandra Povòrina,
Bildnis Artaval, undat.,
Öl auf Leinwand,
Sammlung Ina Lorenz,
Hamburg

1928 bei; Fritz Kronenberg wurde 1925 in Paris mit Georges Braque und Picasso bekannt, stand dem französischen Kubismus nahe und kam 1931 dazu. Diese sogenannte »westliche Fraktion« trat, wie bereits erwähnt, als Neue Gruppe 1919 der Sezession bei. Emil Maetzel wusste ihre Bilder zu schätzen.

Die französischen Anregungen sind in ihren Werken nachzuvollziehen: Ahlers-Hestermann und Povòrina malten ruhige Stadtbilder und Porträts in formaler und farblicher Harmonie bei flächiger Gestaltung und Verzicht auf Dreidimensionalität (Abb. 39). Artaval war ein Hamburger mit einer besonderen Biografie, er wandelte sich vom Mönch in Syrien zum Maler in Paris und verkehrte im Café du Dôme[54] (Abb. 21). Gretchen Wohlwill gestaltete Gesellschaftsszenen in lebhaft lichtem Kolorit (Abb. S. 71).[55] Anita Rée konzentrierte sich auf ernste Porträtmalerei (Abb. 20) und Farbsetzungen nach Matisse. Alma del Banco verarbeitete ihre Schulung an Cézanne und Matisse nur im Frühwerk, später ging sie zu kubistischen Elementen und Perspektivwechsel über. (Abb. 40).

22
Reinhard Lentz, Ivry, 1926, Öl auf Leinwand, Sammlung Maike Bruhns, Hamburg

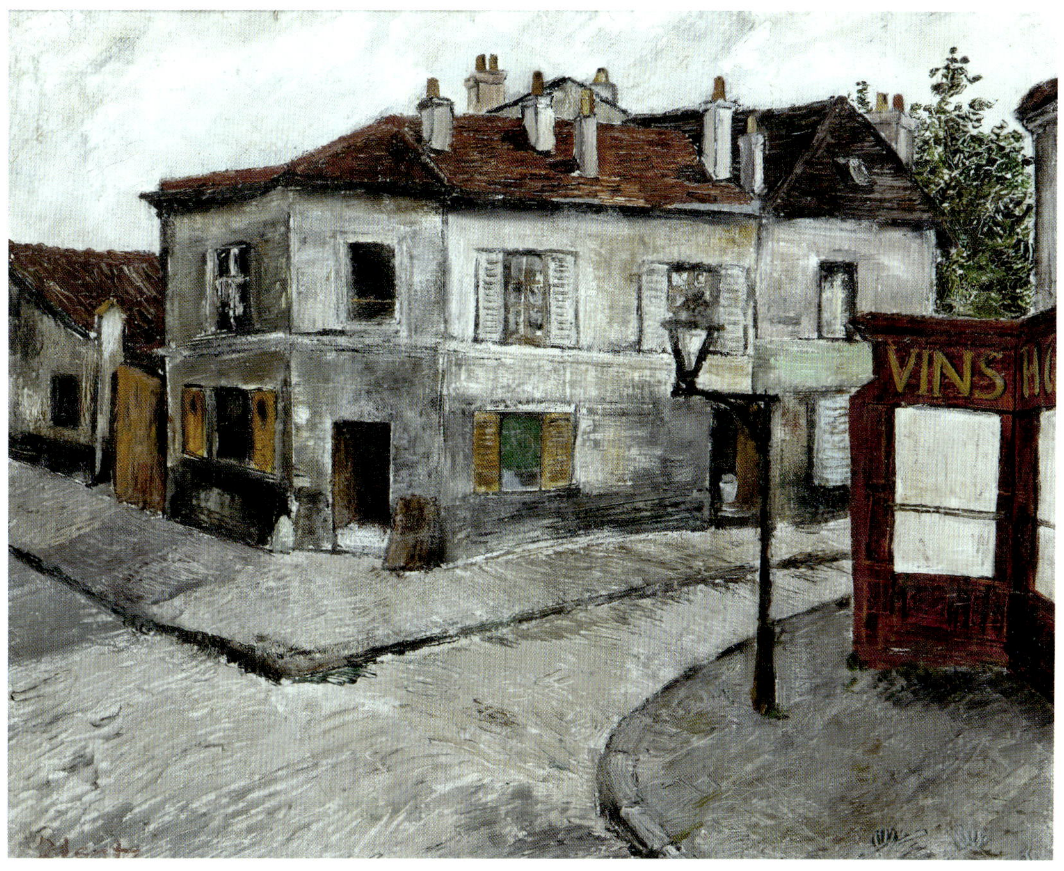

REISEN

Sesshaftigkeit in den Hamburger Ateliers galt als rückständig, Mobilität und Weltoffenheit waren angesagt. Begünstigt durch Reise- und Bildungsstipendien der hamburgischen Erdwin Amsinck-Stiftung und einzelner Mäzene suchten Sezessionisten Anregungen und künstlerische Impulse auf Bildungsreisen oder gemeinschaftlichen Studien- und Arbeitsfahrten innerhalb Europas. Neben Fernweh trieb sie ein starkes Interesse für Kunst und Kultur des Abendlands an. Nach Möglichkeit gingen sie, was damals noch ungewöhnlich war, fast jährlich auf Reisen, wollten alles persönlich gesehen und erlebt haben.

Willem Grimm und Reinhard Lentz reisten 1927/28 als Stewards per Schiff nach New York und in die Karibik; Fritz Kronenberg 1923 in die USA, nach Spanien und Nordafrika als Butler und Schiffsjunge, 1927 nach Indien, Sri Lanka, Bali und Ägypten. Kaum ein Maler, der nicht die nahe gelegenen Nachbarländer Holland und Belgien aufsuchte. Zu Aufenthalten auf den Nordseeinseln reichten Zeit und Geld immer.

Das klassische Reiseziel Frankreich lockte mit Paris und erwies sich auch für wenig bemittelte Künstler als erschwingliches Pflaster. Dorothea Maetzel-Johannsen hielt sich 1925 für ein halbes Jahr hier auf, Grimm war dreimal in Paris, 1929 mit einem Stipendium sogar ein

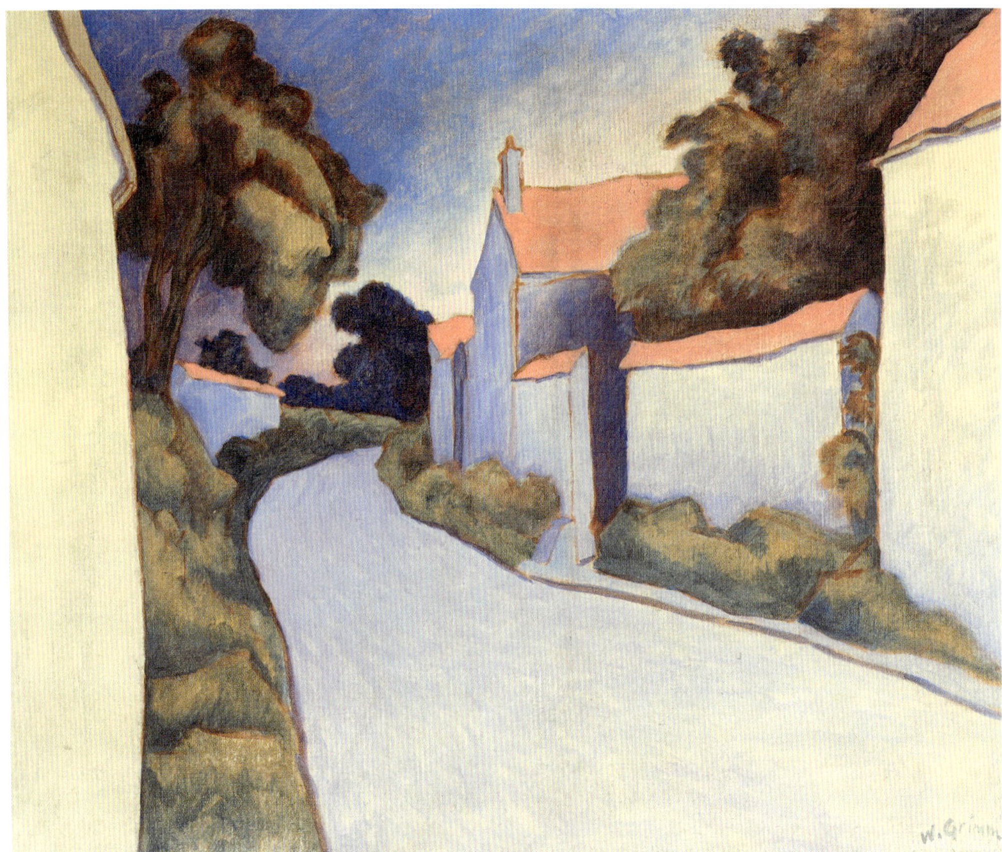

23
Willem Grimm, Dorfstraße in Nordfrankreich, 1929, Öl auf Leinwand, Sammlung Maike Bruhns, Hamburg

Jahr, er traf mit Löwengard, Lentz und Plate zusammen. Fiedler und Ruwoldt reisten allein, Bargheer 1932/33 gemeinsam mit Gretchen Wohlwill. Alle brachten Reisebilder mit nach Hause, die ihre Erlebnisse und die Bewunderung für Land und Leute und deren Kunst belegten.

In Ivry-sur-Seine, südlich von Paris, malte Reinhard Lentz das Bild »Ivry« (Abb. 22). Es orientiert sich stilistisch an Maurice Utrillo, auf den er durch eine Ausstellung in der Hamburger Kunsthandlung Commeter aufmerksam geworden war. In gedeckten, erdigen Farben malte er Bilder verträumter Straßenecken und Winkel in den Pariser Vorstädten.

Willem Grimms »Dorfstraße in Nordfrankreich« (Abb. 23) zeigt einen deutlichen Einfluss des großen Vorbilds Cézanne in Farbmodulation und Leuchtlichtführung. Das Farbspektrum bewegt sich zwischen Gelb (Licht), Blau (Schatten), Rot (Dächer) und Grün (Natur) ohne Mischung in spannenden koloristischen Überlagerungen.

Willy Davidsons »Mittelmeerküste« (Abb. 24) dürfte in Südfrankreich entstanden sein. Hier brandet das Mittelmeer an die Bucht, die der Gebirgsausläufer der Côte d'Azur und die von Palmen gesäumte Promenade, die in die Tiefe führt, bilden. Eine ruhige Szenerie von elementarer Ausstrahlung.

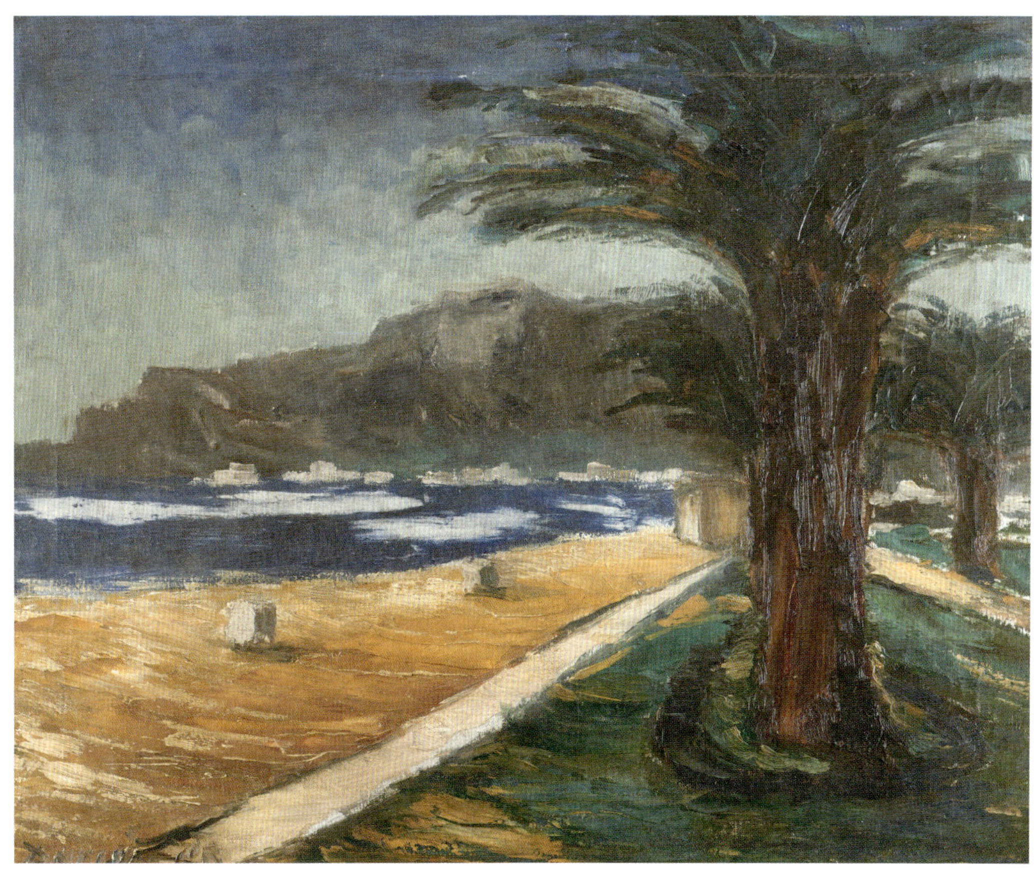

24
Willy Davidson, Mittelmeerküste, undat., Öl auf Leinwand, Sammlung Jochen Düllmann, Rümpel

Große Anziehung übten auch die alten Kulturen Italiens und Spaniens aus. Anita Rée lebte von 1922 bis 1925 in Positano; Ruwoldt, Grimm und Kluth unternahmen 1932 gemeinschaftlich eine Italienrundreise bis nach Sizilien, Bargheer war dreimal in Italien, 1930 zusammen mit Gretchen Wohlwill, bevor er endgültig nach Florenz ausreiste. Löwengard hielt sich 1920 lange in Spanien auf, 1924 in Italien. Alma del Banco reiste 1922 mit Käthe Köster und Wohlwill zum Malen nach Italien, 1929 nach Spanien und Dalmatien.

Auf Sizilien spielt die Szene der »Salinenarbeiter« (Abb. 25) von Willem Grimm. Zwei Männer und drei Frauen sind mit Salzrechen bei der Arbeit, sie tragen Hüte oder Kapuzen, die den Nacken während des Transports vor dem Salz schützen. Ihre Gestalten ragen vertikal aus dem horizontalen Liniengefüge der Salinenbecken auf. Eindrucksvoll dominiert eine große Arbeiterfigur im Vordergrund in kubisch vereinfachten Formen und kräftigen schwarzen Konturen. Hinten begrenzen flache Küstenwälle die Szene.

In Positano malte Anita Rée 1922/23 »Mulino Arienzo« (Abb. 36), eine Ölmühle. Das Aquarell zählt zu ihren beeindruckenden Werken in neusachlichem Stil.[56]

Die Landschaftsmaler orientierten sich um 1930 nach Skandinavien, insbesondere nach Norwegen, wo Edvard Munch lebte, das große Vorbild der jüngeren Hamburger. Kronenberg malte hier 1924, der Kunstkritiker Harry Reuss-Löwenstein 1931, der befreundete Eduard Hopf 1930, 1934 und 1936, Grimm und Hartmann 1934. Zwei Maler suchten Munch persön-

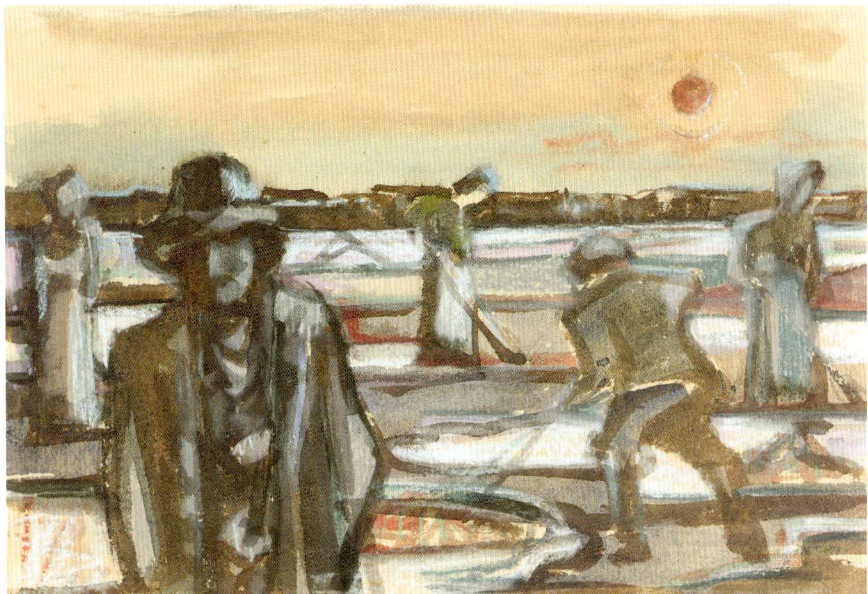

25
Willem Grimm, Salinenarbeiter auf Sizilien, 1934, Kreide, Tusche, Tempera, Sammlung Maike Bruhns, Hamburg

lich auf: Karl Kluth 1929 und 1934 sowie Rolf Nesch, der bei ihm gleich nach seiner Ankunft im Oktober 1933 in Oslo vorsprach. Später gab er an, nur wegen Munch Norwegen als Exilland gewählt zu haben.

Fritz Kronenbergs »Schwedische Winterlandschaft« (1931, Abb. 26) ist ein elegisches Winterbild in starker Abstraktion der Formen, der Farbe und des Bildraums nach Art Edvard Munchs. Die Felsmaterie des Gebirgsstocks an der linken Seite ist formal reduziert, die Landschaft mit fließenden Linien erfasst und in farbige Streifen und Komplexe gegliedert. Ein Weg schwingt s-förmig durch den Bildraum nach hinten. Magie und Rhythmus bestimmen die scheinbar unberührte, menschenfreie Sphäre. Der Kunstkritiker Maximilian Rohe lobte die machtvolle und eindringliche Haltung, das klare und übersichtliche Gefüge und die sehr delikaten koloristischen Werte.[57] Das Gemälde ist im Katalog der zehnten Sezessionsausstellung 1931 abgebildet und ein charakteristisches Beispiel für den Sezessionsstil.[58]

Kontakte nach Deutschland, Reisen ins europäische Ausland, ja selbst nach Amerika vermittelten den Künstlern entscheidende Impulse, vertieften Offenheit und Flexibilität und halfen, die Neuerungen um 1930 vorzubereiten.

MALSTILE

Die Bilder der frühen Sezession zeigen, wie oben bereits ausgeführt, Anregung durch verschiedene Kunststile der Moderne, lassen Impulse großer europäischer Maler und verschiedener Kulturen erkennen. Im Bemühen um Adaption führten sie zu einer erstaunlichen Divergenz der Arbeitsweisen. Es entstand ein pluralistisches Bild mit interessanten Varianten und Aussagen. Eine einheitliche Zu- und Einordnung ist in der Sezessionskunst nicht möglich, homogen war sie zu keiner Zeit.

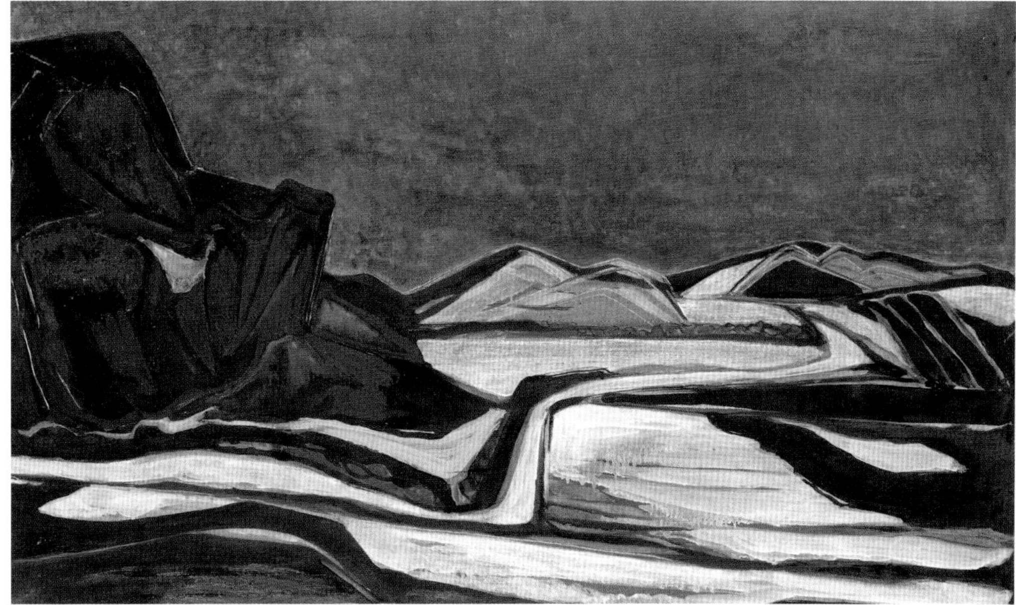

26
Fritz Kronenberg, Schwedische Winterlandschaft, 1931, Öl auf Leinwand, Sammlung Maike Bruhns, Hamburg

EXPRESSIONISMUS

Einen absoluten Gegensatz zu der ruhigen frankophilen Malerei erlebte Hamburg ab 1919 in einem Boom des Expressionismus, der auch eine Reaktion auf den Ersten Weltkrieg war und unter anderem sozialpolitische Ursachen hatte: »Seelische Kräfte, die im Bürgertum des wilhelminischen Zeitalter lange Zeit gebunden waren, entfalteten eine Dynamik, die Konflikte in sich trug und zugleich einen zukunftsorientierten Aufbruch schuf.«[59] Das Ehepaar Maetzel importierte 1919 aus Berlin einen Expressionismus der zweiten Generation. In ihm trafen sich in der Hamburger Kunstszene die verschiedenen Temperamente, die mit der Gestaltung der Bildfläche und mit Ausdruckssteigerung experimentierten, bis er sich über einige Jahre zu einem Zeitstil entwickelte. Expressionismus trat in Malerei, Plastik und Grafik in den ersten drei Sezessionsausstellungen auf, nicht selten zusammen mit kubofuturistischen Elementen. Seine Charakteristika sind formale Vereinfachung und Deformation, Bevorzugung eines eckigen, spitzwinkligen Lineaments, Flächigkeit, die auf Tiefenräumlichkeit verzichtet, intensive farbige Kontraste, ein emotionaler, ekstatischer Ausdruck.

In der Malerei steigert der expressionistische Stil in Figurenszenen, Einzelporträts, Tierbildern und Stillleben das Thema sichtlich. Landschaftsdarstellungen treten in den Hintergrund. Zu den Hamburger Vertretern dieses späten Expressionismus gehören Alma del Banco (Abb. 41), Franz Breest (Abb. 43), Otto Fischer-Trachau (Abb. 29), Erich Hartmann (Abb. 11), Emil Maetzel und Dorothea Maetzel-Johannsen (Abb.n 27, 28, 34), Martin und Paul Schwemer, Heinrich Steinhagen (Abb. 10, 64), Otto Tetjus Tügel und Johannes Wüsten (Abb. 32).

Dorothea Maetzel-Johannsens »Junge mit rotem Ball« (Abb. 27) fällt 1919 durch verzerrte Anatomie auf. Kopf und Körper der Halbfigur sind in die Länge verzogen, die dünn und spitzwinklig angehobenen Arme umklammern den Ball. Der Knabe stützt sich auf ein

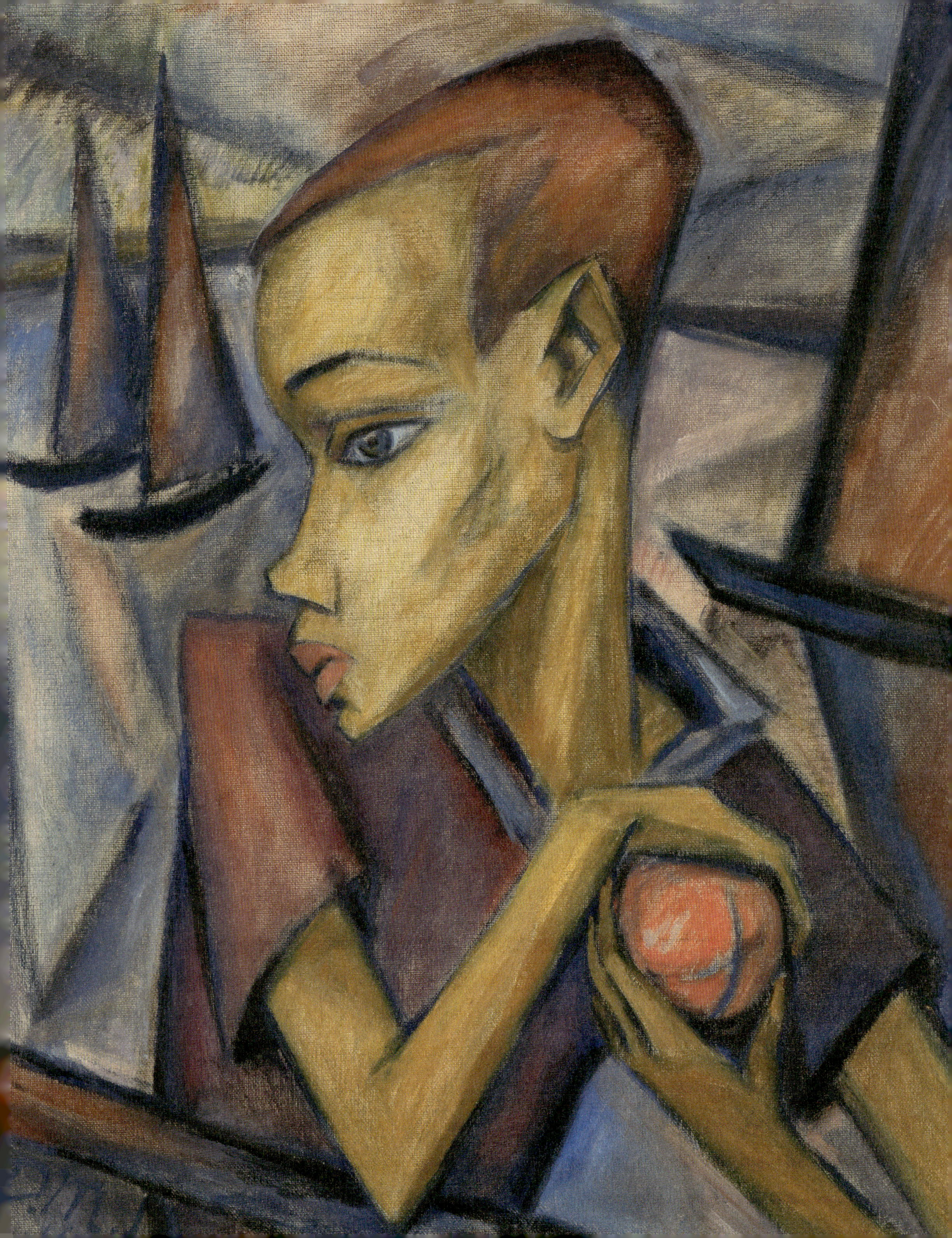

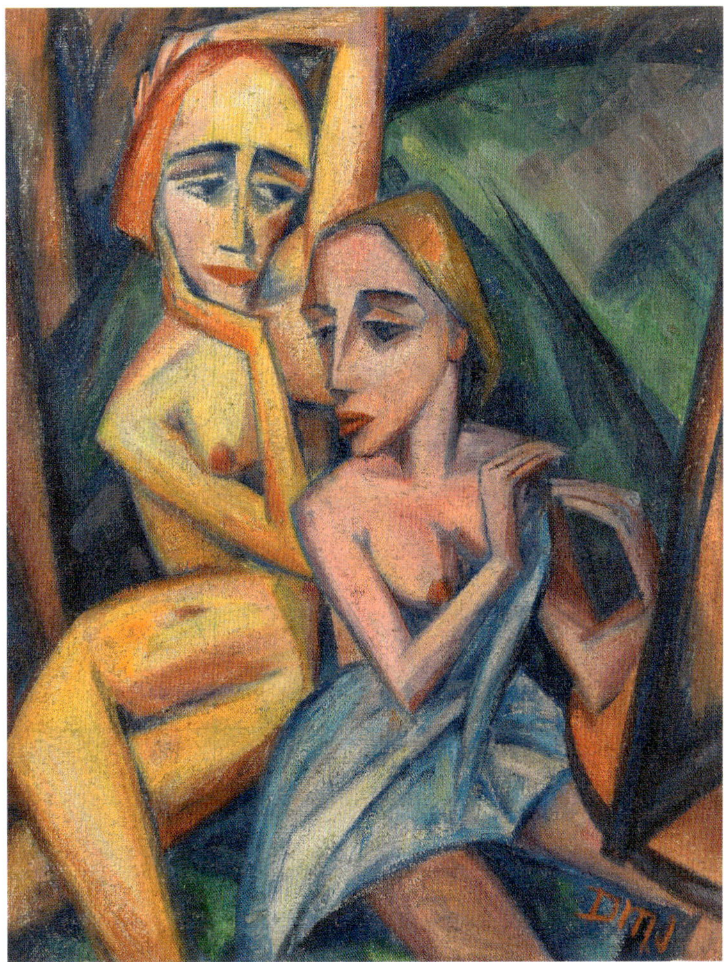

28
Dorothea Maetzel-Johannsen, Überredung, 1919, Öl auf Rupfen, Sammlung Tim Tobeler, Hamburg

Geländer. Himmel, Wasser und Boote auf der Alster sind in dem flächigen Hintergrund in geometrische Formen gebracht und miteinander verflochten. In der Farbkomposition kontrastiert das Gelbgrün des Körpers stark mit den blauen und roten Partien der Landschaft, es verleiht dem Motiv einen dynamischen Zug. Die Figur ähnelt einer afrikanischen Plastik.

Auf ihrem großen Bild »Überredung« (Abb. 28) sitzen zwei Frauenakte eng beieinander vor einem Spiegel. Die Ältere rahmt mit einer beredten Geste den Kopf, richtet einen intensiven Blick auf die vordere, die sich ihr halb zuwendet und an einem blauen Tuch vor der Schulter nestelt. Wozu wird hier überredet? Die Intensität des Diskurses vermittelt sich mühelos, die Frage bleibt offen: »Die Personen sind in ihrer körperlichen Schönheit sichtbar, doch kennen wir ihre geheimsten Gedanken nicht. Hierin liegt die Botschaft verborgen, die entfernt an Gauguins Tahiti-Bilder erinnert [...].«[60] Wieder sind die Körperformen anatomisch nicht naturentsprechend wiedergegeben, sondern geometrisch stilisiert und deformiert, dabei skulptural vereinfacht. Trotz der kantigen Komposition herrscht »verhaltene Anmut und Beseelung«.[61] Die Farbigkeit der Figuren ist weniger schrill als bei dem »Knabenbild«, sie beschränkt sich auf die Grundfarben Blau, Rot, Gelb, während Grün und Braun auf dem winklig unterteilten Hintergrund, der vermutlich Pflanzen andeutet, verteilt sind.

27
Dorothea Maetzel-Johannsen, Junge mit rotem Ball, 1919, Öl auf Leinwand, Privatbesitz Hamburg

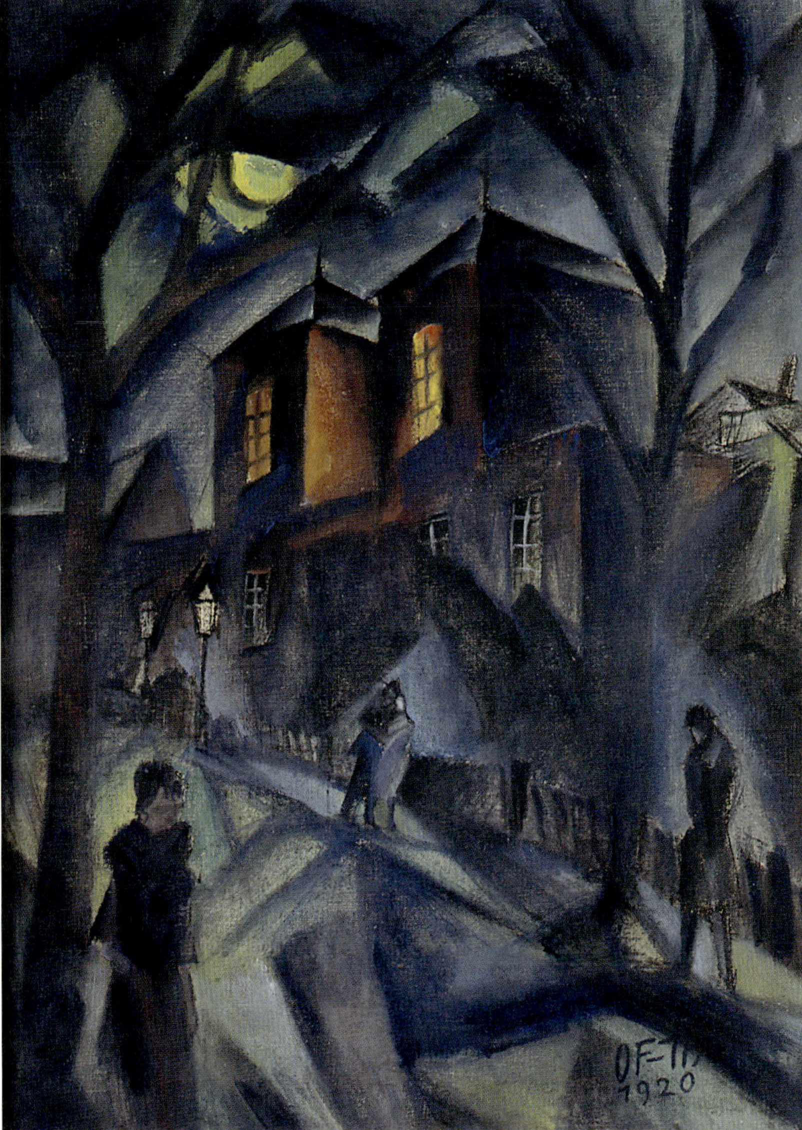

29
Otto Fischer-Trachau, Mond über der Vorstadtstraße in Bahrenfeld, 1920, Stiftung Historische Museen Hamburg, Altonaer Museum

Otto Fischer-Trachaus »Mond über der Vorstadt in Bahrenfeld« (Abb. 29) ist ein Nachtbild. Passanten befinden sich auf den Trottoirs, die mit Häusern und Bäumen gesäumt sind. Mondschein hinter kahlen Bäumen, Licht von Straßenlaternen und erleuchteten Fenstern fallen auf die kalte Szene. Unheimlich muten die tektonischen und kubistischen Elemente, die blauvioletten Balken und Dreiecke an, die wie ein Netz die tiefenperspektivische Darstellung in die Fläche zwingen, sie dynamisch komprimieren und den Eindruck unwirklich steigern.

In der Plastik äußert sich der Expressionismus in einem häufig überzogen wirkenden Gesten- und Formenkanon, bei Ludwig Kunstmanns »Stehendem« (Abb. 30) 1920 in der überschlanken Länge, in ausgreifender Gestik bei Friedrich Wield, Richard Kuöhl und Paul Hamann. Karl Opfermann (Abb. 7) und Heinrich Steinhagen zählen zu den gemäßigteren Vertretern.[62]

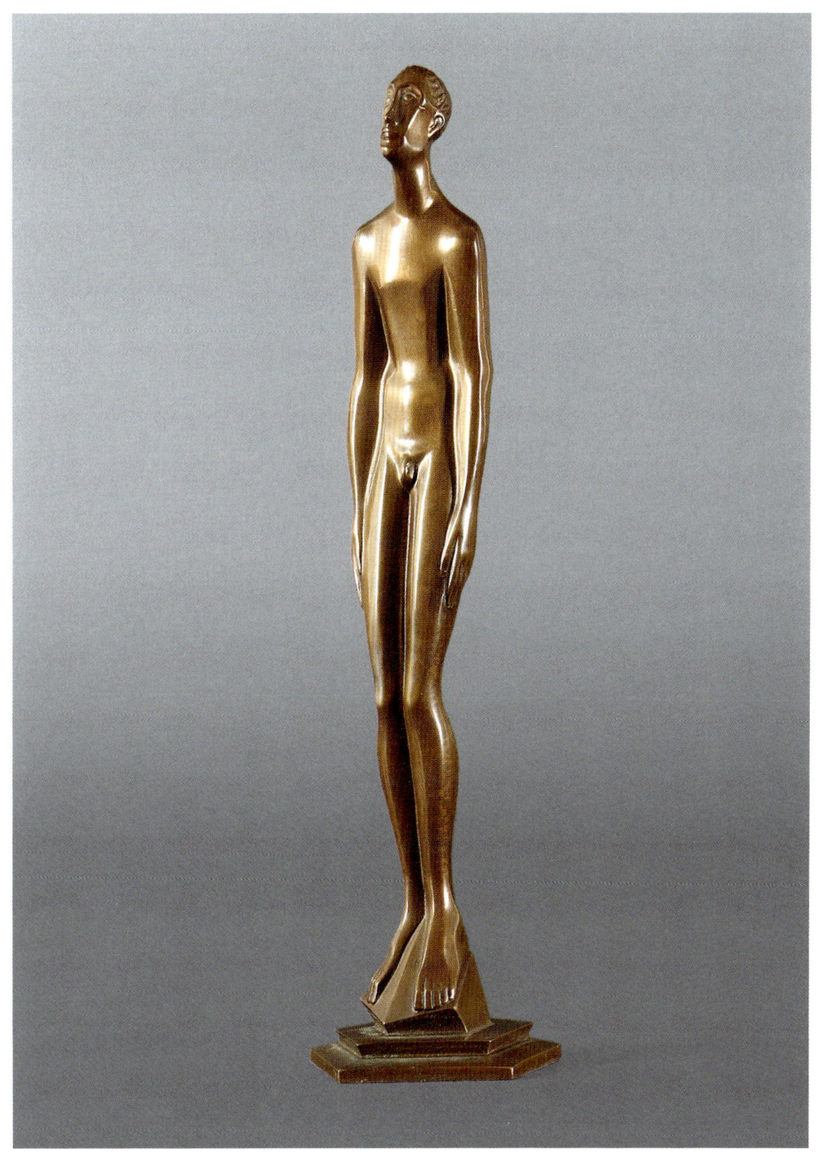

30
Ludwig Kunstmann, Stehender, 1920, Bronze, Sammlung Uta Wendt / Sandro Bendig, Hammoor

In der Grafik gewinnt in diesen Jahren der Holzschnitt neue Aktualität. Die Brücke-Künstler und Ernst Barlach hatten diese Technik als traditionelles und multiplikatorisches Verfahren neu belebt, ebenfalls die Radierung und Lithografie. Als preiswerte Medien wurden Grafiken zur Verbreitung von Kunst (und Propaganda) genutzt.

Expressionistische Grafik hatte in Hamburg Tradition, sie war seit 1906 durch die passive Brücke-Mitgliedschaft des Landgerichtsdirektors Gustav Schiefler publik geworden, durch weitere 20 passive Mitglieder und Sammler wie Paul und Martha Rauert und den Einsatz von Rosa Schapire. Emil Nolde hatte mehrfach, besonders 1910, mehrere Wochen am und im Hamburger Hafen gezeichnet und später radiert. Fraglos beeinflusste Schmidt-Rottluffs Grafik die der Sezession, obwohl er nach 1912 nicht mehr in Hamburg malte und die Brücke sich 1913 in Berlin auflöste, denn bis 1933 konnte er zehn Einzelausstellungen in der Hansestadt realisieren. Adaptionen seiner Holzschnitte finden sich bei beiden Maetzels, bei

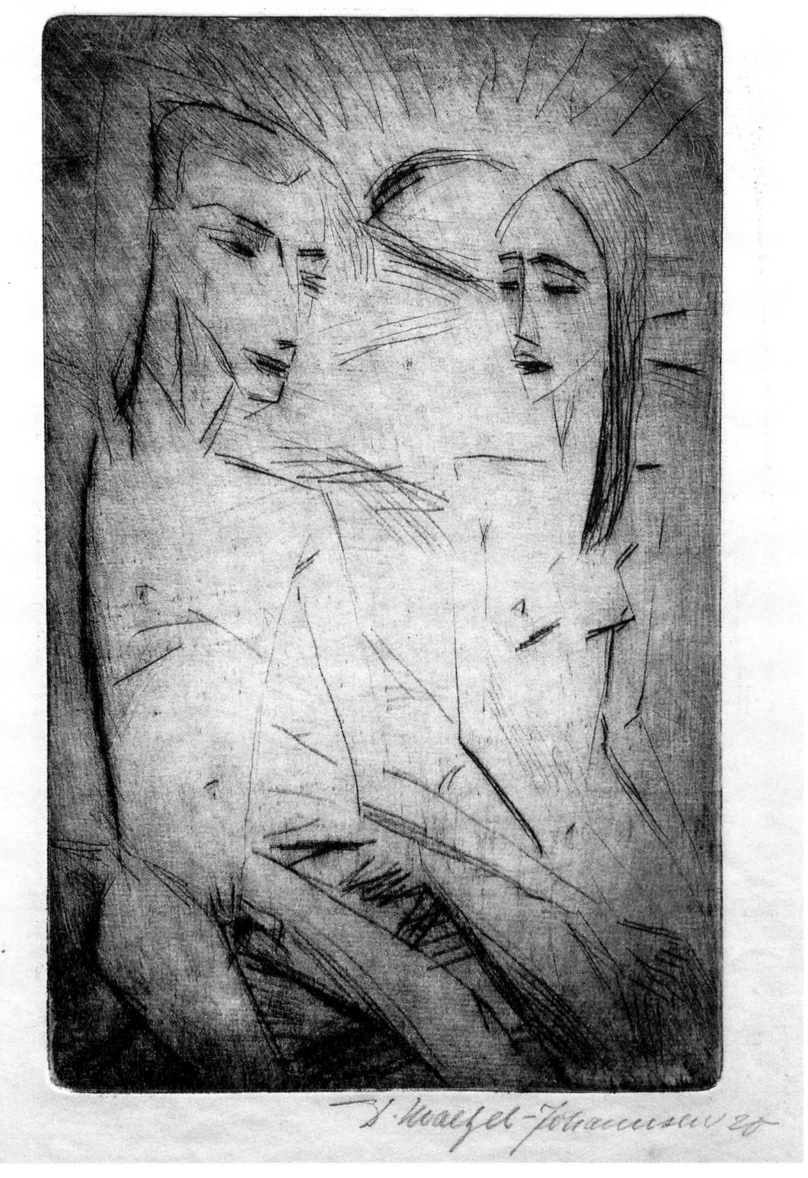

31
Dorothea Maetzel-Johannsen, Paar vor aufgehender Sonne, 1920, Sammlung Tim Tobeler, Hamburg

Löwengard, Opfermann, Hartmann, Steinhagen, Titze und Wüsten. Die Maetzels dürften während des Ersten Weltkriegs in Berlin Anhänger seiner Arbeitsweise geworden sein, als sie stilistisch noch experimentierten und in der Kunstschule Arthur Lewin-Funcke in Abendkursen Aktzeichnen absolvierten.[63]

Die frühe Grafik der Sezession zeigt ein vielgestaltiges Menschenbild. Aktmotive herrschen vor, Paare in der freien Natur, paradiesisches Leben nach Brücke-Vorbild, Badende, Liebende, Mutter-Kind-Szenen, Köpfe. Dorothea Maetzel-Johannsens »Paar vor aufgehender Sonne« (Abb. 31) entstand 1919. Zwei schlanke Jugendliche sitzen mit eckigen Körpern beieinander, Anziehung durch Zuneigung (im Wortsinn) bahnt sich an. Anders und stürmischer geht Johannes Wüsten das Thema »Liebespaar« (Abb. 32) 1919 an. Hier drängt sich das Mädchen mit sprechender Geste an ihren Partner. Die Liebenden sind in wenigen

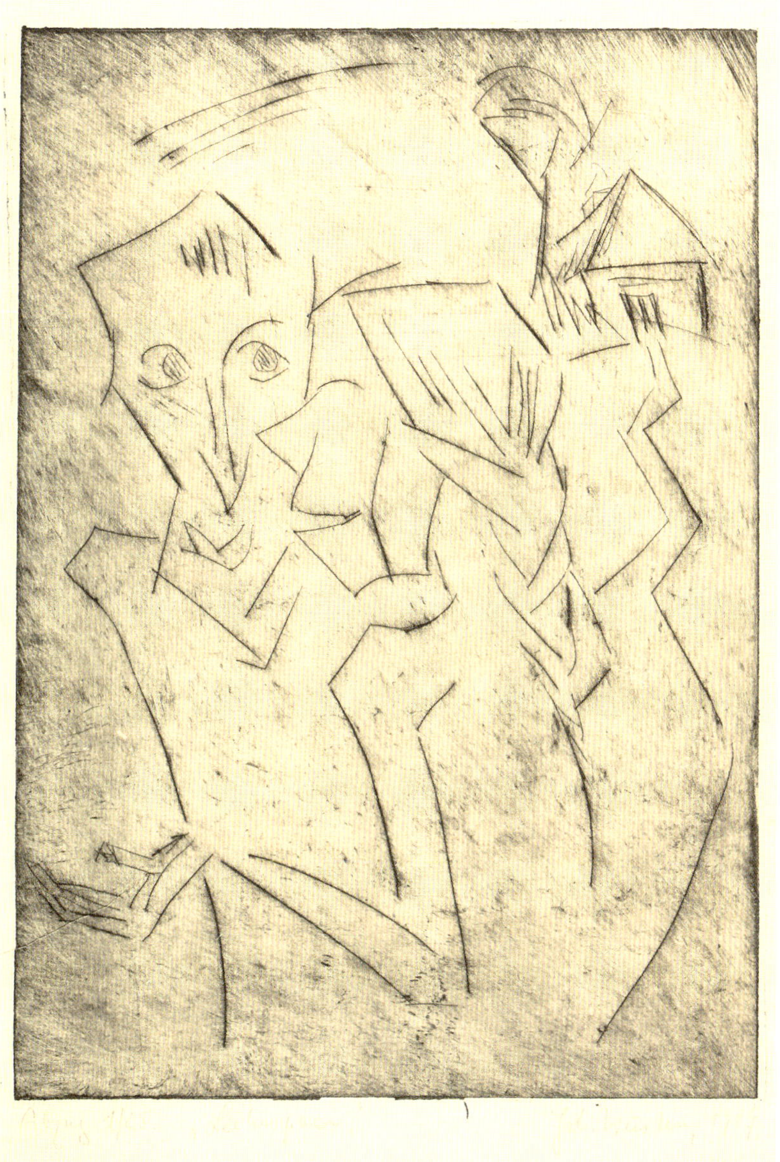

32
Johannes Wüsten, Liebespaar, 1919, Radierung, Sammlung Uta Wendt / Sandro Bendig, Hammoor

eckigen Konturlinien dargestellt, die Liebe zu einer maskenhaft klobigen, komödiantischen Angelegenheit verfremdet. Im Hintergrund winkt ein Haus einladend, zu dem ein Zickzackweg führt.

Kurt Löwengards Holzschnitte unterscheiden sich deutlich von denen der Brücke-Nachfolger, sie verraten Bauhausbildung. In der ausgewogenen Schwarz-Weiß-Komposition, der geometrisch konstruktiven Flächenaufteilung und dem strengen Lineament des Holzschnitts »Brücke« (Abb. 33) wird 1923 das Vorbild Lyonel Feininger erkennbar.

Publizistischen Anschub und Unterstützung erhielt die Grafik der frühen Sezession durch die expressionistischen Pressen von Karl Lorenz und Rosa Schapire. In »Die rote Erde«, »Das Neue Hamburg« und »Kündung« wurden sie auf hohem Niveau verbreitet.

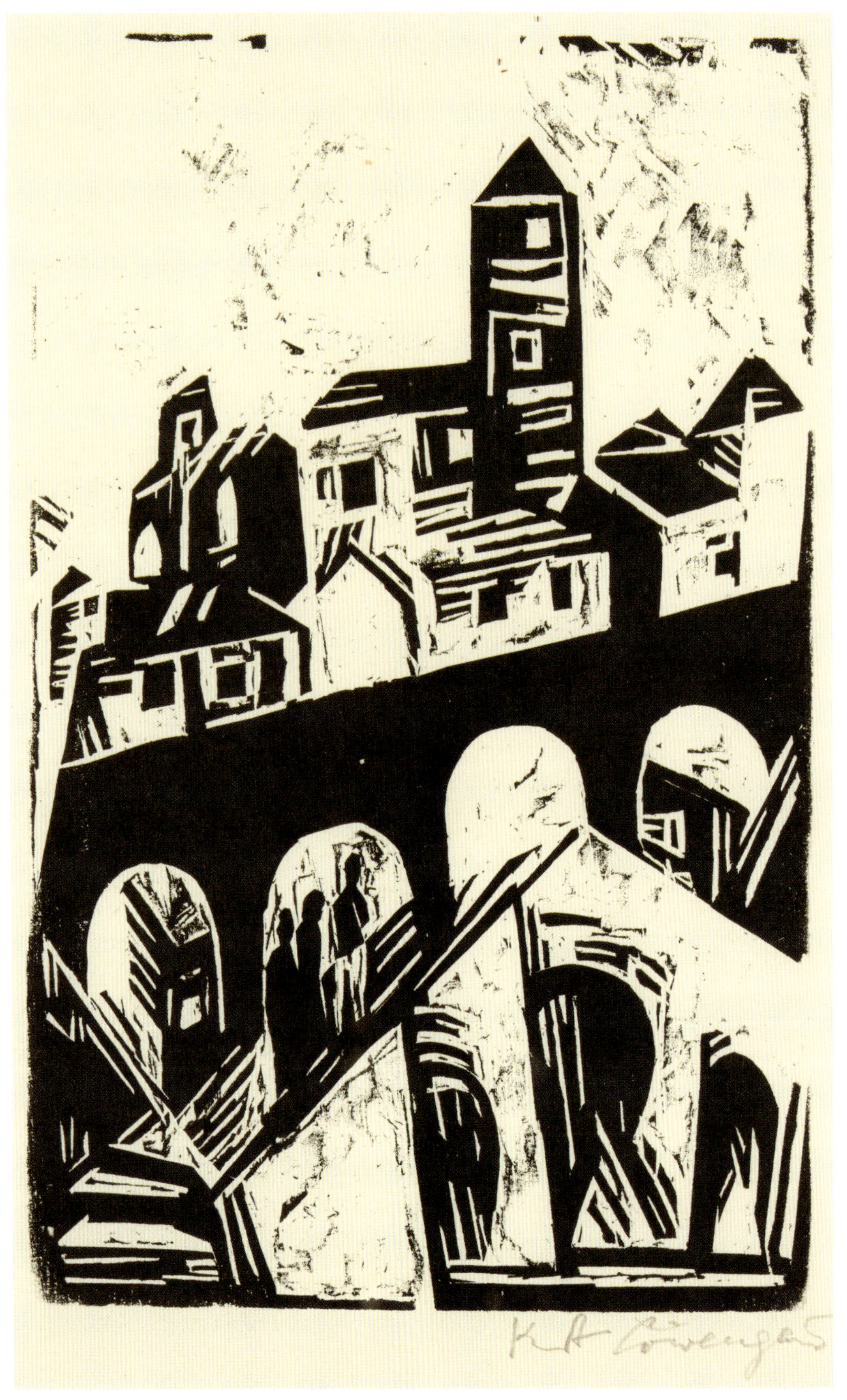

33
Kurt Löwengard, Brücke, 1923, Holzschnitt, Sammlung Maike Bruhns, Hamburg

34
Emil Maetzel, Knabenkopf, 1919, Holzschnitt, Sammlung Tim Tobeler, Hamburg

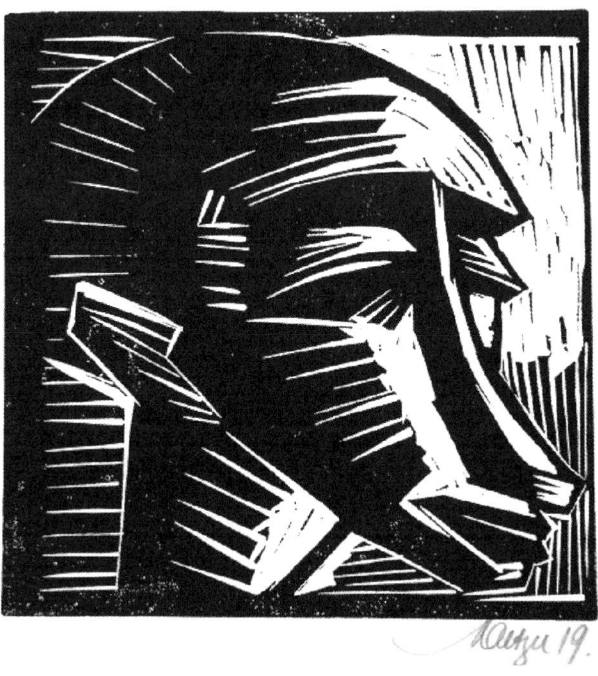

EINFLUSS AFRIKAS

Wie viele Expressionisten fanden auch die Sezessionsmaler bei Besuchen der Völkerkundemuseen in Berlin und Hamburg zu einer Afrika- und Südsee-Begeisterung und ließen sich dadurch inspirieren. Emil Maetzel bewunderte 1915 die von Carl Einstein publizierten Abbildungen von Skulpturen aus Afrika. Die Künstler glaubten, in den Objekten der afrikanischen und ozeanischen Kunst etwas Ursprüngliches, Unbewusstes, eine Art Urform der Kunst entdeckt zu haben. Zugleich schwärmten sie für die vereinfachten, expressiven Formen und das Ausdruckspotenzial der, wie man damals sagte, »primitiven« Kulturen. Von dem bereits erwähnten Forschungs- und Sammlungsreisenden Julius Konietzko erwarben sie einige afrikanische Ethnografica. Friedrich Wield, Carl Otto Czeschka, Lehrer an der Kunstgewerbeschule, und die Maetzels bauten nach dem Ersten Weltkrieg eine beachtliche Privatsammlung von Skulpturen, Alltagsgegenständen und Schmuck auf.[64] Einzelne Objekte gingen als Motiv in ihre Bilder und Grafik ein.

In seinem Holzschnitt »Kopf eines Knaben« (Abb. 34) übernahm Emil Maetzel 1919 die Ansicht einer afrikanischen Skulptur, reduzierte sie auf flächiges Schwarz-Weiß vor einem hell-dunkel geteiltem Hintergrund mit Strahlenlinien. Sie korrespondieren mit den geschnittenen Linien des Kopfes. Die Wirkung ist dynamisch, hochplastisch, obwohl zweidimensionale Mittel im Schwarz-Weiß Verwendung fanden.

Auch auf die Künstlerfeste griff die Afrika-Begeisterung über: Trotz Nachkriegsnot, Inflation und Streiks standen die frühen Künstlerfeste »Dämmerung der Zeitlosen« (1919), »Die gelbe Posaune der Sieben« (1920) und »Die Götzenpauke« (1921) im Zeichen Afrikas.[65]

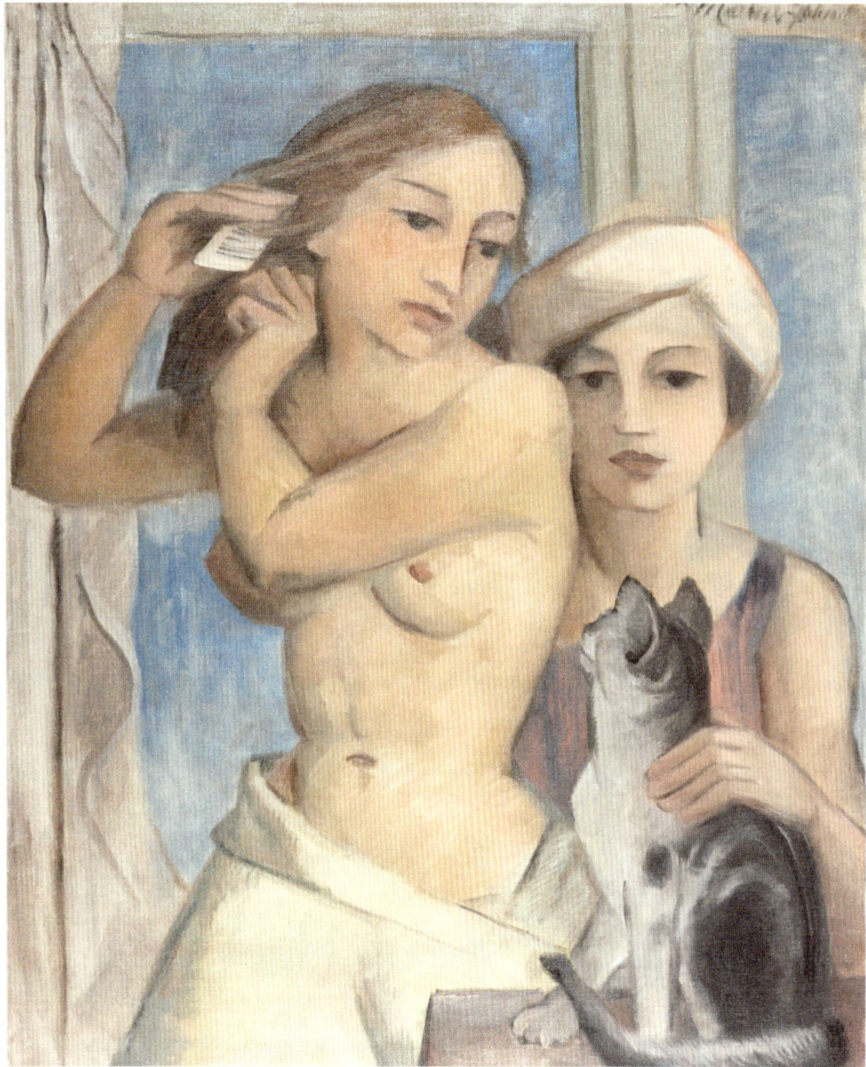

35
Dorothea Maetzel-Johannsen, Zwei Mädchen mit Katze, 1926, Öl auf Leinwand, Sammlung Maike Bruhns, Hamburg

NEUE SACHLICHKEIT

Nach Abflauen der Inflation kehrte stilistisch eine Beruhigung ein, man war des ekstatischen Ausdrucks, der unproportionierten Gestik, der Naturvölkerthematik, der hektischen Sinn- und Selbstsuche überdrüssig, sehnte sich nach Normalität, Natur und Harmonie und suchte neue Orientierung. Einige Künstler wendeten sich der realistisch-neusachlichen Malerei zu, Erich Hartmann, Otto Rodewald, Tetjus Tügel, insbesondere Dorothea Maetzel-Johannsen und Anita Rée.

Auf Dorothea Maetzel-Johannsens »Zwei Mädchen mit Katze« (Abb. 35) stehen 1927 wieder ein Akt und ein halb bekleidetes Mädchen in verschiedener Größe eng beieinander. Die größere kämmt ihre Haare, während die kleinere eine Katze streichelt. Alle Elemente, die auf dem Gemälde »Überredung« von 1919 kontrastieren – die schrille Farbigkeit, die spitzwinkligen Formen, die skulptural vereinfachte Anatomie –, haben sich gewandelt:

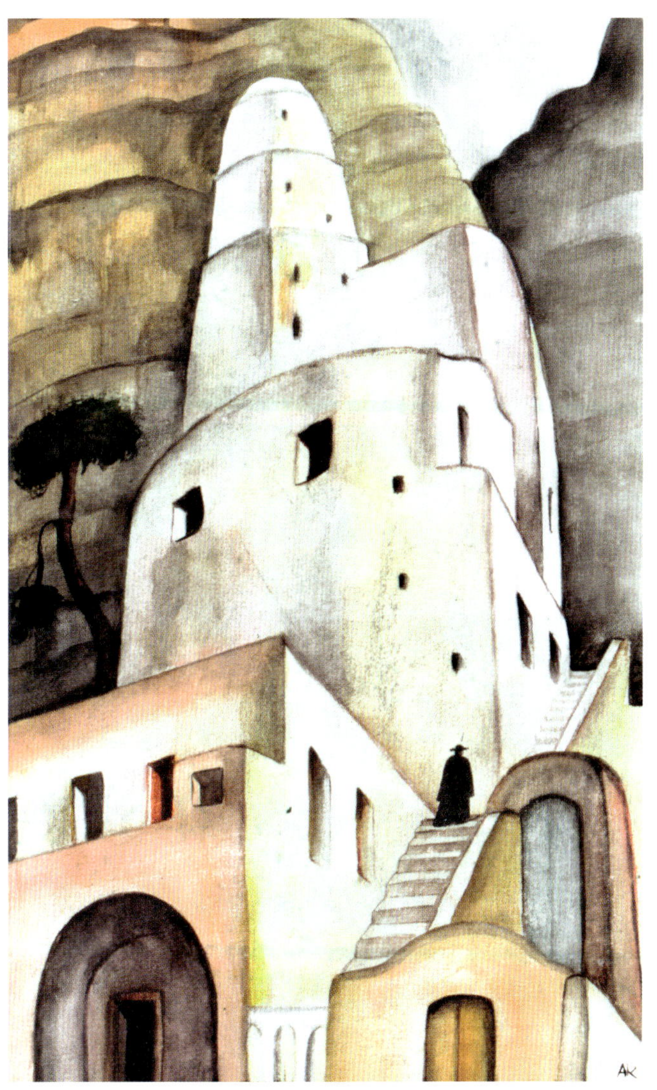

36
Anita Rée, Mulino Arienzo, 1923/1925, Aquarell und Gouache, Sammlung Maike Bruhns, Hamburg

Die Farbigkeit ist gedämpft und stimmig, warme Töne ergänzen sich, die Körper sind natürlich mit jugendlich runden Formen dargestellt, der Hintergrund statisch und ruhig gegliedert. Auflockernd wirkt der wellenförmig fallende Vorhang. Es herrscht eine harmonische, ausgeglichene Atmosphäre. Beide Mädchen blicken auf das Tier, das ihren Blick in stimmiger Dreieckskomposition erwidert.[66] Hanns Theodor Flemming nannte das lichte und von zarter Poesie erfüllte Bild ein »besonders geglücktes Beispiel«[67] der späten Konfigurationen der Malerin.

Anita Rée malte 1922/23 »Mulino Arienzo« (Abb. 36) in Positano, ein überplastisch wirkendes, monumental gesteigertes Motiv einer Ölmühle. Steil wie eine Burg türmt sich der gewaltige Funktionsbau den Hügel hinauf, wenige Bäume am gestuften Berg verkörpern neben ihm die Natur. Helles Scheinwerferlicht fällt auf die Szene und schärft die Kanten des Gebäudes. Eine kleine dunkle Priesterfigur, die die Treppe erklimmt, dient als Staffage für den steilen Anstieg.

HAMBURG – STADT AM WASSER

Stadt Hamburg, Hagenbeck, Nachtleben, Freizeit

STADT HAMBURG

Hamburger Künstler malten seit jeher bevorzugt Stadtansichten, Panoramen, die Hauptkirchen, die Alster, den Hafen. Bei Lokalpatrioten wie Touristen kamen die Bilder gut an und brachten Absatz. Beliebt waren bei den Sezessionisten Darstellungen der Elbe mit ihren Ufern, den Villen am Elbufer oder dem am Hang aufsteigenden Fischerort Blankenese.

Paul Kaysers »Elbblick Blankenese« (Abb. 37) lenkt den Blick vom Hang über die Fischerhäuser auf den Strom, auf dem ein Großsegler und ein Schlepper mit langer Dampfwolke fahren. Blendend weißgelbes Licht lässt die kubischen Dächer hell aufleuchten, die Fassaden und Giebel in Schattentönen verblauen. Es reflektiert auf dem Wasser und hüllt den Segler in eine Aura. Damit ordnet sich der Künstler dem Spätimpressionismus zu.

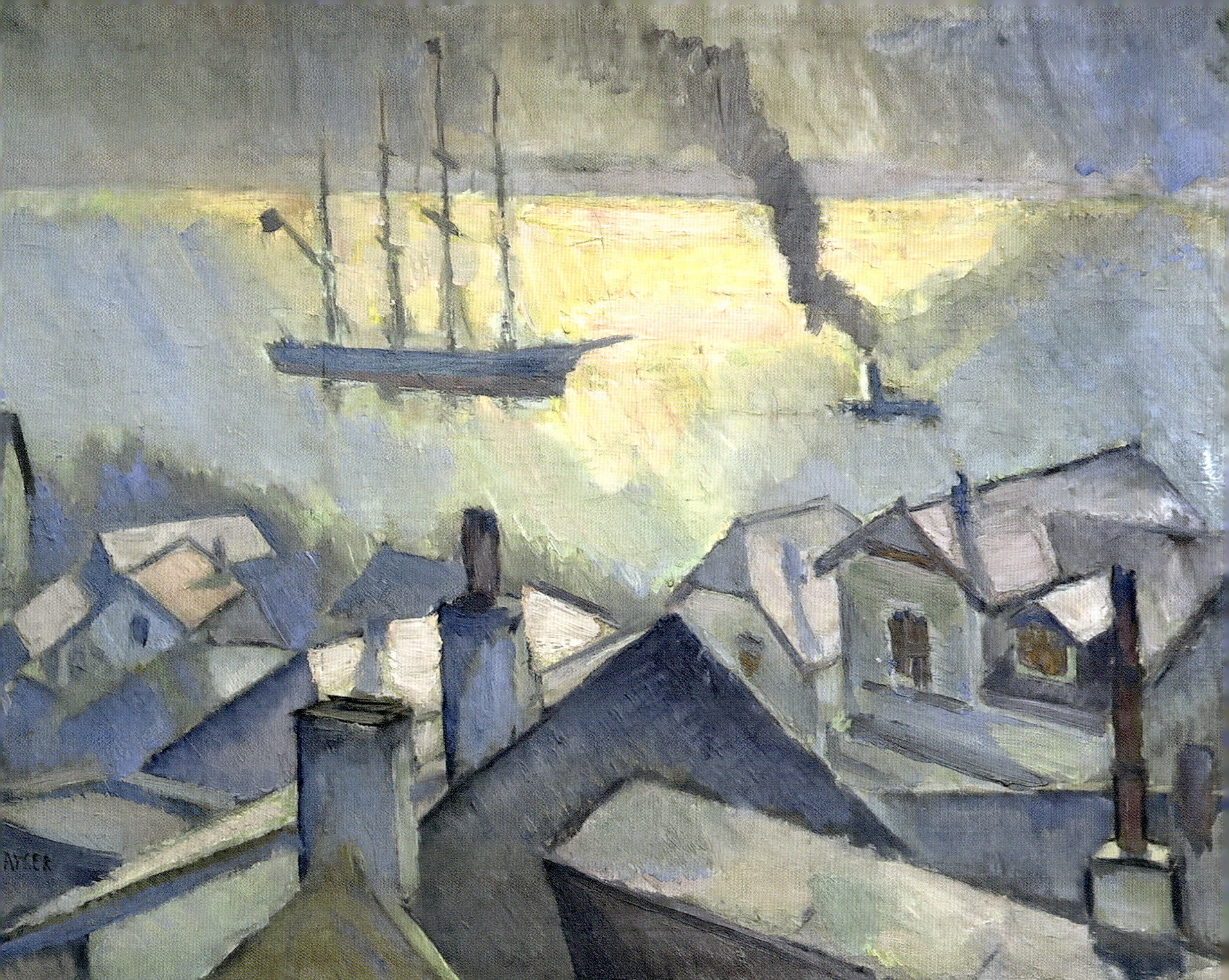

37
Paul Kayser,
Blankenese Elbblick,
1920, Öl auf Leinwand,
Stiftung Historische
Museen Hamburg,
Altonaer Museum

Denselben Blick über die Elbe erfasste Alexandra Povòrina 1917 in »Blankenese« (Abb. 38). Er unterscheidet sich von dem Kaysers stark durch seine kubistische Prägung. Über buntfarbige Dächer und Fassaden, die mit alten Bäumen in kräftigem Grün wechseln, fällt graues Licht von bewölktem Himmel auf die Elbe, ein in Hamburg alltäglicher Anblick.

Friedrich Ahlers-Hestermanns »Dockenhuden« (Abb. 39) zeigt 1920 die umgekehrte Perspektive vom Elbufer auf den Hang mit Häusern und Bäumen. Bis auf die kahlen Bäume sind alle Naturformen kubistisch vereinfacht und abstrahiert, die Farbigkeit nach Cézanne abgestuft und komplementär ausgewogen. Das Licht fällt nicht mehr zentriert. Die drei Bilder entstanden alle um 1920, die Unterschiede sind evident. Bei Povòrina und Hestermann geht es primär um formale Aspekte, bei Kayser um Licht-Farb-Setzungen.

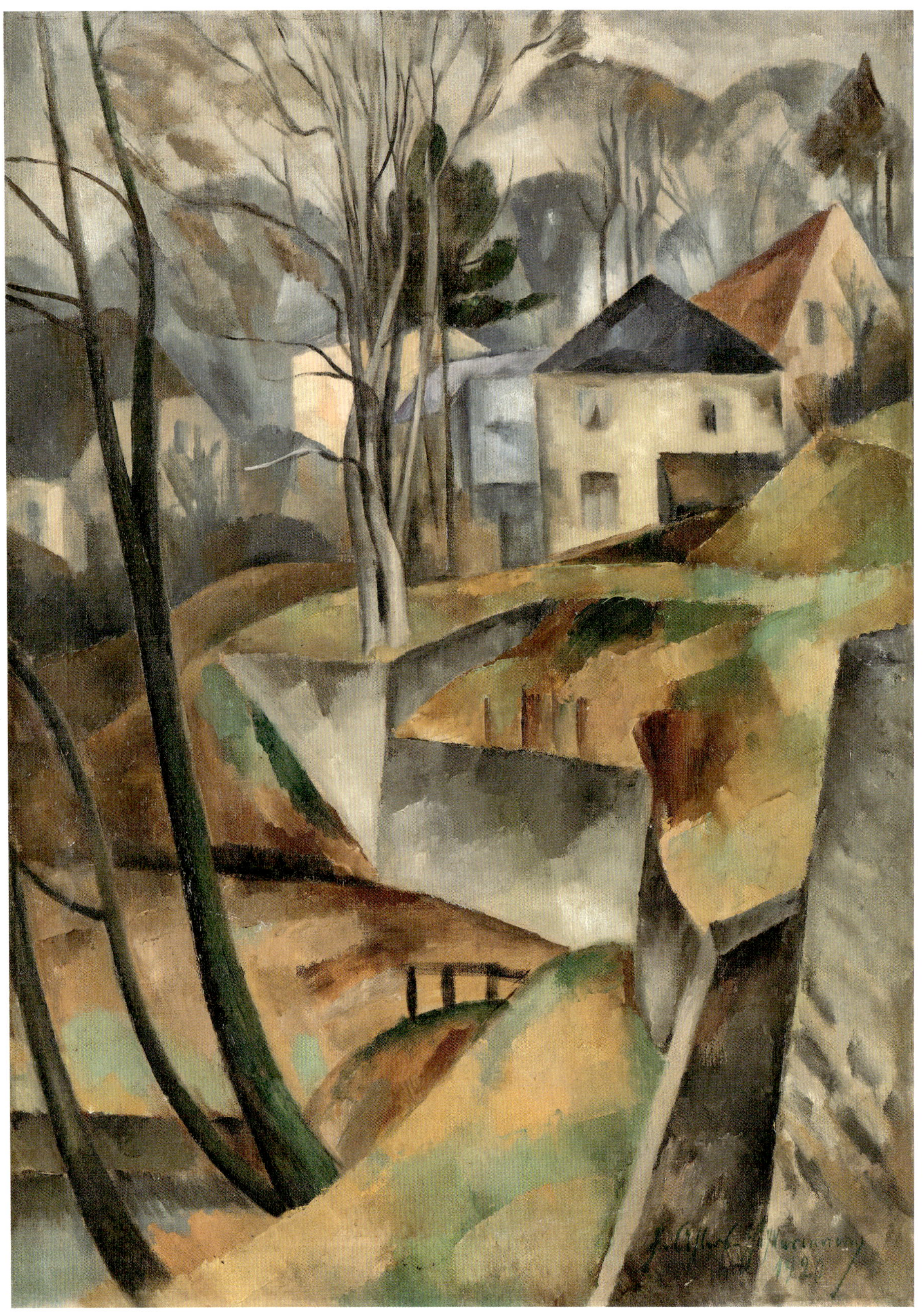

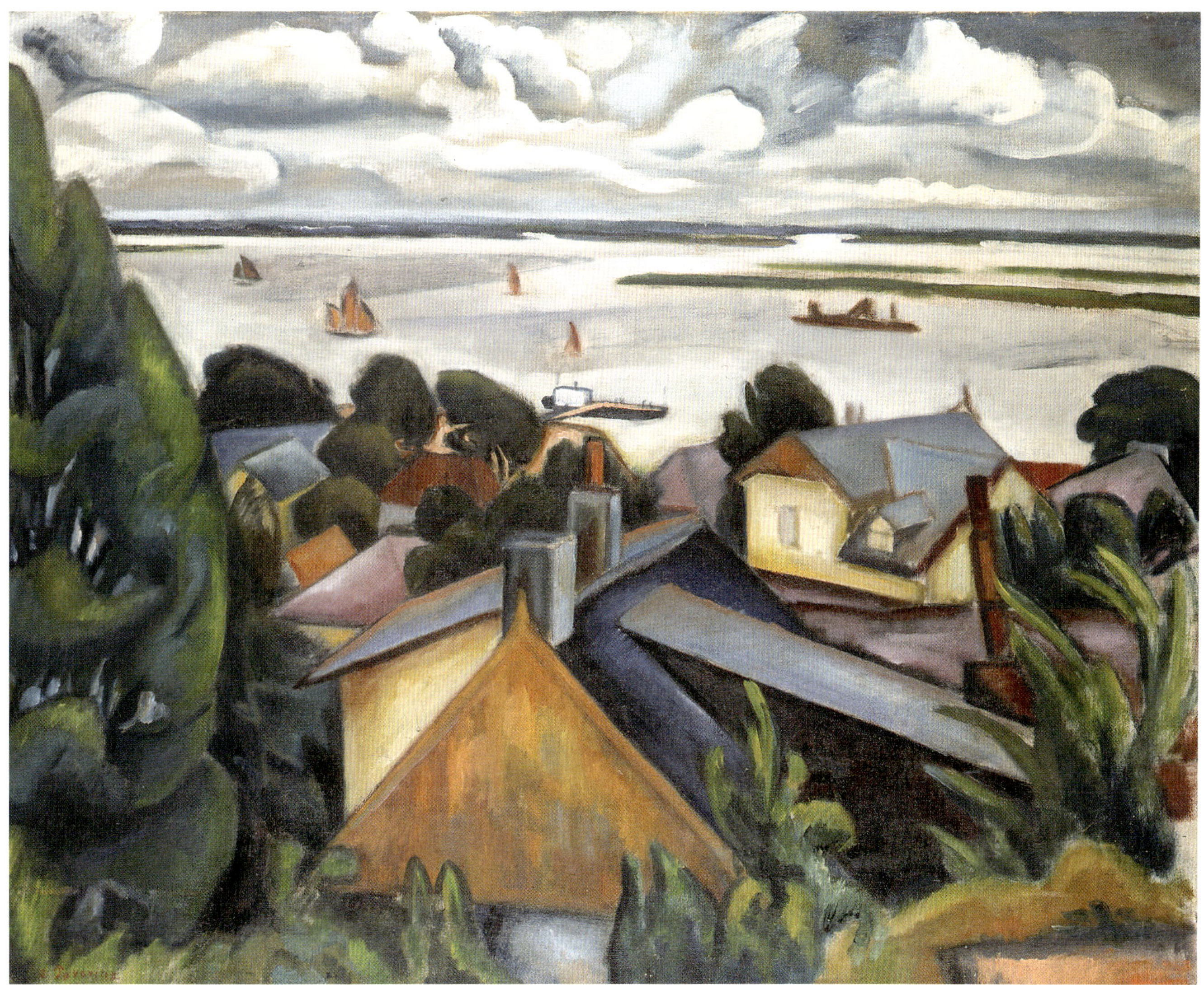

38 ▲
Alexandra Povórina, Blankenese, 1917, Öl auf Leinwand, Stiftung Historische Museen Hamburg, Altonaer Museum

39
Friedrich Ahlers-Hestermann, Dockenhuden, 1920, Öl auf Leinwand, Sammlung Ina Lorenz, Hamburg

Ein weitere beliebte Szenerie war der Hafen. Hier kam vieles zusammen: der Fluss, die Schiffe, die Menschen, ihre Arbeit auf den Werften und im Güterumschlag mit Stau- und Löschaktivitäten, Besucher, Touristen, Matrosen in den Kaschemmen und Uferkneipen, nicht zuletzt die mit der Schifffahrt verbundenen Mythen: Fernweh, käufliche Liebe, Abfahrt. Kaum ein Maler, der hier nicht ein Motiv fand.

Alma del Banco malte zahlreiche Hafenansichten, zum Beispiel »Alter Hafen in Cuxhaven« (Abb. 40). In dünnflüssig aquarellartiger Ölmalerei komprimierte sie mit ausgeprägten Linien die steilen Bugformen der angelandeten Schiffe, hob einzelne Details, Segel, ein Deckshaus, Poller und Duckdalben heraus, ließ Masten und Stagen in den Himmel ragen und gewann auf diese Weise eine mehr assoziierend situative Darstellung ohne echten Ortsbezug und Kontext. Arbeiter auf dem Kai werden in ihren Bewegungen in die schwingenden Formen und die luftige Atmosphäre integriert.

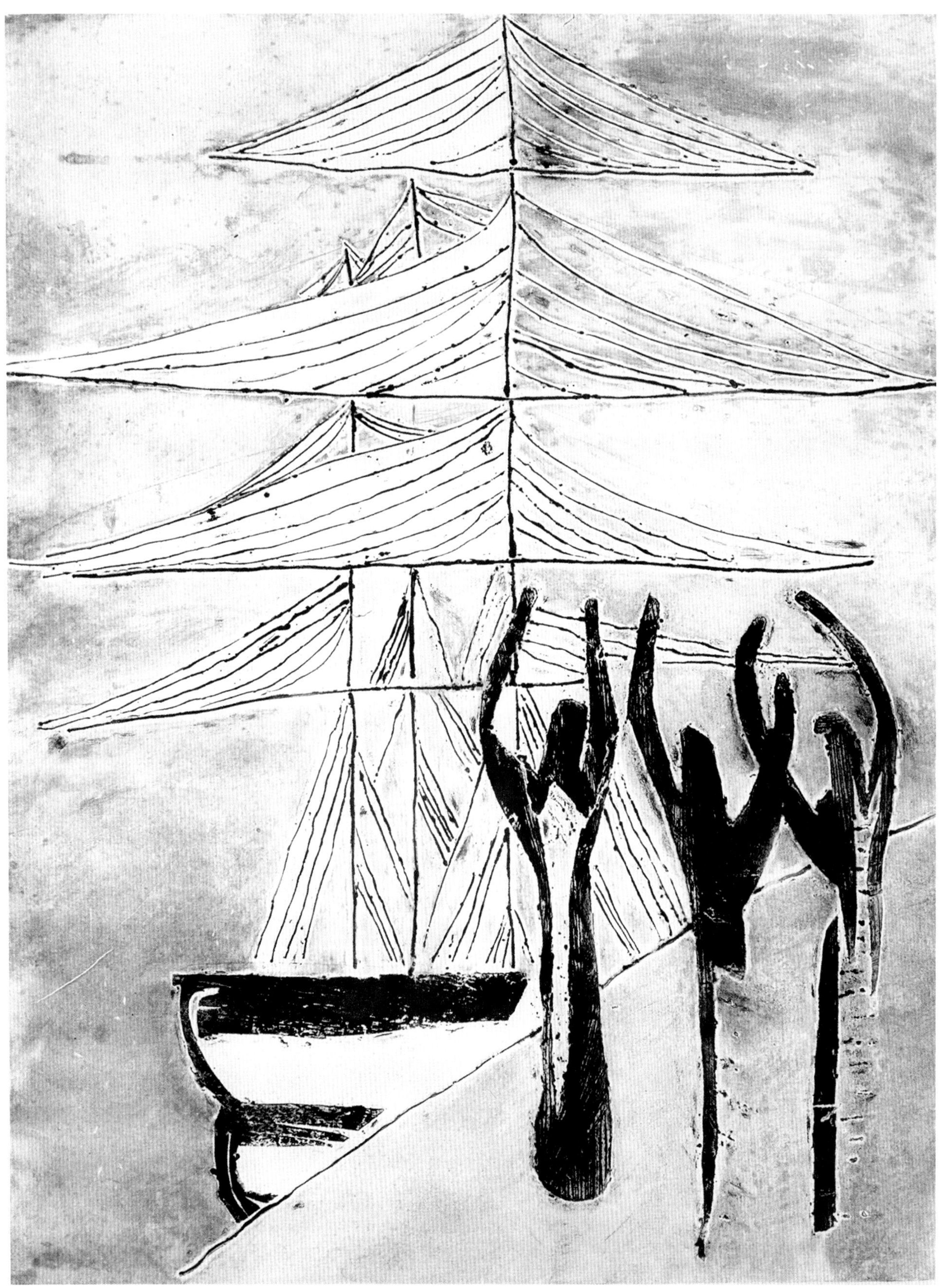

40
Alma del Banco,
Alter Hafen in Cuxhaven, um 1930, Öl auf Leinwand, Stiftung Historische Museen Hamburg, Altonaer Museum

41 ◄
Rolf Nesch, Landungsbrücken, 1931, Materialdruck, Sammlung Klaus Friedrich Meyer, Hamburg

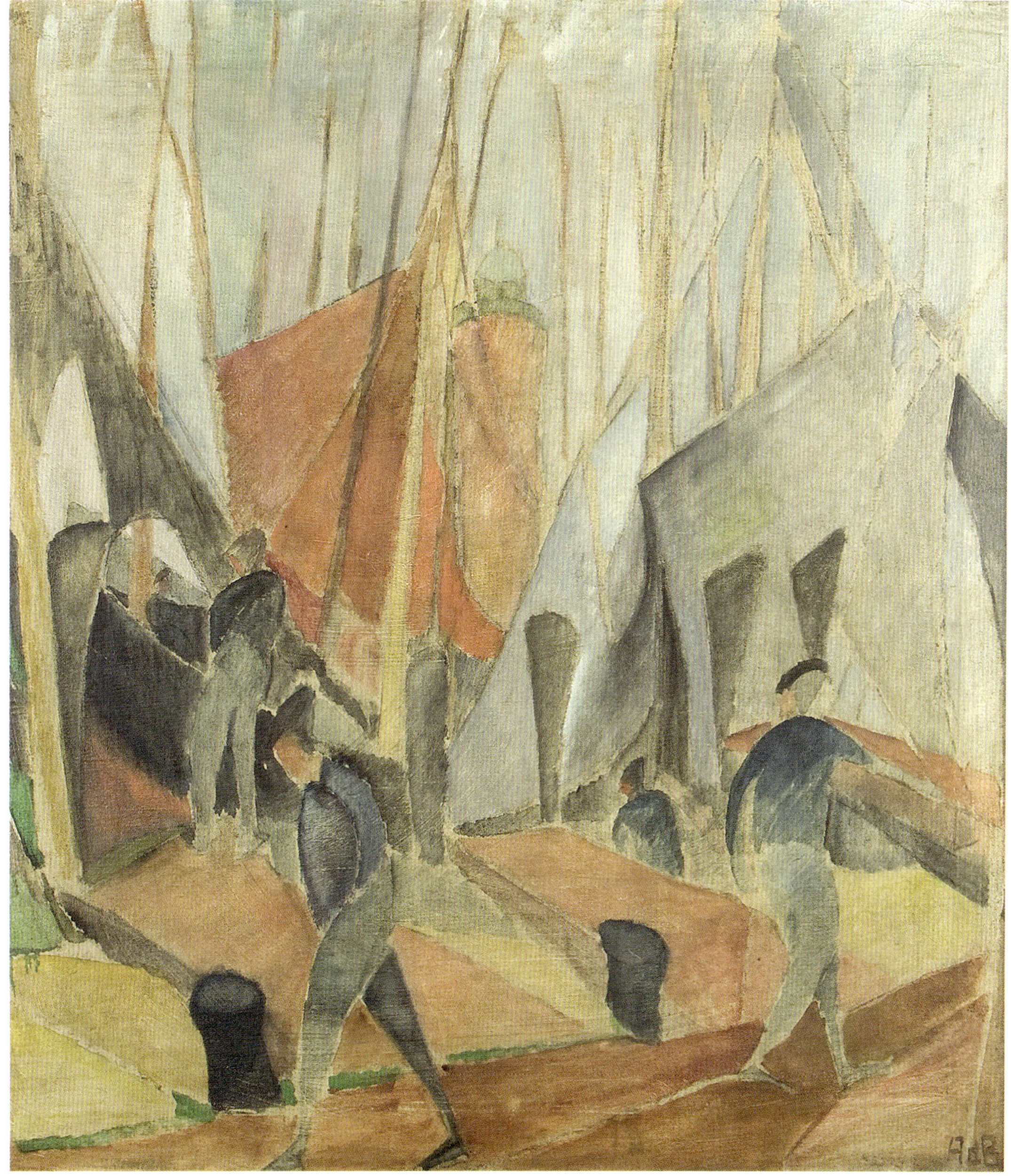

Rolf Nesch thematisierte in seiner »Brücken«-Serie 1931 auch die »Landungsbrücken« (Abb. 41). Der Materialdruck widmet sich einer emotionalen Seite der Schifffahrt, dem Abschied. An der schräg aufsteigenden Pier liegen Großsegler, die Segel in phantasievollen Dreiecksformen aufgetucht. Auf dem Kai stehen drei weibliche Gestalten mit erhobenen Armen, baumähnlich festgewurzelt wie zu einer letzten Umarmung. Sie winken im Wissen, dass es wohl kein Wiedersehen geben wird. Das Klischee der schnellen Liebe und der Endgültigkeit des Seemannsabschieds ist im Sezessionsstil[68] in einfachste, reduzierte Formzeichen gefasst.

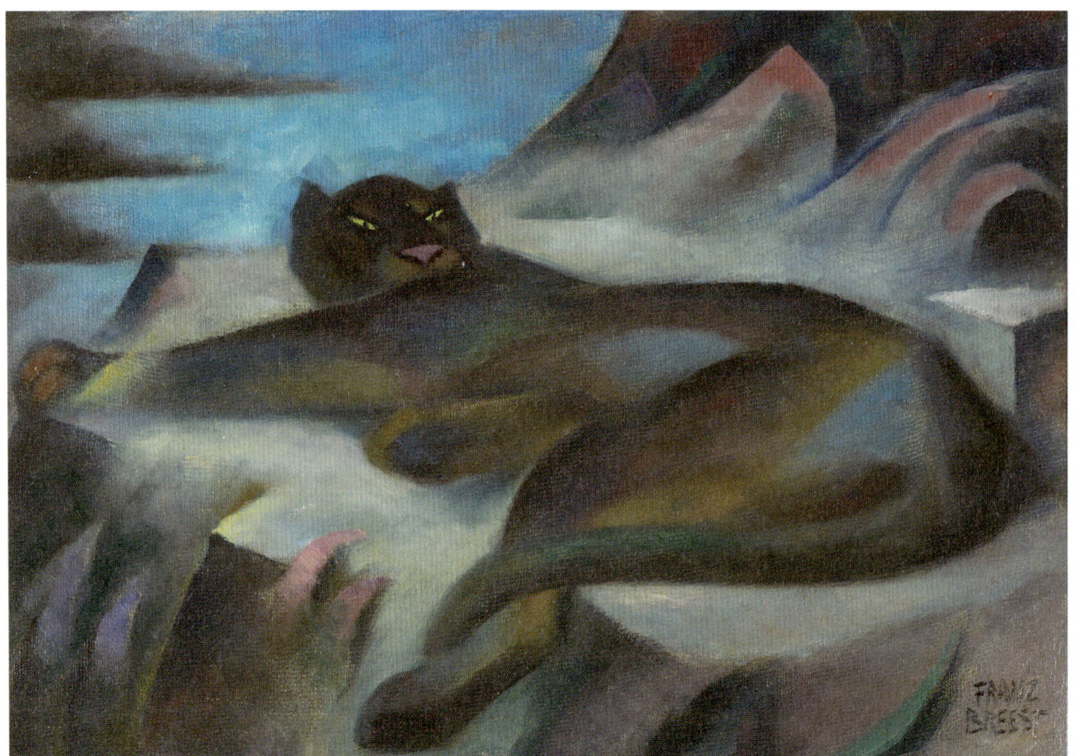

42
Franz Breest, Panther, undat., Öl auf Leinwand, Sammlung Uta Wendt / Sandro Bendig, Hammoor

43 ►
Hans Martin Ruwoldt, Sich aufrichtender Orang-Utan, 1928, Bronze, Sammlung Maike Bruhns, Hamburg

44 ►
Rolf Nesch, Kranich, 1933, Bleistift, Sammlung Klaus Friedrich Meyer, Hamburg

HAGENBECK

Dass in der Hamburger Kunst häufig Tiere thematisiert werden, hängt mit dem Publikumsmagneten »Hagenbecks Tierpark« zusammen. Hier zeichneten neben Künstlern auch Schüler der Kunstgewerbeschule »nach dem Leben«. Vermutlich fand Franz Breest in dieser Anlage das Modell für seinen »Panther« (Abb. 42), den er 1919 in expressionistischem Stil malte. Die prächtige Raubkatze mit dem witternd erhobenem Kopf und den funkelnden Schlitzaugen ruht auf einem Felssockel, dessen Kanten wie der Hintergrund spitzwinklig einschnitten sind, das Raubtier kranzartig umgeben und Aggressivität ausstrahlen.
In seinem Fell und Schweif schimmern blaue und grüne Lichtflecken, das Umfeld ist in warmen Blau-, Rot- und Grüntönen gehalten.

Auch der Bildhauer Hans Martin Ruwoldt fand bei Hagenbeck seine Motive; er hielt sich hier so häufig auf, dass er Spezialist für die verschiedenen Spezies wurde, etwa für Raubtiere, Affen, Vögel, Elefanten, Giraffen, Lamas. Er besaß eine besondere Affinität zu Raubkatzen. Seinem Schüler Manfred Sihle-Wissel hat er einmal folgende Begebenheit berichtet: Als er im Tierpark erstmals den schwarzen Panther sah, war er so fasziniert von dem seltenen Tier, dass er über ein Geländer kletterte, Katzenlaute ausstieß und den Panther durch das Gitter kraulte. Der zufällig hinzukommende Carl Hagenbeck warnte ihn brüllend vor der Gefährlichkeit des Tieres, beruhigte sich aber, als er sah, wie der Künstler mit ihm umging. Er schenkte ihm eine Dauerfreikarte.[69]

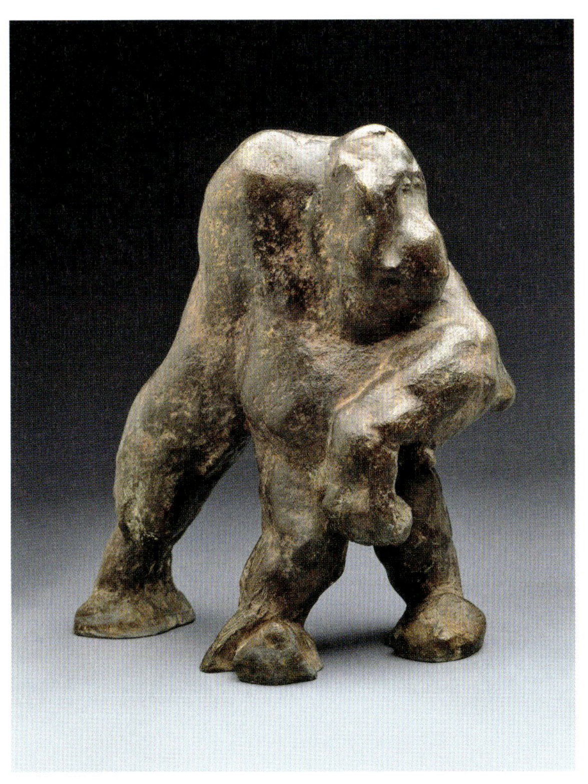

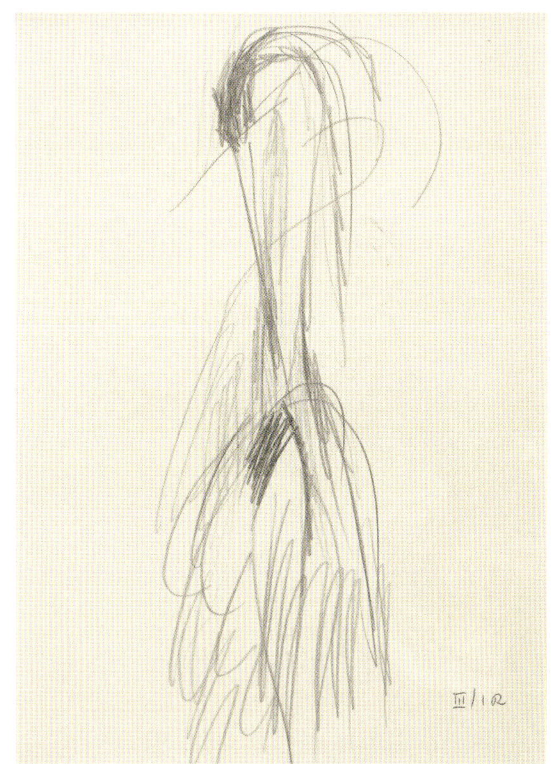

Große Aufmerksamkeit widmete Ruwoldt den Menschenaffen. Nach Studien bei Hagenbeck entstanden 1928 mehrere kleine Bronzeskulpturen. Wuchtig tritt der »Sich aufrichtende Orang-Utan« (Abb. 43) ins Blickfeld. Mit ausladenden Füßen steht er auf kurzen, säulenartigen Beinen, stützt sich rücklings auf einen bis zum Boden reichenden, mächtigen Arm. Den anderen hat er vor dem Körper angewinkelt in einer Geste, die zugleich Schutz und gespannte Bereitschaft signalisiert. Ruwoldt ging es um die physischen Besonderheiten des Tieres, die expressiv herausgestellten schweren Gliedmaßen, den großen hängenden Kopf mit der lang vorspringenden Nasenpartie, den sehr eng stehenden Augen unter einer niedrigen Stirn und dem breit gezogenen Maul.

Rolf Nesch füllte im Sommer 1933 mehrere Skizzenblöcke mit Tierzeichnungen. Er hatte sich einen weiteren grafischen Zyklus vorgenommen, machte Skizzen und Studien und konnte sich damit zeitweise aus dem Ohlendorff-Haus[70] absetzen, das jetzt von der SA kontrolliert wurde. Die Motive waren stilistisch unverfänglich, Modellgeld wurde nicht fällig, Hagenbeck erwies sich als idealer Ort für ungestörte künstlerische Arbeit. Der Zyklus wurde wegen Neschs Emigration nach Norwegen nicht mehr realisiert, doch haben sich in zwei Hamburger Sammlungen zahlreiche Bleistiftzeichnungen aus diesem Sommer erhalten. Es sind schnell und versiert fixierte Motive der unruhigen Tiermodelle. Die Zeichnung eines »Kranichs« (Abb. 44) erfasst die Naturform nicht im Detail, sondern in vertikalen Linien, die sich in zwei Zentren bündeln, oben am Kopf und unten am Körper. Trotz weitgehender Abstraktion entstand unverkennbar das Bild eines Kranichs.

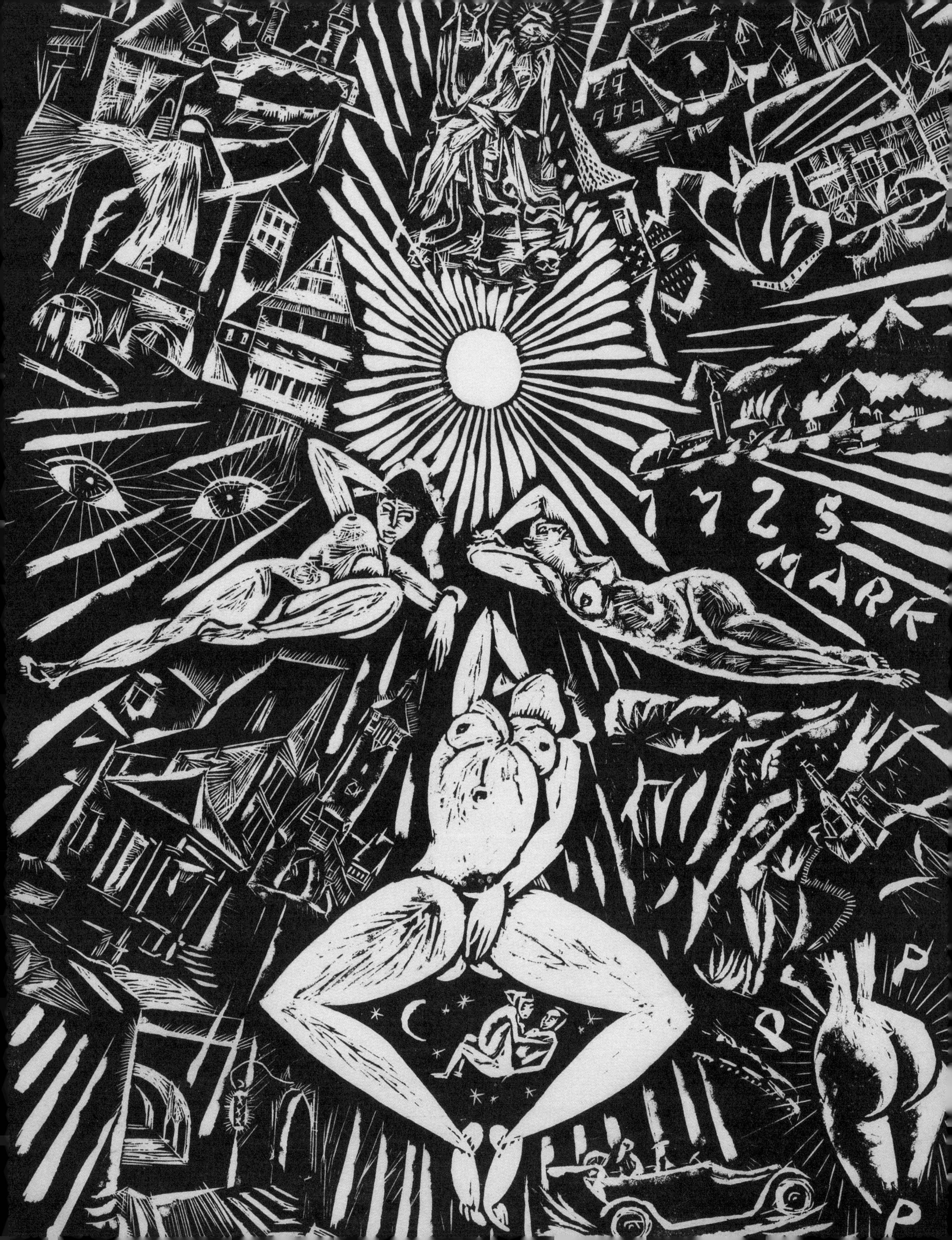
125
MARK

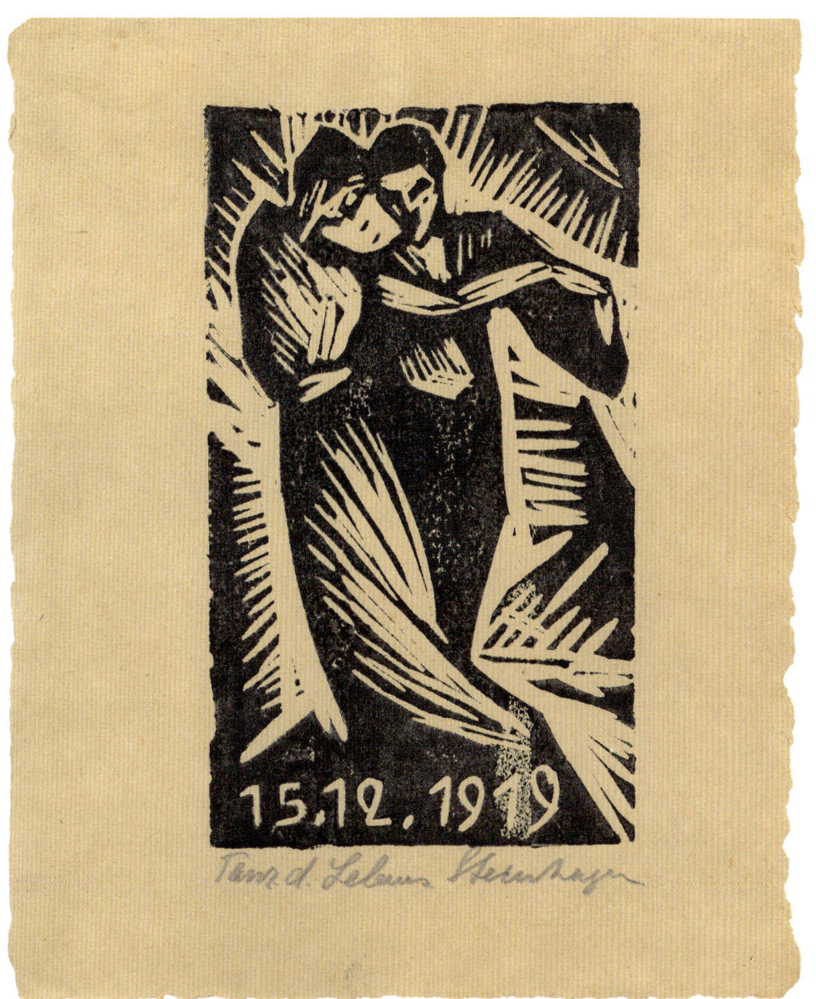

46
Heinrich Steinhagen, Tanz des Lebens, 1919, Holzschnitt, Sammlung Tim Tobeler, Hamburg

BILDER VOM NACHTLEBEN

Nach dem Ersten Weltkrieg verbreitete sich eine allgemeine Vergnügungssucht. Hungrig nach Leben und nach Festen huldigten große Teile der Gesellschaft dem Tanz und der neuen Freiheit, dem Eros und der Sinnlichkeit.

Paul Hamanns Linolschnitt »Erotische Phantasie« (Abb. 45) vereint 1919 Aspekte des menschlichen Lebens wie in einem Kaleidoskop. Szenen wechseln, dem Frühlicht folgt die Nacht, der Geburt der Tod, dem traditionsverhafteten Leben die Freizügigkeit modernen Großstadtdaseins. Provozierend rückt der Künstler drei liegende Frauenakte ins Zentrum, zeigt ein kleines kopulierendes Paar sowie ein Frauenhinterteil mit Strahlenkranz.

45
Paul Hamann, Erotische Phantasie, 1919, Linoldruck, Sammlung Maike Bruhns, Hamburg

Heinrich Steinhagens »Tanz des Lebens« (1919 Abb. 46) ist der titelgebende Holzschnitt der Ausstellung. Stellvertretend für viele andere bringt er den großen Aufbruch nach 1918 ins Bild: Hier tanzt ein Paar voll Zuneigung, Lust und Erotik; die physische und psychische Befreiung kommt in einer expressionistischen Lichtaura zum Ausdruck.

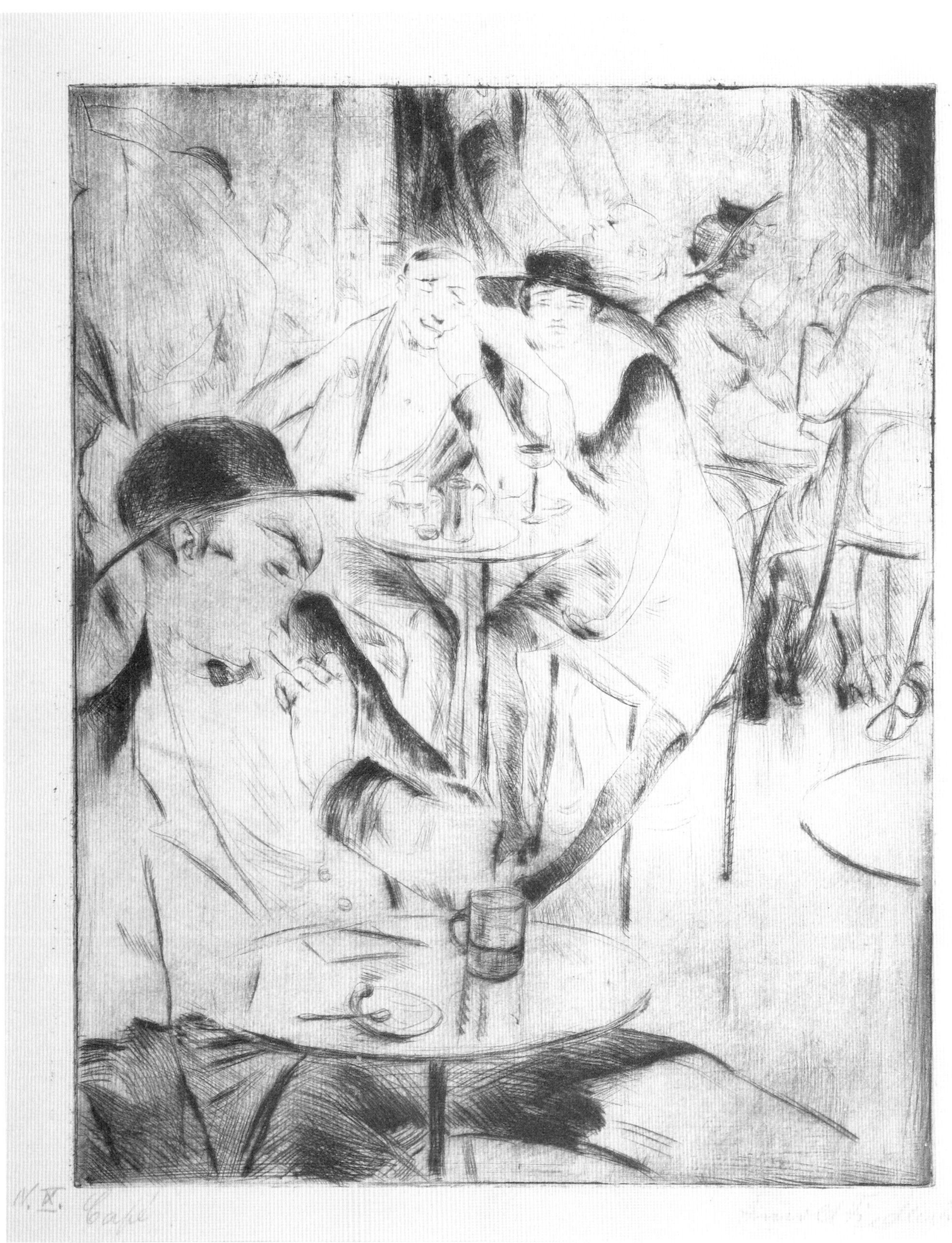

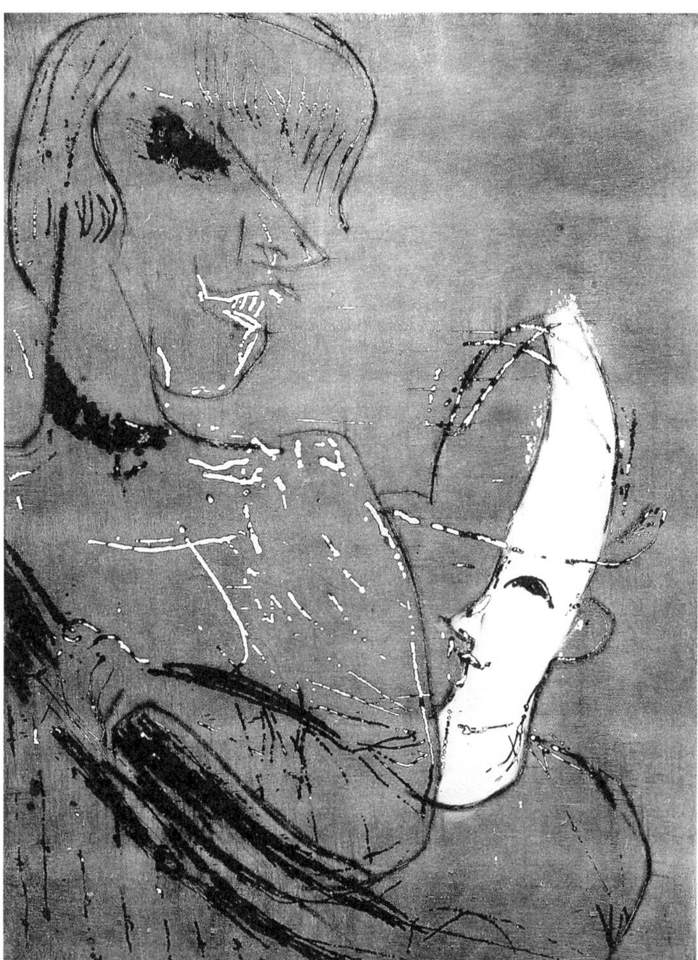

48
Rolf Nesch, Auf der Treppe, 1931, Radierung, Sammlung Klaus Friedrich Meyer, Hamburg

Tanz belebte und prägte das gesellschaftliche Leben: Martin Schwemers »Tanzpaar« von 1921 wiegt sich in heftigem Tango, Steinhagens Bauern machen, im Saalgedränge stampfend, den rauschhaften Ausbruch der Lebenslust anschaulich.

Der Ausdruckstanz, der in den 1920er Jahren eine Blütezeit erlebte, wurde auch in Hamburg weiterentwickelt. Gefördert und publiziert durch Hans W. Fischer, belebte er die Aufführungen der frühen Künstlerfeste und begeisterte das Publikum: »Zu diesem Zeitpunkt wurde der Tanz, speziell der Ausdruckstanz hamburgischer Prägung, eine wichtige künstlerische Disziplin, die den menschlichen Körper als Instrument einer freirhythmischen und gymnastischen Bewegungskultur entdeckte. Der Ausdruckstanz wurde zum Schrittmacher eines neuen Lebensgefühls, in dem man Selbstbefreiung und Erneuerung, Gemeinschaftsgeist und ernsthafte Hingabe suchte.«[71] Seelische Zustände wurden in exzessiv expressiven Körperhaltungen und stark kontrollierten Hand- und Armstellungen dargestellt. Die bekanntesten Tänzerinnen der frühen Künstlerfeste waren die Schwestern Gertrud und Ursula Falke,[72] Töchter des Dichters Gustav Falke, die eine eigene Tanzschule betrieben. Das Tänzerpaar Lavinia Schulz und Walter Holdt führte in Ganzkörpermasken Ausdruckstänze auf.[73] Eine theoretische Grundlage lieferte der

47
Arnold Fiedler, Café, 1920, Radierung, Sammlung Uta Wendt / Sandro Bendig, Hammoor

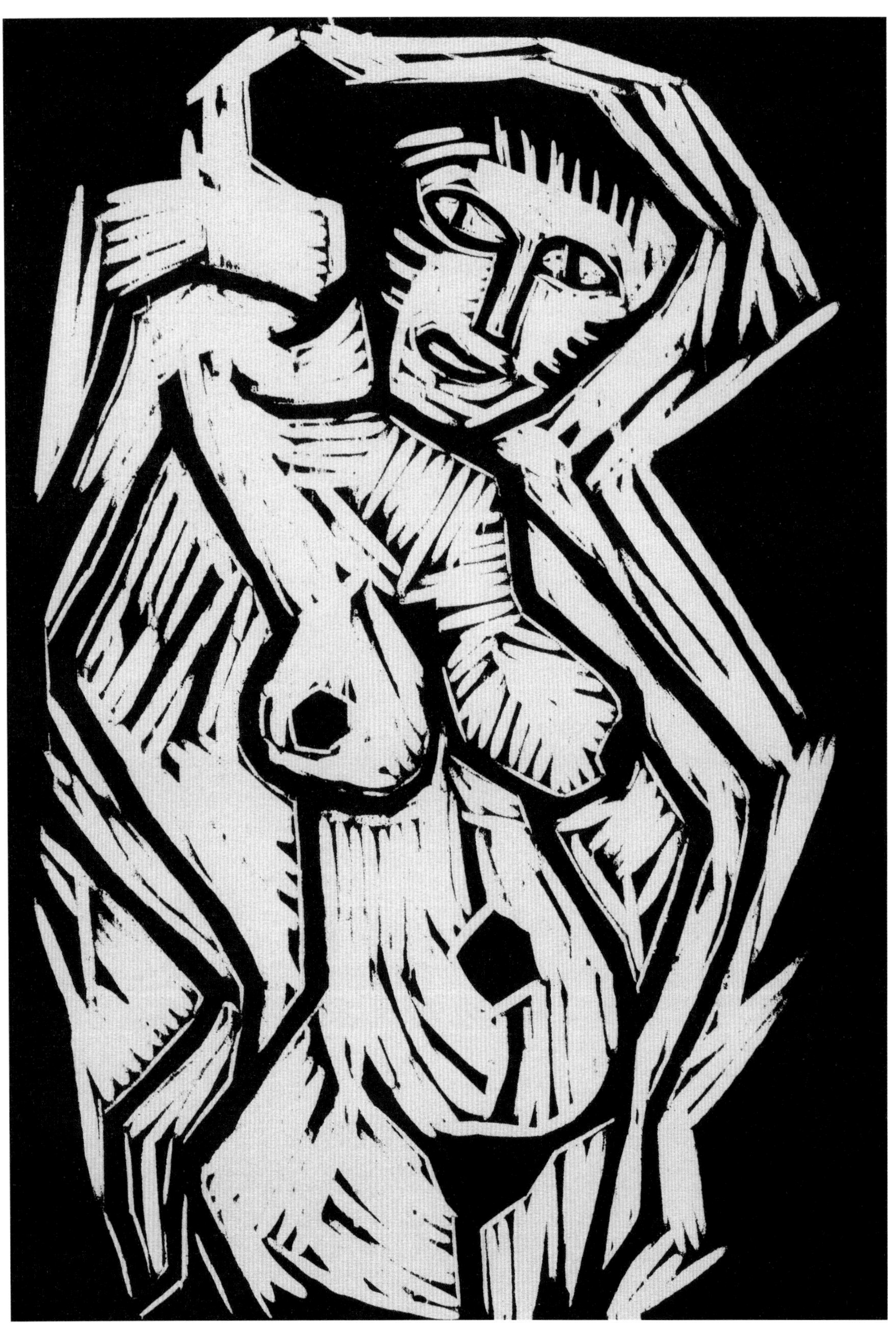

49
Johannes Wüsten, Venus im Dreck, 1919, Holzschnitt, Sammlung Maike Bruhns, Hamburg

50 ▸
Anita Rée, Filomena Stupefatta, 1926, Gouache, Sammlung Maike Bruhns, Hamburg

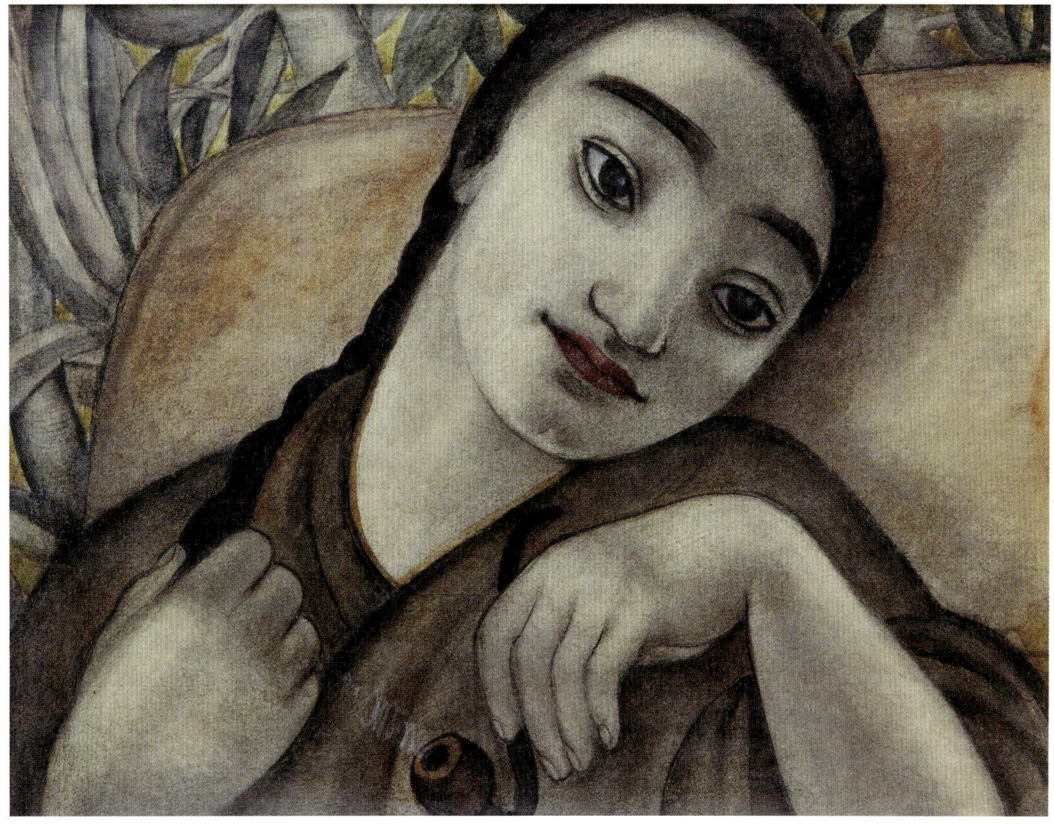

Choreograf Rudolf von Laban, seine Schülerin Mary Wigman riss das Hamburger Publikum mit ihrem »Neuen Tanz« hin. Mit dem Abflauen des Expressionismus endete auch der Hype des Ausdruckstanzes.

Das Nachtleben spielte sich in verschiedenen Vierteln der Stadt ab. Zerstreuung und Vergnügen boten verschiedene Theater, Varietés, Revuen, Tanzpaläste, Bars und Kneipen. Das Rotlichtmilieu auf St. Pauli, am Hafenrand, in den Quartieren der Stadtbohème am Gänsemarkt, am Valentinskamp, St. Anscharplatz sowie im Gängeviertel zog Besucher in Scharen an, Großstädter, Touristen, Seeleute und andere. Hier konnte man Ausländern und Exoten begegnen, Dirnen, Luden, Freiern, skurrilen und gestrandeten Existenzen, Hehlern, Klein- und Großkriminellen. Die Libertinage der käuflichen Liebe, die Typen der Stadtbohème, Exoten und sozial Verelendete boten auch Künstlern phantastische Motive. Arnold Fiedler, Paul Hamann, Erich Hartmann, Karl Kluth, Kurt Löwengard, Rolf Nesch, Tetjus Tügel und Johannes Wüsten zeichneten und malten im Milieu.

Bekanntschaften ließen sich überall schließen, der Liebe waren keine Grenzen gesetzt, ob traditionell im »Café«, wie auf Fiedlers früher Radierung von 1920 (Abb. 47), oder mit Matrosen, die Mädchen betören, wie auf seinem Holzschnitt »Matrosen im Café« (1934). Eine Dirne versichert sich »Auf der Treppe« (Abb. 48) 1931 ihres Freiers mit Harlekinhut in Neschs Radierzyklus »St. Pauli«. In ihm treten 1931 merkwürdige Existenzen auf, auch eine Reihe »Ringer«.

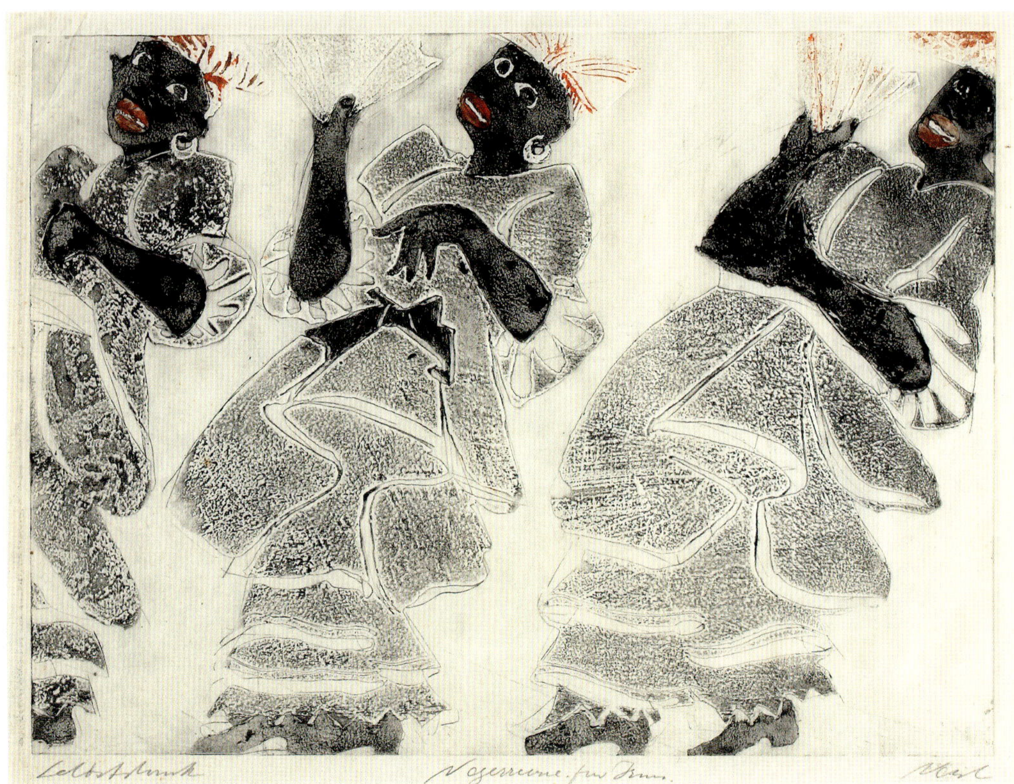

51
Rolf Nesch, Negerrevue, 1930, Farbradierung, Sammlung Klaus Friedrich Meyer, Hamburg

Für den Almanach des Künstlerfests »Die gelbe Posaune der Sieben« fertigte Johannes Wüsten 1920 einen provozierenden Holzschnitt, »Venus im Dreck« (Abb. 49). Hier präsentiert sich der Akt einer jungen Frau wie eine Erscheinung, reduziert auf Kopf und Körper mit herabhängenden Armen. Heftig furchte der Grabstichel Linien aus der Holzplatte, jede unkorrigierbar. Lichte Zonen sind ganz ausgeschnitten, Halbschatten teilweise. Stege bilden Körperkonturen, Haare und Gesichtszüge, der Hintergrund bleibt schwarz. Wüstens grobe, aber sicher gehandhabte Technik erinnert an die Spontaneität der Brücke-Holzschnitte. Venus ist plattköpfig, sie hat einen derben Körper; Erlebnisse drastischer Realität im Hamburger Nachtleben dürften den Künstler inspiriert haben.

Obwohl Anita Rée Künstlerfeste und St.-Pauli-Vergnügungen mied, malte sie mit »Filomena Stupefatta« (Abb. 50) 1926 eine Opiumraucherin vor tropischen Gewächsen. Die Darstellung ihres Rausches durch glasige Augen, schlaffe Körperlichkeit und herabhängende Opiumpfeife gelang so überzeugend, dass der Kritiker Harry Reuss-Löwenstein stöhnte: »Gott, wird mir schlecht«. Rées Kollege Tetjus Tügel bezeichnete das Bild kennerisch als »erotischen Buschklepper«. In der altmeisterlich feinen Pinselführung, der detaillierten, fast haptisch wirkenden Wiedergabe des Modells kommt Rées in Italien erarbeitete neusachliche Malweise zum Ausdruck.

Eine von Rolf Neschs Farbradierungen aus dem Nachtleben zeigt 1930 drei schwarze Tänzerinnen in Reihe, die in schleifengeschmückten Südstaatenkleidern schräg durch den Raum jazzen (Abb. 51). Fremd, exotisch und wenig glücklich schwenken sie ihre Fächer.

52
Ivo Hauptmann, Liegender Akt, 1920, Öl auf Leinwand, Stiftung Historische Museen Hamburg, Altonaer Museum

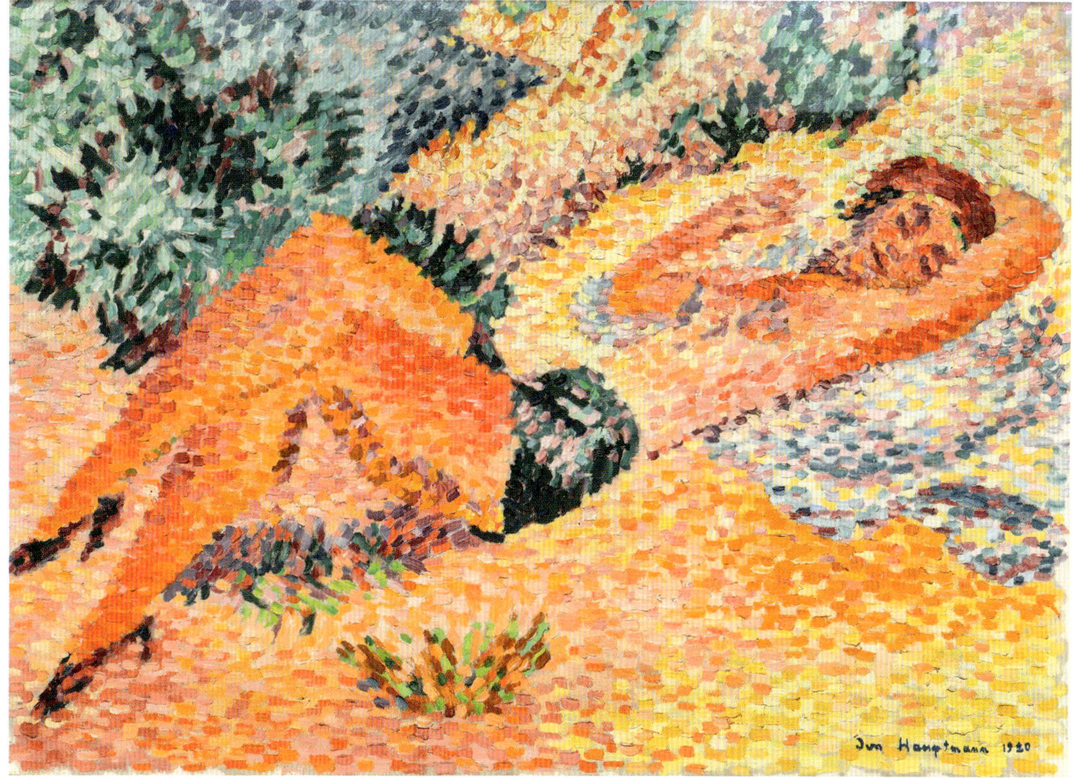

FREIZEIT

Die fröhlichen Seiten des Lebens in der Stadt – Freizeit am Elbstrand, Sport auf Alster und Elbe, Erholung in den Ausflugslokalen, Cafés und Biergärten – boten den Malern ebenfalls immer wieder Motive.

Ivo Hauptmanns »Liegender Akt« von 1920 (Abb. 52) sonnt sich an einem Strand, vielleicht auf Hiddensee, Sylt oder an der Elbe. Die schöne schlanke Liegende ist in die warmfarbige Umgebung eingebunden wie ein Stück Natur. In der punktierenden Maltechnik weist das Bild zu Hauptmanns Frühwerk zurück, als er, von Seurat und Signac beeinflusst, einer der wenigen Vertreter des Neo-Pointillismus in Deutschland war. Die zeitraubende Technik ist in seinem späteren Bild »Badende am Strand von Blankenese« (Abb. 54) aufgegeben zugunsten einer lichten Darstellung mit vereinfachten Figuren vor einem großen Elbpanorama.

In Dockenhuden spielt Lore Feldberg-Ebers Szene »Blankeneser Strand« (Abb. 53). Sie lebte dort mit ihrer Familie und malte immer wieder die Elblandschaft und Badeszenen. Das Bild zeigt einen gerade wenig besuchten Strand in wechselndem Licht, den Fluss, die Uferpromenade mit den alten Bäumen, das Publikum. Zum Badevergnügen kamen die Menschen damals im Sommer an die Elbe. Feldbergs Kinder spielten hier, bis jüdischen Familien der Aufenthalt untersagt wurde. Französische Vorbilder bestimmen das warmfarbige Kolorit des harmonischen Strandidylls.

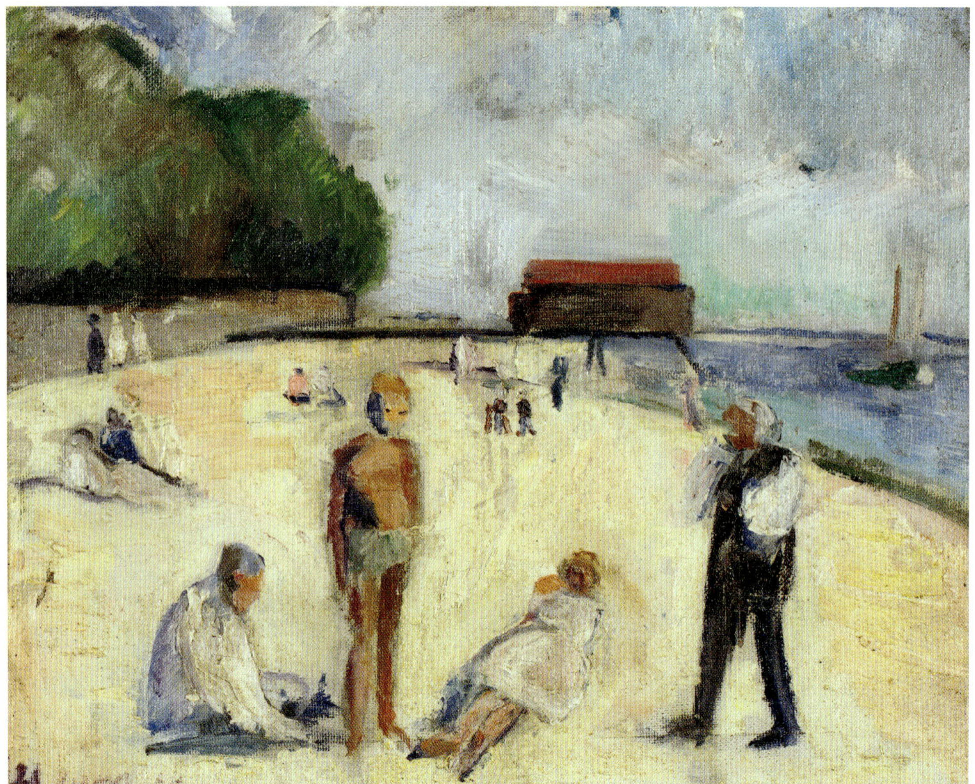

53
Lore Feldberg-Eber, Blankeneser Strand, 1928, Öl auf Leinwand, Sammlung Maike Bruhns, Hamburg

Paul Kayser war Segler, er malte »Yachten auf der Elbe« (Abb. 55), die bei wenig Wind dahingleiten oder schon abgetakelt sind. Im Gegenlicht zeichnen sich die Schattenkonturen auf dem leicht bewegten Wasser ab. Seine Bootsbilder auf Alster und Elbe dokumentieren den speziellen Sport, der besonders in Hamburg allgemein geübt und geschätzt wurde.

Hektischer geht es bei Rolf Neschs »Ruderregatta auf der Alster« (Abb. 56) zu, wo drei Boote vor dem Ruderclub ins Ziel schießen. Die Mannschaften legen sich ins Zeug, beugen sich beim Durchziehen der Ruder so schräg nach hinten, dass sie dem Hintermann fast auf den Schoß fallen. Dazu weht eine frische Brise, die Flaggen knattern geradezu hörbar im Wind. Auf der Pier beobachten Funktionäre und eine Reihe Zuschauer den Einlauf. Ein farbenfrohes Kolorit verstärkt die Bewegung im Bild und komprimiert die Anstrengung des Leistungssports zu einer dynamischen Szene.

In dem »Kaffeegarten an der Elbe« (Abb. 57) unterhalten sich Damen und Kinder in städtischer Kleidung an Gartentischen, unter ihnen scharren Hühner auf dem Boden. Gretchen Wohlwill malte 1928 die fröhliche Ausflugsszene. Zwischen zwei seitlichen Baumstämmen schimmert im Hintergrund der Fluss im hellen Sonnenschein. Lichtflecken fallen auf die Gruppe und den Boden, verleihen der Szene sommerliche Wärme und Luftigkeit, die im vorwiegend regnerischen Hamburg zu den eher seltenen Glücksfällen zählen. »Normales« Hamburger Wetter radierte Rolf Nesch 1931 in seinem Blatt »Regen«, auf dem skurrile Gestalten mit Schirm über die Szene hasten.

54
Ivo Hauptmann, Badende am Strand von Blankenese, 1925, Öl auf Leinwand, Stiftung Historische Museen Hamburg, Altonaer Museum

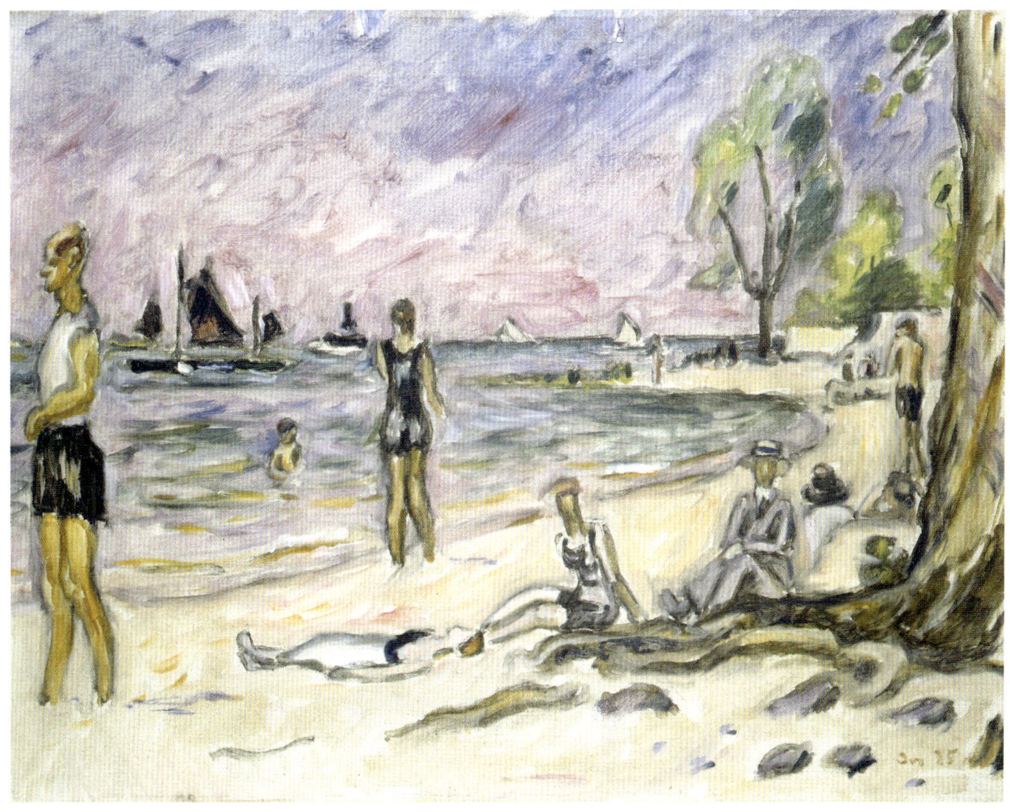

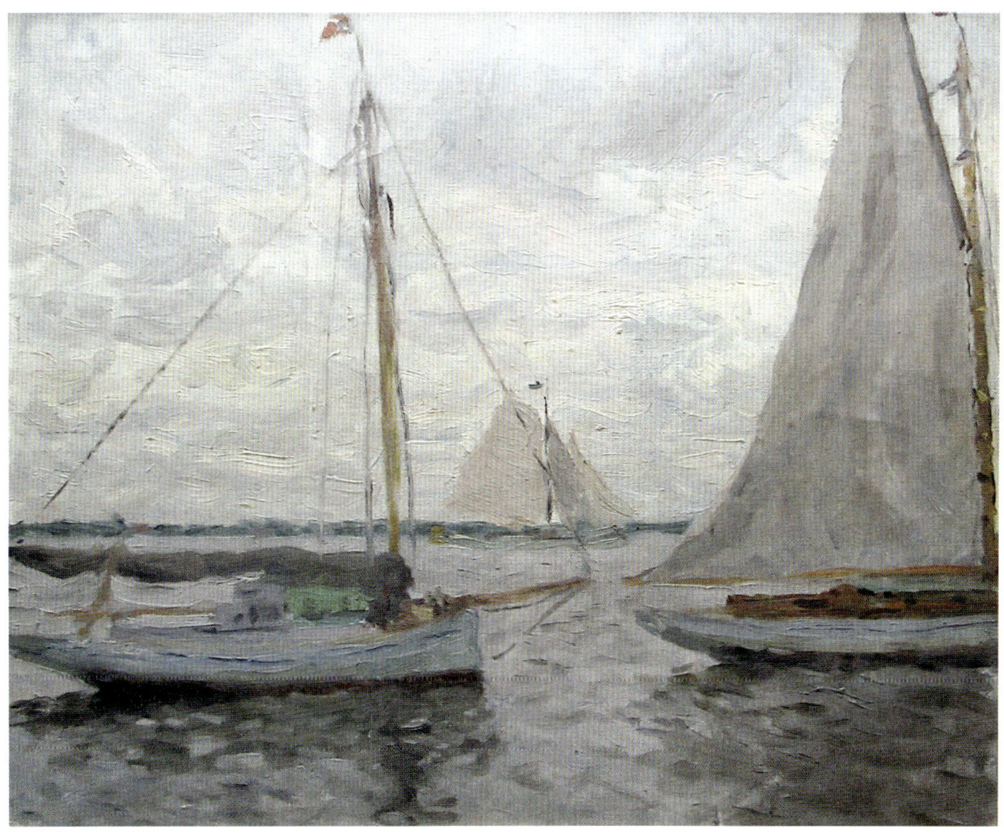

55
Paul Kayser, Yachten auf der Elbe, 1930, Öl auf Leinwand, Stiftung Historische Museen Hamburg, Altonaer Museum

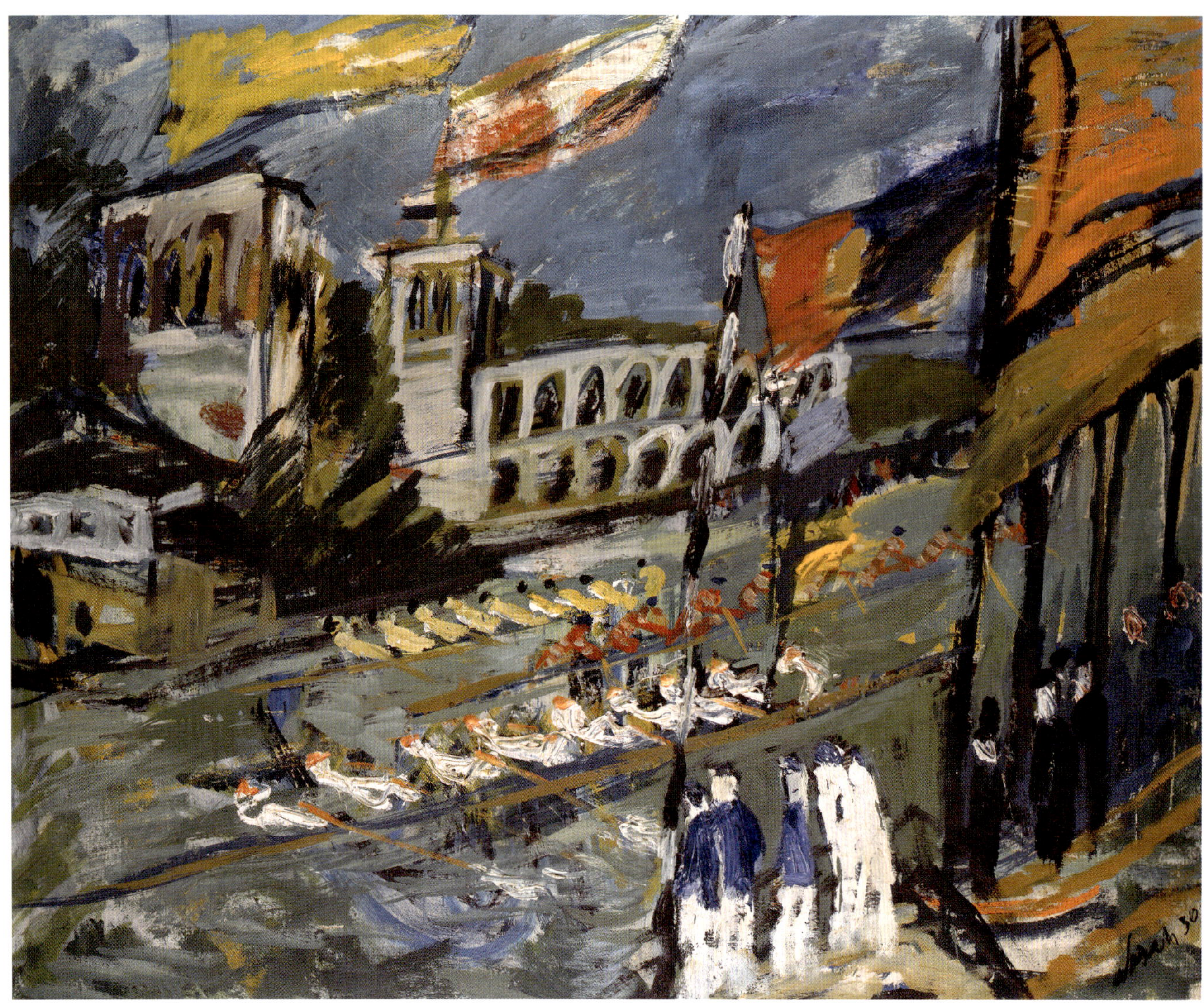

56
Rolf Nesch, Ruderregatta auf der Alster, 1930, Öl auf Leinwand, Stiftung Historische Museen Hamburg, Altonaer Museum

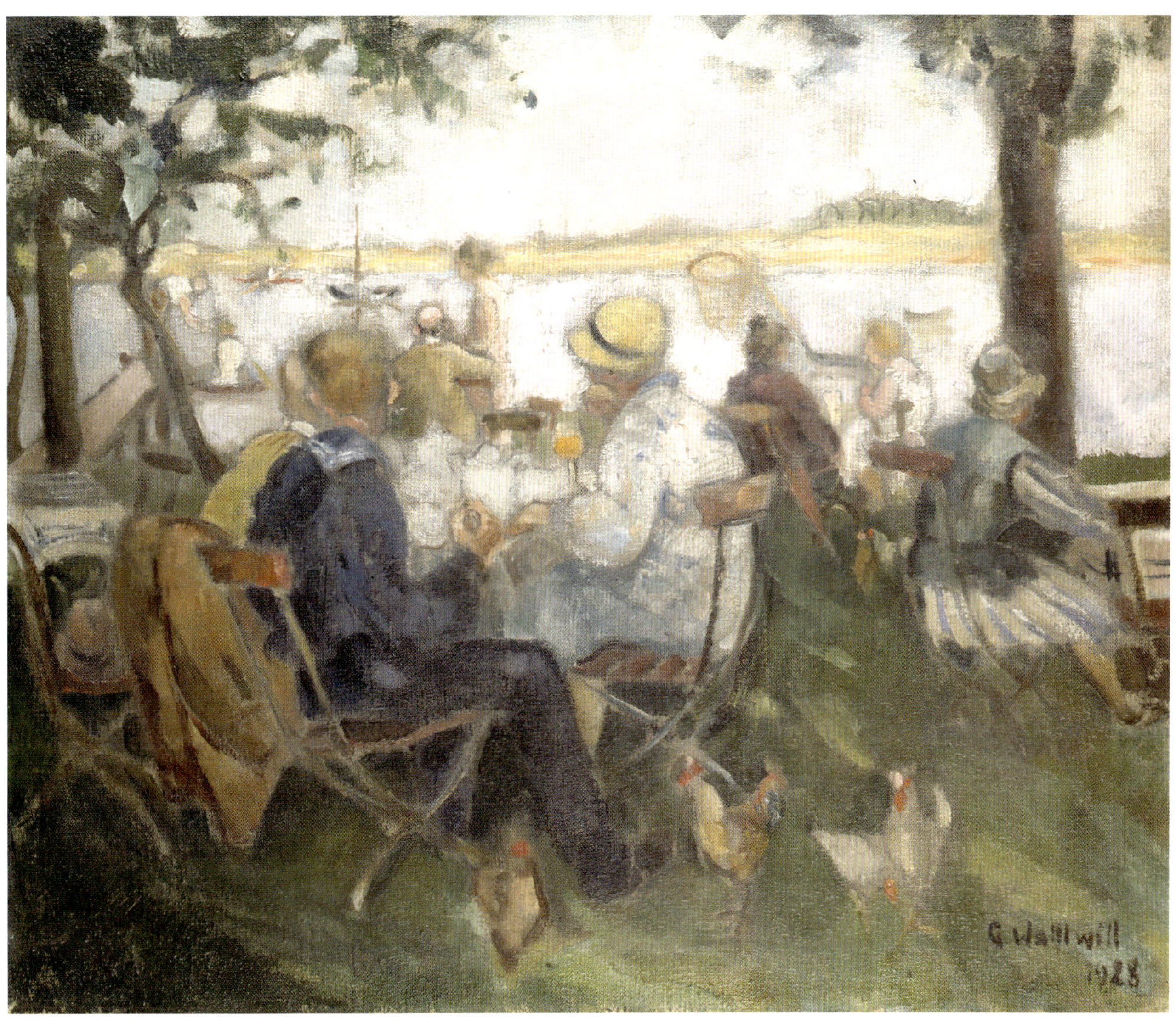

57
Gretchen Wohlwill, Kaffeegarten an der Elbe, 1928, Öl auf Leinwand, Stiftung Historische Museen Hamburg, Altonaer Museum

GÖTZEN, KRATER UND ZINNOBER

Die Hamburger Künstlerfeste der Weimarer Zeit

Rüdiger Schütt

Die Hamburger Künstlerfeste der Weimarer Zeit sind legendär. Sie lockten Kulturschaffende aus ganz Deutschland an die Alster und liefen ähnlichen Veranstaltungen in anderen Städten den Rang ab.

Maßgeblichen Anteil an der Strahlkraft dieser Feste und daran, dass sie bis heute eine feste Größe im kulturellen Gedächtnis der Hansestadt sind, hatte die Hamburgische Sezession. Durch das Engagement ihrer Mitglieder entstand ein einzigartiges Gesamtkunstwerk, bei dem, wie in einem Brennspiegel, die Aktionen gebündelt und sichtbar gemacht wurden.

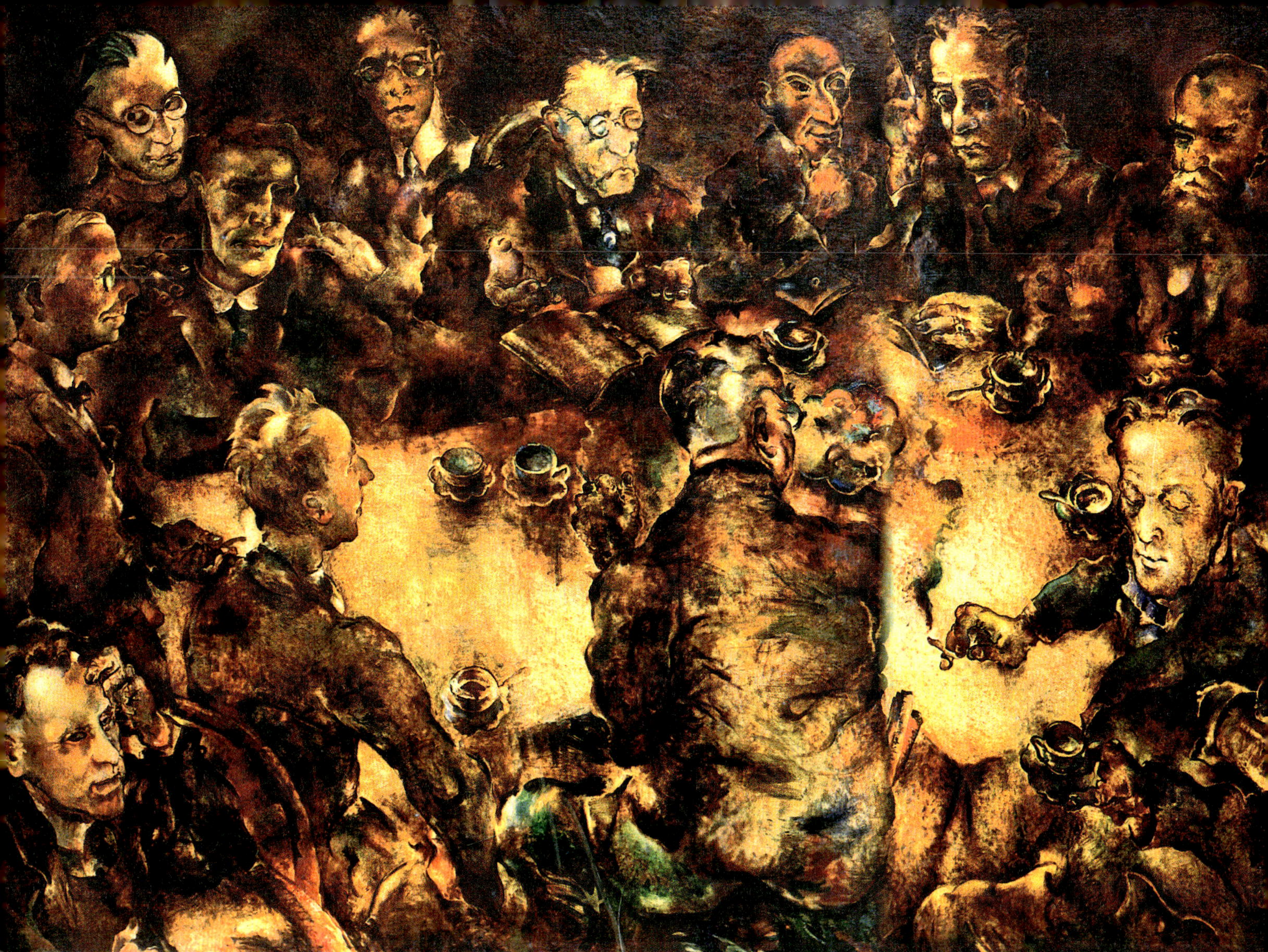

58
Tetjus Tügel, Künstlerfestkommission, um 1922, Öl auf Leinwand, Privatbesitz

BESCHEIDENE ANFÄNGE

Es begann am 26. Februar 1914, dem Tag nach Aschermittwoch. Auf Anregung ihres Lehrers Friedrich Adler veranstalteten die Schülerinnen und Schüler der Hamburger Kunstgewerbeschule am Lerchenfeld ein kleines Kostümfest, das als die Keimzelle der großen Feste der 1920er Jahre gilt: »Die Veranstalter brachten als Hauptgabe zum Fest ihre Jugend und gute Laune mit, sie spritzten ihre talentvollen Farbflecken an die Wände des Saals, […] sie tanzten selbst in Zeit- und zeitlosen Kostümen, wild und unermüdlich und ganz dem Rhythmus hingegeben, der damals Tango hieß.«[74] Sein lautmalerischer Titel »Futurubumbum« verwies in eine vielversprechende Zukunft – wenige Monate vor Ausbruch des Ersten Weltkriegs.

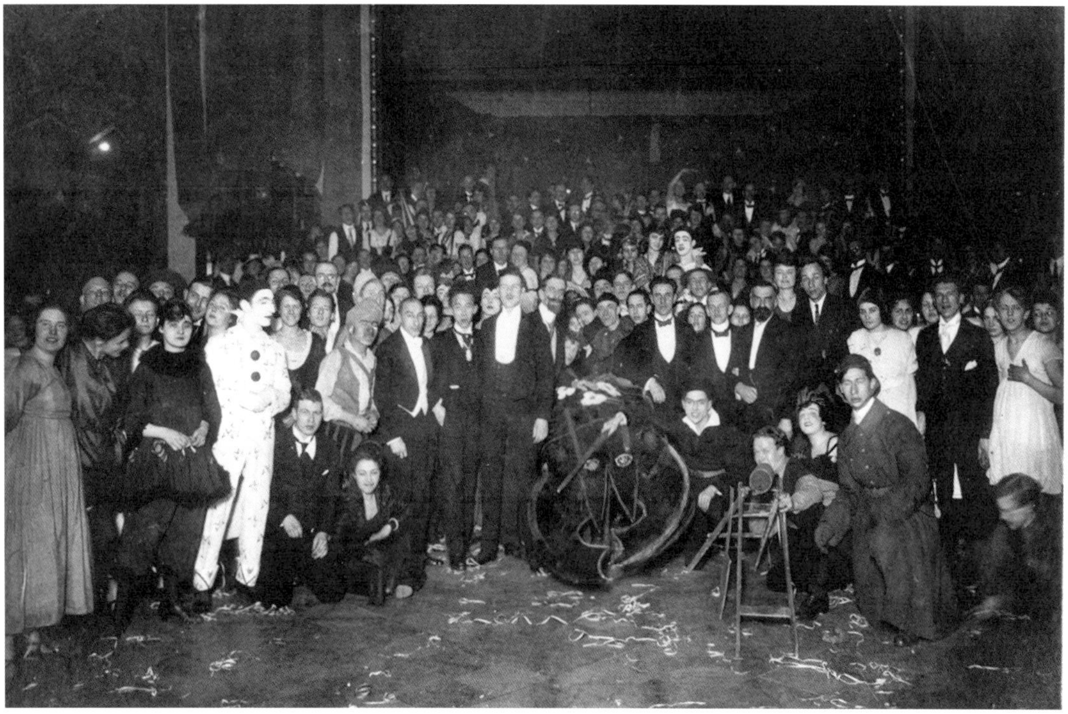

59
Künstlerfest »Die gelbe Posaune der Sieben«, 1920, Curiohaus, Foto, Sammlung Rüdiger Schütt, Kiel

Während diese erste Feier noch in den Räumen der Kunstgewerbeschule stattfand, wechselte man nach dem Krieg ins Curiohaus an der Rothenbaumchaussee, einem der damals renommiertesten Veranstaltungsorte der Hansestadt. Gefeiert wurde am 27. März 1919 unter dem Motto »Dämmerung der Zeitlosen«. Man wollte für einige wenige Stunden der Tristesse der Nachkriegszeit entfliehen, eintauchen in eine bunte Glitzer- und Farbenwelt, die den späteren Glamour der großen Künstlerfeste schon in sich trug.

Die frühen Künstlerfeste wurden von einer jungen Kunstavantgarde ausgerichtet und standen ganz im Zeichen des Expressionismus. Sie waren Experimentierfeld all derer, die in neuen Kunst- und Lebensformen nach Sinn und Ausdruck suchten. Kennzeichnend war das starke Gemeinschaftsgefühl der Künstlerfest-Pioniere, die die hanseatische Kunstszene in den Blickpunkt der Öffentlichkeit rücken wollten, unter enormem Aufwand an Material und Zeit. Dabei ging es auch um die Emanzipation von Kunst und Kultur gegenüber einer Stadt, die in dieser Hinsicht vielen als eher unterentwickelt galt. Während in Berlin und andernorts Expressionismus und Dada überkommene Kunstauffassungen und Konventionen zerschlugen, kam es in der Hansestadt erst spät zum Durchbruch der Moderne. Vielleicht liegt gerade in diesem unspektakulären Kontext der Kaufmannsstadt der Grund dafür, dass sich die Hamburger Künstlerfeste zu einer solchen Attraktion entwickeln konnten.

1920 gelang es mit der »Gelben Posaune der Sieben«, die Künstlerfeste weiter zu etablieren. »Aus dem intimen Künstlerfest, wie es 1914 das Futurubumbum-Fest war, aus der noch übersichtlichen Dämmerung der Zeitlosen 1919 ist eine Riesenveranstaltung geworden«, heißt es in der Besprechung der »Neuen Hamburger Zeitung«.[75] Obwohl die wirtschaftliche Situation Hamburgs desolat war, zeigte sich die »Gelbe Posaune« professioneller organisiert und aufwendiger ausgestattet als die Vorgängerfeste. Erstmals wurde ein Almanach mit wertvollen Originalholzschnitten und Texten beteiligter Autoren herausgegeben. Unter der Leitung bekannter Hamburger Künstler wie Friedrich Adler, Otto Czeschka, Otto Fischer-Trachau und Arthur Illies waren die Säle des Curiohauses in wochenlanger Kleinarbeit gestaltet worden und »schienen aus einem expressionistischen Märchen zu stammen«.[76]

»Die grauen Räume waren entmaterialisiert, Formen und Farben waren Explosionen, waren von so elementarer Gewalt, daß sie unmittelbar Freude auslösten. [...] Hier war mehr Kunst als in manchen Hamb[urger] Kunstsalons [...], sodaß man nur immer wieder den Wunsch äußern möchte: Architekten, Maler und Bildhauer, kommt im täglichen Leben auch in so nahe Arbeitsgemeinschaft wie hier!«[77]

KÜNSTLERFESTE IM VEREIN

Um künftigen Festen einen organisatorischen Rahmen zu geben, wurde am 4. Februar 1921 ein eigener Verein gegründet. Ziel des Künstlerfest Hamburg e.V. war der gesellige »Zusammenschluss Hamburger Künstler und Kunstfreunde namentlich durch Veranstaltung von Künstlerfesten, um hierdurch auch allgemein die Beziehungen zwischen Künstlern, Kunstfreunden und Kunst zu stärken«.[78] Initiator und Erster Vorsitzender war der Bildhauer und Mitbegründer der Hamburgischen Sezession Paul Hamann, der bis zu seiner Emigration 1933 für die Künstlerfeste von großer Bedeutung war. Zweiter Vorsitzender war der »Lili-Marleen«-Dichter Hans Leip. Die Zusammensetzung der Kommission spiegelte das gesamte Spektrum des damaligen Hamburger Kunst- und Kulturlebens wider. Auch viele Mitglieder der Hamburgischen Sezession engagierten sich hier maßgeblich. Dem Künstlerfest-Verein gehörten an: der Maler und Bühnenbildner Willi Davidson, der Kapellmeister der Hamburger Kammerspiele Ernst Roters, die Architekten Max Gerntke, Kurt F. Schmidt und Karl Wenderoth, die Raumkünstler und Designer Friedrich Adler und Otto Fischer-Trachau, der Bildhauer Richard Luksch, die Schriftsteller Lovis H. Lorenz und Otto Palitzsch, Oberbaurat Emil Maetzel, die Grafiker Wilhelm Bauche und Willi Titze. Außerdem waren der Theaterregisseur Erich Engel, der Maler und Schriftsteller Otto Tetjus Tügel sowie der Verleger Bruno Sachse Mitglieder des Vereins. Später kamen noch die Schriftsteller Hans Henny Jahnn, Hans Harbeck und Harry Reuss-Löwenstein dazu. Zentrale Figur der Kommission und Ideengeber der ersten Jahre war der Feuilletonchef der »Neuen Hamburger Zeitung« Hans W. Fischer, der sich aufgrund seines Engagements für die neue Kunst – Fischer war »literarisches Mitglied« der Hamburgischen Sezession – und als Förderer des Ausdruckstanzes den Ruf eines Mentors der Moderne erworben hatte.

Da die Ausstattung der Künstlerfeste mit gehobenem Anspruch auch immer teurer, der Publikumsandrang immer größer wurde, beschloss man, die Feste nicht auf einen Tag zu beschränken, sondern ab 1921 auf drei, später sogar bis auf sechs Tage auszudehnen. So konnten die aufwendigen Dekorationen besser genutzt und zwischen den Feiern tagsüber von einem zahlenden Publikum besichtigt werden. Denn der Verein benötigte dringend Einnahmen, kosteten die Feste inzwischen doch so viel wie »eine Villa an Hamburgs schönem Alsterufer«.[79] Überschüsse erzielte der Verein nur dadurch, dass alle Künstler ohne Honorar, allein aus Spaß an der Sache, mitarbeiteten.

Um das einmal erreichte Niveau zu halten, war es notwendig, mit der Festplanung schon im Herbst des Vorjahrs zu beginnen. Die Kommission traf sich entweder in der »üppigen Mietsbude«[80] des Vorsitzenden Hamann oder aber im Curiohaus. Man einigte sich auf ein Thema, das den Rahmen des Künstlerfestes absteckte und Anregungen für Dekoration und Kostüme, Programm und Almanach gab. Außerdem mussten Tänzer und Schauspieler gefunden werden. Bei der Auswahl kam es weniger darauf an, wie etabliert ein Künstler war, denn auch junge Talente ohne großen Namen sollten die Möglichkeit haben, aufzutreten. Dieser Grundsatz ließ die Künstlerfeste zu einem frühen Forum des Ausdruckstanzes werden und trug dazu bei, dass die Hansestadt zu einem Zentrum dieser neuen Kunstform werden konnte. Ein anderer Schwerpunkt war die Raumgestaltung, bei der Künstler aus den Bereichen Architektur, Malerei und Plastik zusammenwirkten. Ausgeführt wurden die Entwürfe von den Schülerinnen und Schülern der Kunstgewerbeschule am Lerchenfeld, die sich durch ihre Mitarbeit einen freien Eintritt sicherten.

ANSPRUCHSVOLLE KUNST UND LEICHTE UNTERHALTUNG

Als Höhepunkt aller Hamburger Künstlerfeste gilt die »Götzenpauke« von 1921. Der Andrang an den drei Festtagen überstieg alle Erwartungen und machte die »Götzenpauke« zu einem der am stärksten besuchten Künstlerfeste der 1920er Jahre überhaupt. Der große Saal war als flammend-rotes Kuppelzelt ausgestaltet. Galerien und Loggien kontrastierten dazu im kalt-blauen Licht. Meterhohe Götzenfiguren aus Pappmaché von Richard Luksch flankierten die Bühne, auf der Otto Tetjus Tügel einen Südseetanz aufführte und zwischen »Strohmänteln und spitzen Masken« in »ekstatischer Wildheit«[81] über die Bühne sprang. Hans W. Fischer schrieb in seiner Besprechung begeistert:

»Vielleicht ist das gerade das Richtige, daß man durch diese Gänge und Säle schwimmt wie durch eine phantastische Szenerie, von der Flut der Menge getragen, Teil eines schiebenden, drängenden und wirbelnden Stroms […]. Das Fest selbst war die Schau. Jeder spielte mit. Und als Otto Tügel mit seinen Tigertänzern den Duk-Duk-Tanz der Südsee vorführte […], schlug die Schwingung von der Bühne in den ganzen Saal.«[82]

Trotz Inflation und Arbeiterstreiks gelang es, auch 1922 ein Künstlerfest stattfinden zu lassen. Unter dem Titel »Der Himmlische Kreisel« war es fast ausschließlich dem modernen Tanz gewidmet. Hans W. Fischer hatte die Gesamtregie des Festes übernommen und zeichnete für die »Astrale Tanzschau« verantwortlich, bei der mehr als 20 Tänzerinnen und Tänzer ihr Können unter Beweis stellten. Innerhalb des großen »Planetentanzes« trat zum ersten Mal auch das Tänzerpaar Lavinia Schulz und Walter Holdt bei einem Künstlerfest auf. In ihren selbstgefertigten skurril-grotesken Ganzkörpermasken stellten sie tänzerisch das »Ungeheuer vom Sirius« dar und boten dem staunend-irritierten Publikum beeindruckende Beispiele ihrer Kunst.

Nachdem 1923 auf dem Höhepunkt der Inflation nur ein bescheidenes »Fest der Namenlosen« möglich war, konnte im folgenden Jahr schon wieder größer gefeiert werden. Auf dem von der Großstadtbegeisterung jener Zeit geprägten Künstlerfest von 1924 »Cubicuria,

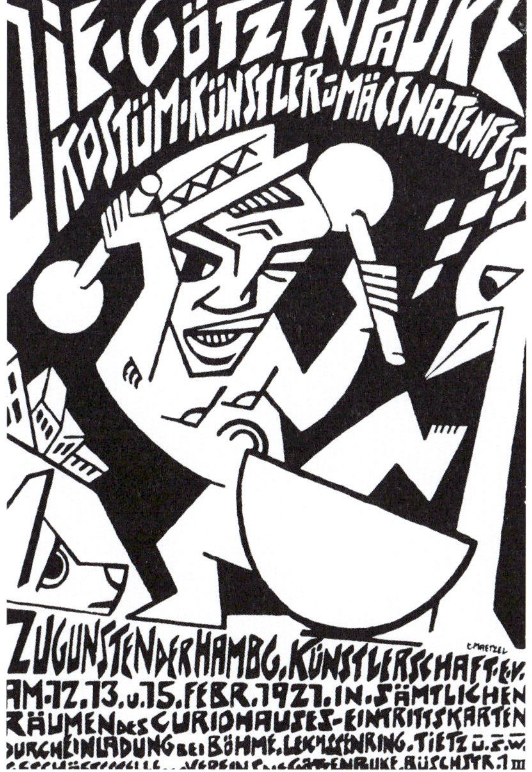

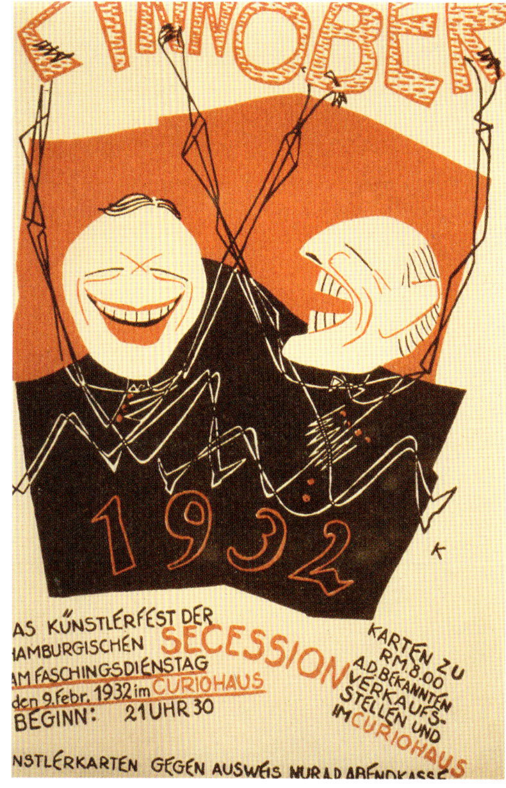

60
Künstlerfest »Die Götzenpauke«, 1921, Plakat von Emil Maetzel; Künstlerfest »Zinnober«, 1932, Plakat von Karl Kluth, Sammlung Maike Bruhns, Hamburg

die seltsame Stadt« entwarfen die Macher ihre Vision einer von Künstlern für Künstler geschaffenen Stadt. Das Thema gab Anregungen für den von Otto Tetjus Tügel illustrierten Festalmanach sowie für die futuristischen Raumdekorationen von Friedrich Adler, Richard Luksch und ihren Freunden.

Ab Mitte der 1920er Jahre verloren Ausdruckstanz und expressionistische Kunst für die Künstlerfeste an Bedeutung, der unterhaltende Charakter der Darbietungen rückte in den Vordergrund. Die Feste sollten in zunehmendem Maße auch die Kunstmäzene der Hansestadt ansprechen. Verstärkt beteiligten sich Ensemblemitglieder der Hamburger Kammerspiele, der damals modernsten und experimentellsten Bühne Hamburgs, an den großen Revuen, die durch die schnell aufeinander folgenden Nummern zum adäquaten Ausdrucksmittel ihrer Zeit wurden. Geprägt waren diese Feste wie »Der siebente Krater« (1925) oder »Noa Tawa« (1926) durch das dramatisch-komödiantische Genie Gustaf Gründgens, der damals dem Ensemble der Hamburger Kammerspiele angehörte und als unbestrittener Star der hanseatischen Theaterszene galt. Gründgens inszenierte die freizügigen Revuen, schrieb Texte zu den Songs und trat auch als aktiv Mitwirkender in Erscheinung, als Schauspieler, Sänger und Tänzer.

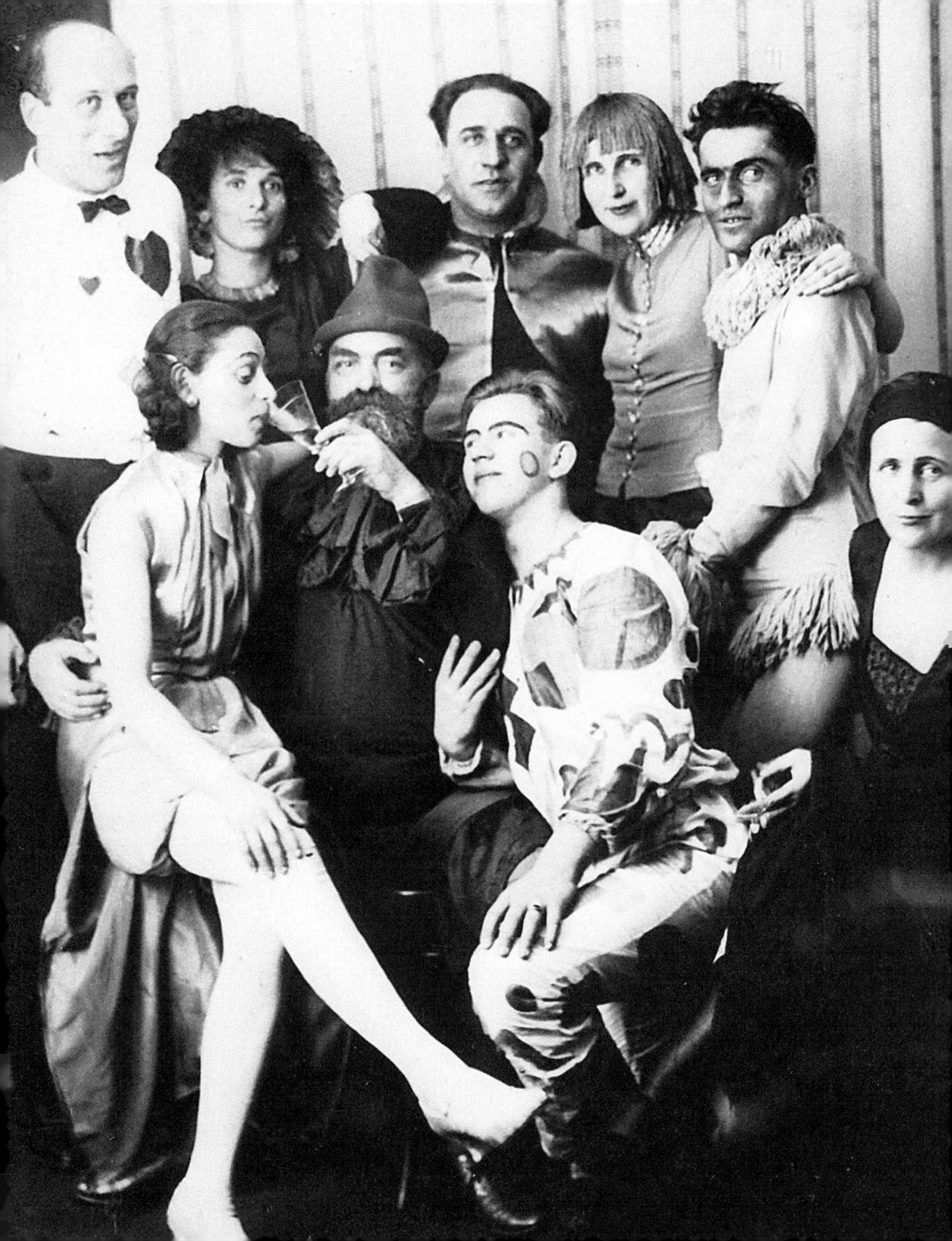

NEUE KÜNSTLERFESTE

1927 bekamen die Künstlerfeste Konkurrenz. Zunächst von der von Hans Leip mitbegründeten Schriftstellervereinigung Hamburger Gruppe, die bis 1931 eigene aufwendig-pompöse Feste organisierte; dann, ab 1928, von den Zinnoberfesten der Hamburgischen Sezession.

Den Entschluss, eigene Feste zu feiern, fasste die Hamburgische Sezession, weil man weg wollte vom reinen Unterhaltungscharakter, der die etablierten Feste mehr und mehr kennzeichnete. Mit satirischen Revuen, politischem Kabarett und geistvollen Almanachen sollte eine intellektuell anspruchsvolle Alternative geschaffen werden. So war auch der Titel keineswegs zufällig gewählt, sondern verwies auf die von Kurt Schwitters inszenierten »Zinnoberfeste« in Hannover. Bis 1933 bildeten die Feste der Sezession alljährlich den Abschluss der hanseatischen Faschingssaison und zugleich »gewissermaßen den gesamtkünstlerischen Auftakt der jährlichen Sezessions-Ausstellungen«.[83] Bei der Organisation und Ausstattung gab es einige treibende Kräfte und Aktivposten wie den Architekten Karl Schneider, der für jedes der Feste die Raumgestaltung schuf, oder Kurt Löwengard und Otto Rodewald, die die Titelgrafiken für die Programmflyer beisteuerten. Andere entwarfen Plakate, verfassten Texte oder beteiligten sich an den Revuen. Zu erkennen waren die Mitglieder der Sezession auf ihren Festen »an ihren weißen Hosen, roten Jacken und roten Kappen, womit sie durch den Tanzorkus ein schönes Band der Gemeinschaft schlangen«.[84]

Da sich die Künstlerfeste der Sezession auf nur einen Abend beschränkten, konnte man mit weniger aufwendigen Mitteln arbeiten, ja, man war sogar dazu genötigt. Denn zwischen dem Abbau des mehrtägigen traditionellen Künstlerfests und dem Start des Zinnoberfestes blieben meist nur rund anderthalb Wochen Zeit. So machte man aus der Not eine Tugend, wie Hugo Sieker über den ersten Zinnober am 21. Februar 1928 im »Hamburger Anzeiger« feststellte:

»Bewußter war die Saalausstattung der Vergänglichkeit angepasst – einmal löste sich eine ganze Verkleidung und senkte sich müde aus der Höhe über den Saal. Flüchtiger und schmissiger hatten die Pinsel diesmal bunte Flächen und Witze hinwerfen müssen, als bei den Festen zuvor [...]. Und doch bestand in dieser gewissen Wurstigkeit – ›Uns können sie alle‹, war die Parole – der stärkste Anreiz zur völligen Hingabe an dies letzte der Feste.«[85]

Auf den Zinnoberfesten gab es viel Raum für Improvisation und Spontanes. Man konnte schneller auf brisante Themen aus Politik und Kultur reagieren. Zielscheibe der Kritik war immer wieder auch die elitäre Hamburger Gruppe, deren Mitglieder zum Teil politisch-ideologisch deutlich rechts standen, wie der Architekt Fritz Höger, ab 1932 NSDAP-Mitglied, oder der Schriftsteller Hans Friedrich Blunck, der 1933 als erster Präsident der Reichsschrifttumskammer Karriere machen sollte.

61
Künstlerfest »Curioser Circus«, 1927. Stehend v. l. n. r.: Willy Davidson, unb., Paul Hamann, unb., Naum Slutzky. Sitzend v. l. n. r.: Hilde Hamann, Emil Maetzel, unb., Dorothea Maetzel-Johannsen, Foto, Sammlung Maike Bruhns, Hamburg

MIT KABARETT GEGEN KUNSTZENSUR

Bei den Hamburger Bürgerschaftswahlen im September 1931 wurde die NSDAP mit 26,2 Prozent der Stimmen zweitstärkste Partei hinter der SPD mit 27,8 Prozent. Weil sich viele Kunstschaffende Hamburgs in ihrer Freiheit bedroht sahen, nutzten sie das große öffentliche Interesse an den Künstlerfesten, um dort auf ihre Situation aufmerksam zu machen. Die Feste wurden politisch. Auf ihrem Fest »Krawall im All«, im Januar und Februar 1932, präsentierte der Künstlerfest Hamburg e.V. eine Revue, in der Hitler als Witzfigur auftrat, in Form einer aufgeblasenen Riesenpuppe mit groteskem Schnurrbart und schmierigem Scheitel. Die vom Bildhauer Richard Luksch entworfene Figur hieß »Hipp, die Ewige Dummheit«. Bevor sie in dem Stück den Thron besteigen konnte, wurde sie jedoch unschädlich gemacht und endete als luftleere Hülle auf dem Bühnenboden. Ein großer Hund, gespielt vom afroamerikanischen Schauspieler Eric Burroughs, zu der Zeit Schauspielschüler an den Hamburger Kammerspielen, hob das Bein und urinierte auf ihr. Eine größere Provokation ist kaum vorstellbar.

Nur wenige Monate später, im Juli 1932, konnte die NSDAP bei den Reichstagswahlen ihren größten Wahlerfolg vor der »Machtergreifung« verbuchen und bekam 38 Prozent der Parlamentssitze. Am 30. Januar 1933 ernannte Hindenburg Hitler zum Reichskanzler. Auch in Hamburg übernahmen die Nationalsozialisten die Macht und fingen an, Kunst und Kultur in ihrem Sinne zu kontrollieren und gleichzuschalten.

Auf ihrem allerletzten Zinnoberfest am 28. Februar 1933 brachte die Hamburgische Sezession ihre Revue »Die bitterböse Sezession« auf die Bühne des Curiohauses. Zentrales Thema war die NS-Kunstpolitik, die auf satirische Weise an den Pranger gestellt wurde. Neben Mitgliedern der Sezession traten auch die später populären Schauspieler Ernst Fritz Fürbringer und Gustav Knuth auf: »Die deutsche Kunst, durch die bitterböse Sezession in Gefahr gebracht, wird von der Ku-Po [Kunst-Polizei] gedrillt und aufgeordnet, mit ›Nurblond‹ und Preußischblau«[86], heißt es in der Besprechung von Harry Reuss-Löwenstein:

»Verständnisinnig wurde auch die Szene beschmunzelt, als sich aus lauter mauschelnden Kaftangestalten […], als welche sich die Ku-Po die Sezessionisten gedacht hatte, die blonden Jünglinge Kluth, Kronenberg, Lentz und Grimm entpuppten. Eine Enttäuschung, die hier in Hamburg auch schon in Wirklichkeit jemandem passiert sein soll. Mit der mächtigen Aufnordungsspritze werden zum Schluß die Ku-Po mitsamt ihrem ganzen Spuk vertrieben […].«[87]

ENDZEIT

Anders als auf der Bühne gab es in der Realität kein Happy-End. Am 30. März 1933 verfügte der Hamburger Polizeipräsident, dass die zwölfte Ausstellung der Hamburgischen Sezession im Kunstverein geschlossen werden müsse, »da die Ausstellungsobjekte in ihrer überwiegenden Mehrzahl zur Förderung des Kulturbolschewismus geeignet sind«.[88] Aus Protest gegen die Forderung, ihre jüdischen Mitglieder auszuschließen, löste sich die Hamburgische Sezession im Mai 1933 auf.

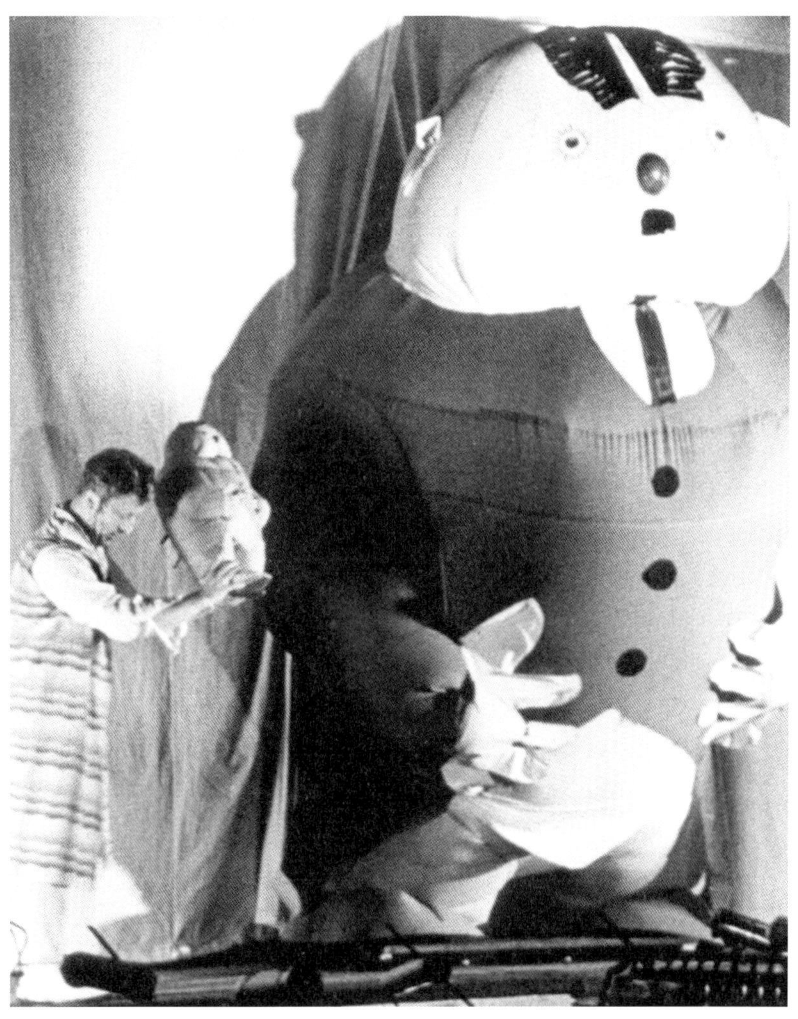

62
Richard Luksch mit Hipp, die ewige Dummheit, 1932, Foto, Sammlung Rüdiger Schütt, Kiel

Die Hamburger Künstlerfeste liefen zunächst weiter, auch wenn wichtige Exponenten jetzt fehlten, wie etwa Paul und Hilde Hamann, die bereits im April 1933 nach Paris emigriert waren. Die in der Festkommission verbliebenen Mitglieder hofften darauf, die Festtradition der Weimarer Zeit ins »Dritte Reich« herüberretten zu können. Bald stellte sich heraus, dass dies unter den Nationalsozialisten nicht gelingen konnte. Denn bei den gleichgeschalteten Künstlerfesten wurden nicht nur Veranstalter und Programm kontrolliert. Auch das Publikum wurde selektiert, wie eine Besucherin des Künstlerfestes von 1935 berichtete: »Als ich an die Glasdrehtür zum Eingang kam, klebte auf jedem Flügel ein großer gedruckter Zettel: Juden ist der Zutritt verboten!«[89]

Noch bis 1939 feierte man Künstlerfeste im Curiohaus. Doch da die Veranstaltungen immer mehr zu phantasielosen Karnevalsfeiern degenerierten, verloren die meisten Hamburger Künstler das Interesse an weiterer Mitarbeit, und der populäre Name »Künstlerfest« bezeichnete bald nur noch eine reizlose Veranstaltung, die in ihrer ursprünglichen Form als künstlerischer Impulsgeber und kreatives Experimentierfeld aufgehört hatte zu existieren.

FÖRDER-MASSNAHMEN

Kunstpflegekommission, Ausstellungshaus, Ohlendorff-Haus, Wandbildaufträge

DIE KUNSTPFLEGEKOMMISSION

Über Jahre verfolgte die Sezession neben den künstlerischen auch kulturpolitische Ziele. Ihre Aktivitäten gingen dabei über die üblichen Versorgungsbemühungen und Anstrengungen von Künstlervereinen weit hinaus.

Genervt von der zähen Inaktivität des Senats in Sachen Kunstförderung ging Emil Maetzel bei der Eröffnung der achten Sezessionsausstellung 1928 das Temperament durch, wie Richard Tüngel später berichtete,[90] indem er einen »saugroben« Angriff auf die anwesenden Senatoren und Kulturzuständigen startete und ein Ausstellungshaus für Künstler einforderte. Als Leiter der Städtebauabteilung in der Baubehörde unter Fritz Schumacher und Vorstand der Hamburgischen Sezession hatte er Einblick in beide Bereiche. Als unermüdlicher Aktivist in Künstlerbelangen rief Maetzel darüber hinaus zur Schaffung einer besseren

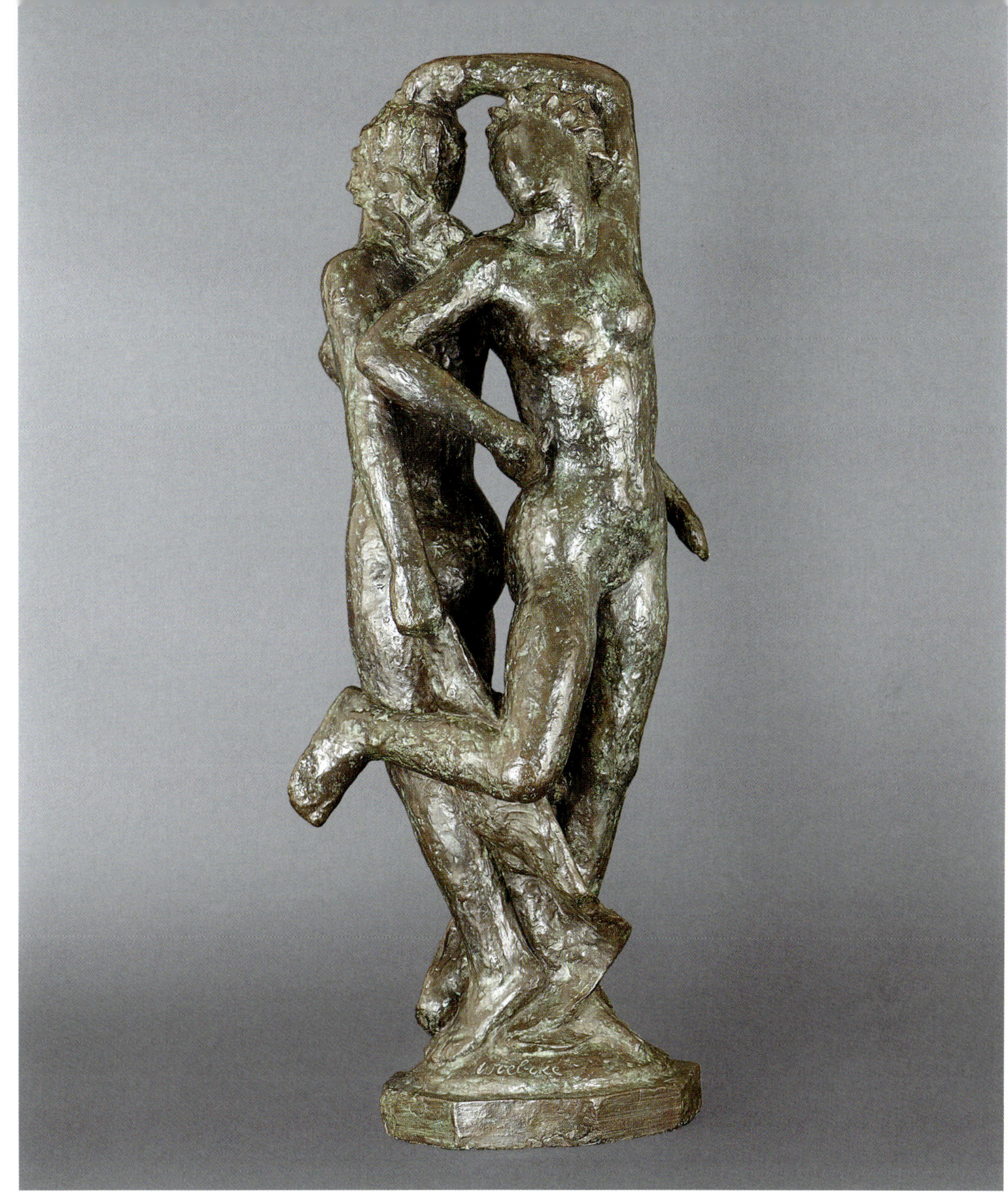

63
Albert Woebcke, Tanzende, um 1925, Bronze, Sammlung Uta Wendt / Sandro Bendig, Hammoor

staatlichen Kunstförderung auf, denn die seit 1920 bestehende, wenig effektive Kunstkommission hatte 1924 ihre Tätigkeit eingestellt. Am folgenden Morgen beichtete er Schumacher den Fauxpas, den dieser sogleich als willkommenen Anlass nutzte, die Vorwürfe bei einem Gespräch mit dem Bürgermeister an den Senat weiterzureichen. Die solcherart konfrontierten Ratsherren gingen verblüfft auf die Anregung ein und stellten nach einigem Hin und Her über Qualitätsfragen der zu fördernden Kunst einen erweiterten Etat zur Verfügung.[91] Und schon am 30. März 1928 wurde eine neue »Senatskommission für Kunstpflege« gegründet. Ihr gehörten sechs Senatoren an, Geschäftsführer wurde Staatsrat Alexander Zinn. Max Sauerlandt, Gustav Pauli und Fritz Schumacher betätigten sich beratend, meist entscheidend, wobei Schumacher außerdem die Auftragserteilung und Künstlerbetreuung zufiel. Das erklärte Ziel war, die Hamburger Kunst möglichst breit, außerhalb der Museen in staatlichen Bauten der Öffentlichkeit zugänglich zu machen. Beide Seiten versprachen sich Vorteile: Der Oberbaudirektor konnte seine Staatsbauten mit Kunst ausstatten lassen, die Künstler erhielten in der Notzeit der Weltwirtschaftskrise Gelegenheit zur Realisierung größerer Projekte und zugleich ein, wenn auch bescheidenes, Honorar.

DAS AUSSTELLUNGSHAUS

Die Erlöse der legendären frühen Künstlerfeste, die in ihrer aufwendigen Ausstattung und Gestaltung expressionistischen Gesamtkunstwerken glichen, waren für die Finanzierung eines Ausstellungshauses bestimmt. 1928 hatten die Künstler die ersten 35 000 Mark »zusammengefeiert«, wie Emil Maetzel in seiner Vernissage-Rede zur achten Ausstellung bekanntgab.

Nach mehrjährigem Hin und Her konnte im Mai 1930 das Ausstellungshaus endlich in Betrieb genommen werden. Mehrere Bauträger, der Senat, Stiftungen, der Verein Künstlerfeste und weitere Geldgeber hatten die Finanzierung übernommen.[92] Architekt Karl Schneider realisierte es durch Umgestaltung eines Altbaus in der Neuen Rabenstraße 25. Das Haus war zur gemeinsamen Nutzung von Kunstverein, Künstlerschaft, Künstlerverein und Sezession vorgesehen. Als Mitglied der Sezession hatte Schneider die Bauleitung und Durchführung unter Honorarverzicht als selbstverständliche Pflicht bezeichnet und das Haus mit einer modernen Fassade, einem Oberlichtsaalanbau und einem eigens entwickelten, genial einfachen, flexiblen Stellwandsystem versehen. Damit war ein elfjähriges, über Jahre beklagtes Desiderat endlich eingelöst, der Einsatz zahlreicher Künstler für die großen Künstler- und späteren Zinnoberfeste sinnvoll abgeschlossen.[93]

Die letzten drei Sezessionsausstellungen wurden hier gezeigt. Im Verlauf von Querelen, die aus der anteiligen Nutzung des Hauses und dem Anspruch des Kunstvereins auf eigenmächtige Planung entstanden, kam es 1932 zu Streit und zum Bruch, die Sezession stellte mit der Hamburgischen Künstlerschaft nicht mehr aus.[94]

DAS OHLENDORFF-HAUS

Auch die Forderung nach Einrichtung von Künstlerateliers fand Gehör: Das Ohlendorff-Palais in Hamm, Schwarzestraße 1, wurde im Jahr 1932 neben anderen unbewohnten Altbauten von der Stadt für Künstler bereitgestellt.[95] Mit zehn ofengeheizten Räumen, davon sechs mit reinem Nordlicht, bot es sich als Atelierhaus an. Die Künstler konnten dort mietfrei wohnen und arbeiten; neben den laufenden Kosten hatten sie auch die Bewachung wahrzunehmen. Um »Dach und Fach« kümmerte sich die Stadt, die »Nothilfe für bildende Künstler« um die Verwaltung und Auswahl der Künstler. Als Hauswart bezog Kluth eine Wohnung mit drei Räumen. 14 Künstler zogen ein, unter ihnen sechs Mitglieder der Sezession: Arnold Fiedler, Paul Henle, Rolf Nesch, Karl Opfermann, Hans Martin Ruwoldt, Albert Woebcke. Die Ateliers waren begehrt, die Bewohner glücklich über die ruhige und schöne Wirkungsstätte, auch über die harmonische Atmosphäre im Haus.

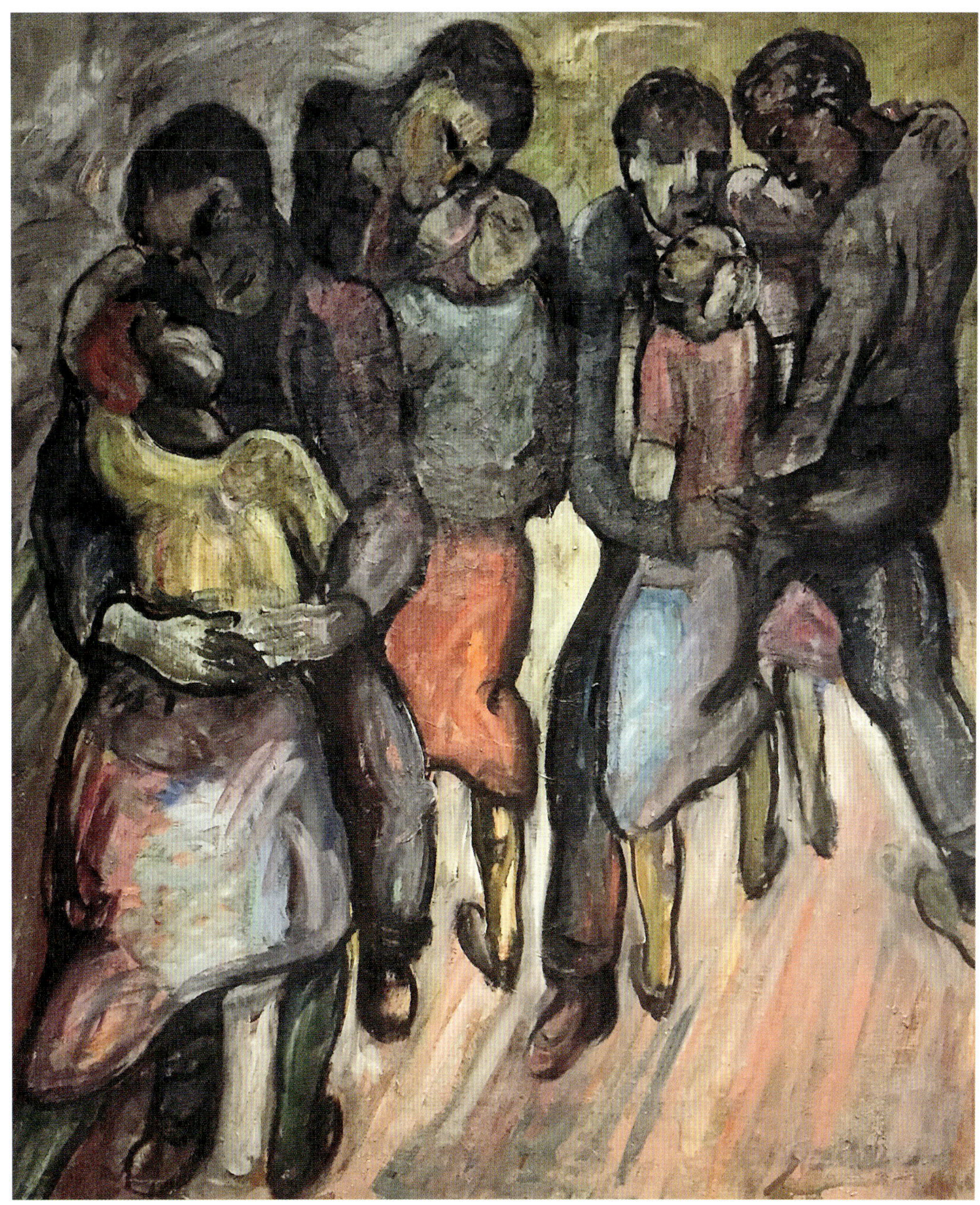

64
Heinrich Steinhagen, Tanzende, 1919/20, Öl auf Leinwand, Sammlung Jens Scheper, Lütjensee

Aus der Ateliernachbarschaft ergaben sich gemeinsame kreative Experimente, die Austausch und Kritik einschlossen, Motivation und Zusammenhalt stärkten, letztlich zu Innovationen führten. Leider währte die fruchtbar-kreative Phase im Ohlendorff-Haus nur kurze Zeit.

1932 fand hier eine Benefizausstellung für bedürftige Künstler statt. Die verheerende Wirtschaftslage seit der Weltwirtschaftskrise von 1929 bedrohte manchen Freiberufler in der Lebenssubstanz. Von 500 Hamburger Künstlern konnte laut »Hamburger Echo« vom

6. Februar 1931 höchstens ein Prozent vom Umsatz seiner Werke leben. Das Ausmaß der Verelendung spiegelt sich in einer großen Anzahl erschütternder Künstlerschreiben an die Senatskommission, die sich heute im Staatsarchiv befinden.

DIE WANDBILDAUFTRÄGE

Oberbaudirektor Fritz Schumacher glaubte an eine »Einheit aller Künste«; mithilfe der 1928 neu gegründeten Kunstpflegekommission wollte er sie durch Staatsaufträge an Künstler verwirklichen. Wandbilder, Brunnen und Plastik sollten in den neu erbauten Schumacher-Schulen reformpädagogische Ideen ästhetischer Jugenderziehung vor Augen führen und Schüler im Alltag mit Kunst bekannt machen.

Ab 1929 erhielten zehn Mitglieder der Sezession 15 Wandbildaufträge.[96] Ihnen bot sich damit Gelegenheit, in großem Maßstab das Exempel der achten Sezessionsausstellung[97] wieder aufzugreifen und weiterzuführen.

Die Erneuerung monumentaler Wandmalerei war schon bei den Kubisten um 1910 ein Thema gewesen und als Desiderat festgestellt worden. Auch in Hamburg wurde über Wandmalerei nachgedacht. Einige Künstler hatten in den 1920er Jahren längere Zeit in Italien gearbeitet und zeigten Interesse an Freskomalerei, unter ihnen Anita Rée, Karl Kluth und Eduard Bargheer. Für seine Aufträge wählte Schumacher Künstler, die in Monumentalmalerei noch unerfahren waren. Er ließ ihnen im Neubau die Wahl der Wand und stellte fest, dass größere Flächen bevorzugt wurden, also eine Tendenz zu Monumentalmalerei bestand. Einige erhielten mehr als einen Auftrag – Eduard Bargheer (2), Willem Grimm (2), Erich Hartmann (3), Karl Kluth (2), Anita Rée (2) –, während Arnold Fiedler, Fritz Kronenberg, Kurt Löwengard, Rolf Nesch, Gretchen Wohlwill sich mit einem begnügen mussten.

Komposition rangierte im Wandbild vor Perspektive, Maltechnik und Stil. Mit der Platzierung auf der Wand fiel die Entscheidung, ob Architektur oder Malerei am Ende dominierten, oder ob die gewünschte gegenseitige Steigerung gelang. Einige Künstler malten an zentraler Stelle ein Bild. Andere malten die vorhandene Wandfläche vollständig aus. Manche mussten sich mit vorhandenen Wandelementen, Türen oder Treppen auseinandersetzen. Erich Hartmann bezog in Fuhlsbüttel Deckentonne und Bühnenbogen in den zwölf Meter breiten Bildraum ein. Anita Rée musste zweimal Türen in die Komposition einarbeiten und löste die Aufgabe genial, wie Schumacher lobte.

Die meisten Maler thematisierten Leben und Umwelt der Schüler. Hartmann malte Szenen vom Lehren und Lernen im Freien in arkadischer Landschaft; Gretchen Wohlwill befasste sich mit Mädchenbeschäftigung, Pflanzen, Musizieren, Lesen. Zeitgenössische Trends zeigten sich in Bildern von Körperertüchtigung in sportlichen Wettkämpfen, Freikörperkultur und Szenen der emanzipatorischen Jugendbewegung. Monumentale, aber durchaus unterschiedliche Hafenbilder thematisierten Rolf Nesch und Kurt Löwengard, Darstellungen vom Arbeitsalltag in Großstadt und Hafen. Heimische Flussmotive und niederdeutsche Landschaft wurden auf Schulwände projiziert, dazu lustvolle Freizeitbeschäftigungen wie Segeln und Musizieren oder einfach Lebensfreude bei Bargheer und Kluth. Anita Rée wählte religiös-mythische Themen, ihr »Gleichnis von den klugen und törichten Jungfrauen« in der Schule Uferstraße gab Anstöße zu Fragen der weiblichen Emanzipation, ihr »Orpheus und die Tiere« in der Caspar-Voght-Straße zu solchen nach einem friedlichen Miteinander der Temperamente in Musik und Kunst.

In einer Werbeaktion stellte Schumacher die Wandbilder 1932 der Öffentlichkeit in situ vor. Er hielt einen Diavortrag im Kunstverein und organisierte eine Busrundfahrt zu 24 Kunstwerken. Sein Urteil fiel positiv aus: Im Großen und Ganzen schien ihm die Aktion gelungen, kein Künstler habe enttäuscht, alle hätten die Hoffnungen übertroffen und das seinerseits eingegangene Risiko mit Engagement und qualifizierter Arbeit eingelöst: »Es war selbstverständlich, daß nicht alles Allgemeingültigkeit erreichen konnte, wenn man die verschiedensten jungen Künstler, die bisher nur den goldenen Rahmen kannten, plötzlich auf eine Wand losließ […]. Wenn ich überblicke, was in vier Jahren für etwa 40 000 Mark an Hamburgs Wänden entstand, glaube ich an die Möglichkeit, eine einheimische Wandmalerei zu entwickeln.«[98] Die Sezessionisten hatten allerdings mit Tempera oder Öl auf Leinwand gemalt; allein zwei Außenstehende, Otto Thämer und Heinrich Stegemann, hatten sich an die klassische Frescotechnik »der beherzten Männer« gewagt. Ein einheitlicher Monumentalstil entstand nicht, jeder Künstler folgte seiner persönlichen Arbeitsweise und führte sie fort.

Bei der Presse und den Sachverständigen, Carl Georg Heise, Max Sauerlandt, Gustav Pauli und Rosa Schapire, fand die Aktion Wandbild Beifall und wurde als fortschrittliche Hamburger Unternehmung gewürdigt. Zustimmend äußerten sich auch auswärtige Kritiker. Einzig das braune »Hamburger Tageblatt« brandmarkte die expressiven und von jüdischen Künstlern gemalten Bilder als Schwachsinn und Artfremdheit.

Mit der nationalsozialistischen Machtübernahme kam dann folgerichtig am 4. Oktober 1933 das Ende der Senatskommission und das Ende der freien Monumentalmalerei. Die letzten Vorhaben wurden nicht mehr ausgeführt.

DIE SPÄTE SEZESSION

Neue Mitglieder, Vorbilder, Sezessionsstil, Grafik, Abstraktion

JUNGE MITGLIEDER

Gegen Ende der 1920er Jahre kam mit jüngeren Künstlern, die mit der Sezession ausstellten und ihr bald beitraten, und mit dem Beschluss, eigene Künstlerfeste, »Zinnober«,[99] durchzuführen, neuer Schwung in die Gruppe. Die Jungen tauschten sich aus und arbeiteten im Ohlendorff-Haus[100] zusammen, so schlossen etwa Rolf Nesch und Hans Martin Ruwoldt Freundschaft. Sie nahmen Impulse bekannter Maler der Avantgarde auf und entwickelten Neues. Die veränderte Konstellation führte schließlich zu einem eigenständigen Malstil, dem Sezessionsstil. Er trat in vielen Facetten in den Bildern der späten Sezession auf und bewirkte ein einheitlicheres Auftreten der Gruppe in den Ausstellungen.

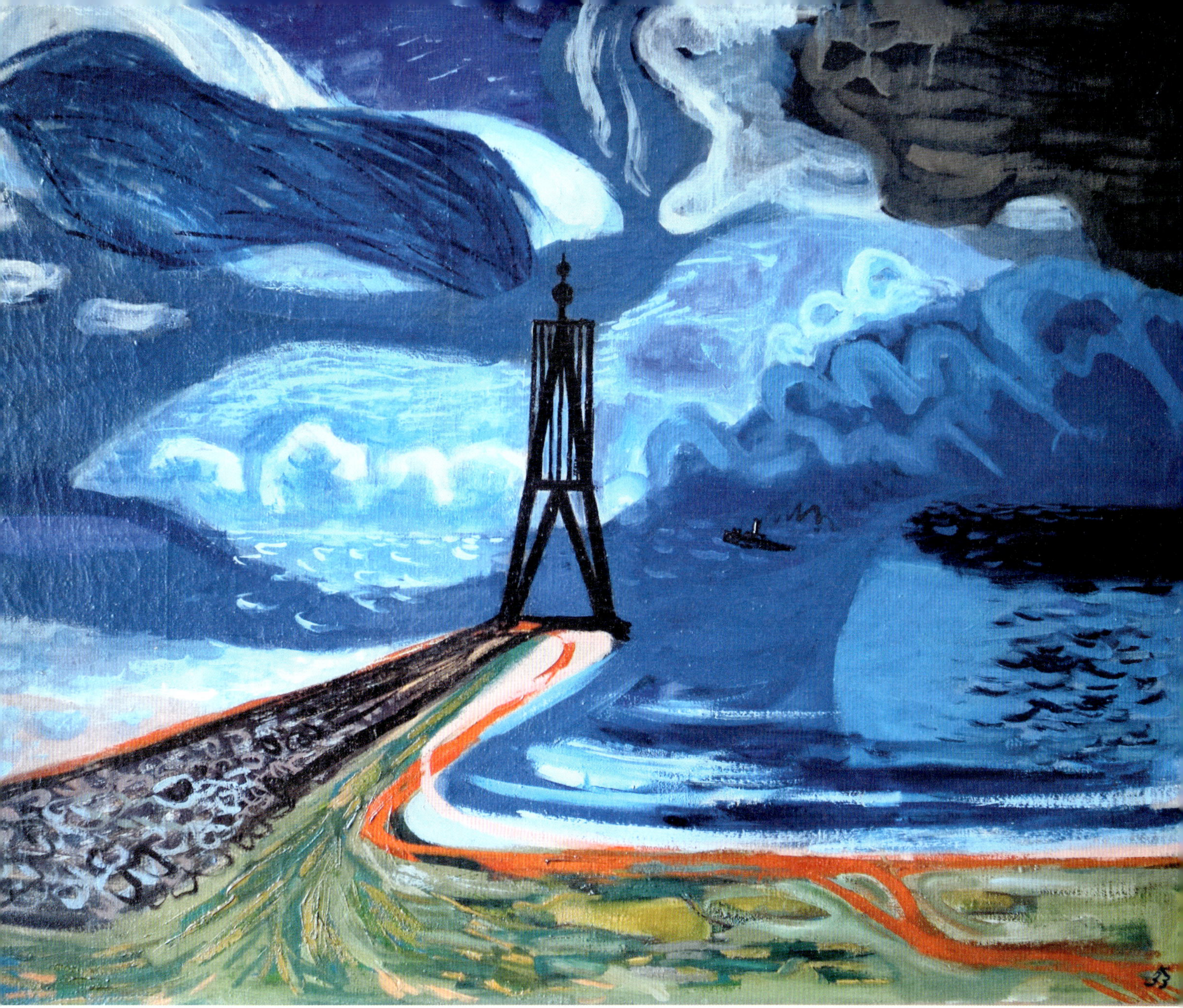

65
Karl Kluth, Kugelbake, 1933, Öl auf Leinwand, Sammlung Andreas Plettenberg, Hamburg

Die neuen Mitglieder der Gruppe waren Karl Ballmer, Eduard Bargheer, Arnold Fiedler, Willem Grimm, Karl Kluth, Fritz Kronenberg, Reinhard Lentz und Rolf Nesch; einige ältere beteiligten sich an den Innovationen: Erich Hartmann, Ivo Hauptmann, Kurt Löwengard, Hans Martin Ruwoldt und Gretchen Wohlwill. Auch Außenstehende, Ballmers Freund Richard Haizmann und auch Heinrich Stegemann schlossen sich an.

VORBILDER

War Karl Schmidt-Rottluff das Vorbild für die expressionistische Grafik der frühen 1920er Jahre, waren es jetzt Edvard Munch, Ernst Ludwig Kirchner, Emil Nolde und Ernst Barlach, deren Werke Anregungen für die Entstehung des Sezessionsstils gaben. Bis 1934 war Munch durch 21 Ausstellungen in den Galerien Louis Bock, Cassirer und Commeter außerordentlich präsent in Hamburg. 1927 besprach Victor Dirksen die große Munch-Ausstellung in der Berliner Nationalgalerie in der Zeitschrift »Der Kreis«,[101] 1929 erschien der von Gustav Schiefler verfasste Katalog der grafischen Werke Munchs.[102] Nesch und Grimm begeisterten sich gemeinsam für den Norweger, als die Hamburger Munch-Sammler Gustav Schiefler und Heinrich Carl Hudtwalcker ihnen ihre Bestände zeigten. Besonders fasziniert war Karl Kluth, der Munch 1929 und 1934 in Oslo besuchte.[103] Um 1930 ist in den Bildern fast aller jüngeren Maler Munch-Einfluss erkennbar. Es war die Qualität seines Œuvres, die Unmittelbarkeit des Ausdrucks, handwerkliche Präzision, nicht zuletzt die den Themen immanente Magie, die die Jungen begeisterten. Es kam zu einer Symbiose durch gemeinsame Ausstellungen in Hamburg, Übernahme von Themen wie »Das kranke Mädchen« durch die Jüngeren,[104] Verfemung beider Parteien nach der Machtübernahme. Der Kunsthistoriker Heinz Spielmann bilanzierte 1996: Die Sezession »darf als einer der wichtigsten Beweise für die Länge und Intensität der Munch-Rezeption in Deutschland gelten«.[105]

Inspiration für den neuen Malstil lieferten außerdem Arbeiten von Ernst Ludwig Kirchner und Emil Nolde. Rolf Nesch hatte 1924 bei Kirchner in Frauenkirch ein Praktikum absolviert, Einblicke in die Drucktechniken und Erfahrungen im Selbstdruck gesammelt. Kirchners Werke wurden 1931 durch Gustav Schieflers Grafik-Werkverzeichnis in zwei Bänden, durch Rosa Schapire und Max Sauerlandt in Hamburg publik gemacht. Sauerlandt organisierte eine Ausstellung im Museum für Kunst und Gewerbe, installierte außerdem im Frühjahr 1930 eine Brücke-Präsentation im Treppenhaus des Museums.[106]

Zeichnungen und Radierungen von Emil Nolde, die 1910 zum Thema Hamburger Hafen entstanden, beeinflussten das Werk von Rolf Nesch und Heinrich Steinhagen.

Ernst Barlachs Skulpturen stellten für die Hamburger Künstler eine starke Herausforderung dar. Grimm, Kluth, Opfermann, Ruwoldt, Steinhagen und Woebcke lassen in ihren Werken Auseinandersetzung mit Arbeiten des Bildhauers erkennen, der eine enge Beziehung zu Hamburg hatte und von den jüngeren Kunstexperten – Carl Georg Heise, Leiter des St.-Annen-Museums in Lübeck, Alfred Hentzen, Leiter des Berliner Kronprinzenpalais in Berlin, Hildebrand Gurlitt, Direktor des Hamburger Kunstvereins, Hugo Sieker, Journalist und Kunstkritiker, Max Sauerlandt sowie Fritz Schumacher – bewundert und gefördert wurde.

DER SEZESSIONSSTIL

Charakteristika des Sezessionsstils in der Malerei sind kräftige lineare Elemente und fließende Konturen. Kontrastierende Farbflächen können die Objektgrenzen überlagern. Vereinfachte, abstrahierte Formen mischen sich mit realistischen Bildelementen, Zeichnerisches mit Malerischem. Nach dem Beispiel von Edvard Munch kann Farbe zum Träger dramatischer Aktion werden, erhalten Flächen und geschwungene runde Linien eigen-

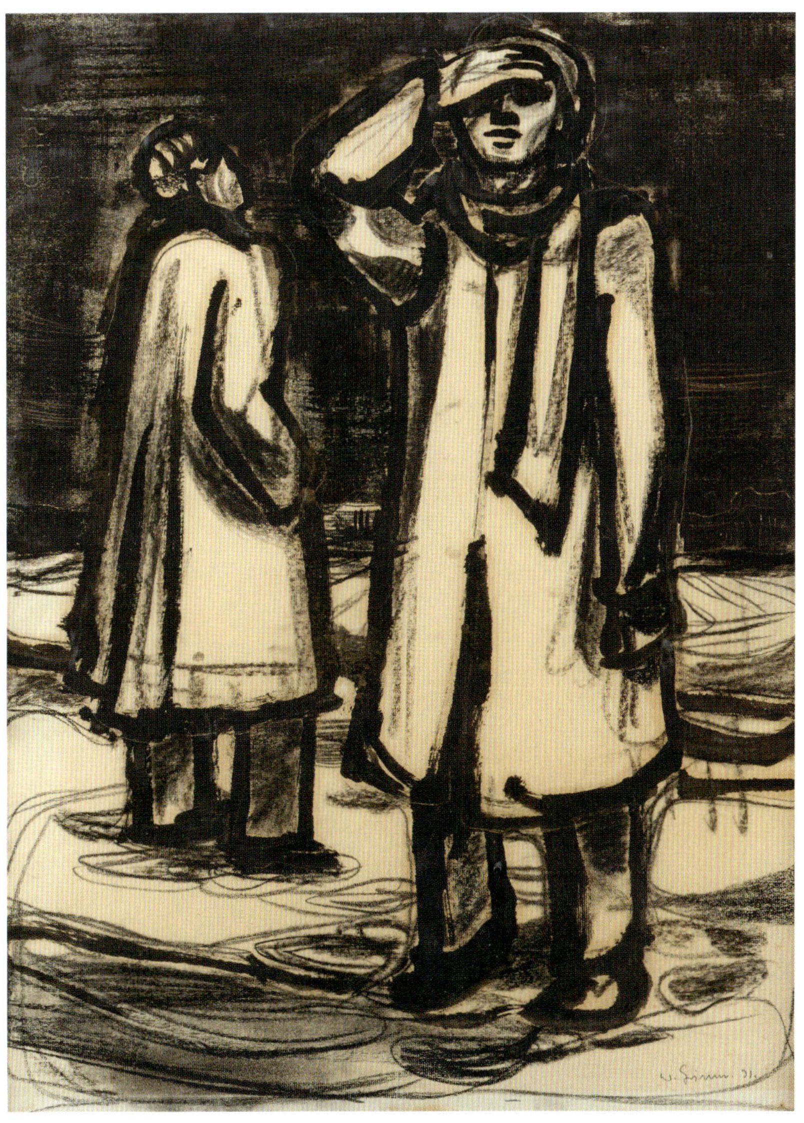

66
Willem Grimm, Sterngucker, 1931, Tuschezeichnung, Sammlung Maike Bruhns, Hamburg

ständigen Ausdruck, Objekte gelegentlich rote Konturen. Figuren gewinnen durch Statuenhaftigkeit oder Vereinzelung zeichenartige Bedeutung; einfache Verrichtungen werden zu symbolischen Handlungen. Die Genres sind unverändert: Porträt, Gesprächs- oder Berufsszenen, Generationenbilder, Menschen mit Tieren, Landschaften – und immer wieder Selbstbildnisse. Der Gegenstand bleibt erkennbar.

Bei der Presse und den Fachleuten fanden die innovativen Bilder spontan Billigung. Der Leiter der Zeitschrift »Der Kreis«, Ludwig Benninghoff, jubelte 1929 begeistert: »Der Norden schuf eine neue, gewaltige deutsche Kunst, wild, eigentümlich, beispiellos in Europa und voll Charakter.«[107]

In seiner Tuschezeichnung »Sterngucker« (Abb. 66) zeigt Willem Grimm zwei Gestalten auf kreisenden Bodenflächen und Erhebungen, sie stehen vereinzelt wie auf Inseln. Einer schaut abgekehrt in den dunklen Himmel, der andere wendet sich nach vorn, bedeckt die Augen wie mit Erstaunen oder Entsetzen. Blickt er in die Zukunft? Kann der Himmelsraum Lösungen für irdische Probleme bieten? Schwere Konturen rahmen die hellen Figuren. Im Sezessionsstil kommen hier Vorahnungen zum Ausdruck. Die Orientierung an Munch und Barlach ist augenscheinlich.

67
Rolf Nesch, Elbbrücke III, 1932, Materialdruck, Sammlung Klaus Friedrich Meyer, Hamburg

Karl Kluths »Kugelbake« (1933, Abb. 65) ragt zentral in einem dramatischen Umfeld auf. In schwungvoller Kurve führt ein Damm zu dem Seezeichen hin, rechts und links brandet der Elbstrom an die in breiten Linien gegliederten Ufer. Der Landstreifen und der Steindamm sind abstrahierend in verschiedenen Kleinmustern wiedergegeben, ein Charakteristikum für Kluths Bilder dieser Zeit. Am Himmel türmen sich große Wolken in verschiedenen Blau- und Weißtönen, gegliedert durch Bögen und rundförmige Flächen. Sie vermitteln dräuendes Unwetter. Im Wasser wechseln flatternde Kräuselwellen mit weißen Schaumköpfen und schwarzblauer Finsternis. Ein kleiner Dampfer nimmt im Hintergrund seinen Weg auf die Nordsee hinaus, in den wilden Elementen wirkt er wie verloren.

Mit der Machtübernahme der Nationalsozialisten ging die stilistische Innovation des Sezessionsstils 1933 unter, durch die Auflösung der Gruppe und die politische Entwicklung fand er keine Fortsetzung mehr. Während die zu Beginn des 20. Jahrhunderts bekannten Künstler der Moderne nach 1945 rehabilitiert wurden, konnten die Neuerungen der Avantgarde Hamburgs nicht wiederbelebt werden.[108] Der Malstil wurde vergessen. Lange Jahre stellten Historiker seinen schöpferischen Charakter infrage.[109] Heute wird er retrospektiv wegen seines Innovationsgrads und der erkennbaren Homogenität in vielen Bildern der Spätzeit der Sezession als eigenständige Stilentwicklung gesehen und anerkannt.[110]

DIE GRAFIK

Auch in der Grafik suchten und fanden Sezessionskünstler um 1930 neue Ausdrucksmöglichkeiten. Hier experimentierte besonders Rolf Nesch mit Veränderungen der Druckplatten, in ständiger Verbindung mit dem alten Grafikkenner Gustav Schiefler, der seine exzellente Grafiksammlung zugänglich machte und nach Kräften mit Anregungen und Beratung zur Seite stand. Er hatte Werkverzeichnisse der Grafik von Liebermann, Munch, Nolde und Kirchner verfasst und kannte sich mit den Techniken bestens aus.

Als Nesch beim Drucken 1925 zufällig die Auswirkung einer Durchätzung der Platte auf dem Papier erkannt hatte, experimentierte er mit ihr und setzte schneeweiße Linien und Punkte fortan als kompositorisches Medium ein. Er nannte die Ergebnisse Metalldruck; 1931 wandte er das Verfahren in der Serie »St. Pauli« an (Abb. 48). Was der Künstler hier scheinbar mühelos und genial in die Platte kratzte und ätzte, ist in Wirklichkeit das Ergebnis langwieriger Arbeit. Ein furioser Impetus, ein sensibler Strich und Durchätzung kennzeichnen die Drucke. Bei den 20 Blättern der »Brücken«-Serie ging er 1932 anders vor, lötete Metallteile in umgekehrtem Verfahren auf die Druckplatte, applizierte vor dem Druck Schablonen oder Gewebe und nannte die Blätter Materialdruck. Die Flächigkeit des radierten Blattes wich einem gefurchten und geprägten Flachrelief mit schattenfangenden Vertiefungen. So entstand zum Beispiel das Blatt »Landungsbrücke« (Abb. 41) durch aufgelötete Drähte und Schablonen.[111] Die letzten »Brücken«-Blätter steigern den Sezessionsstil in die

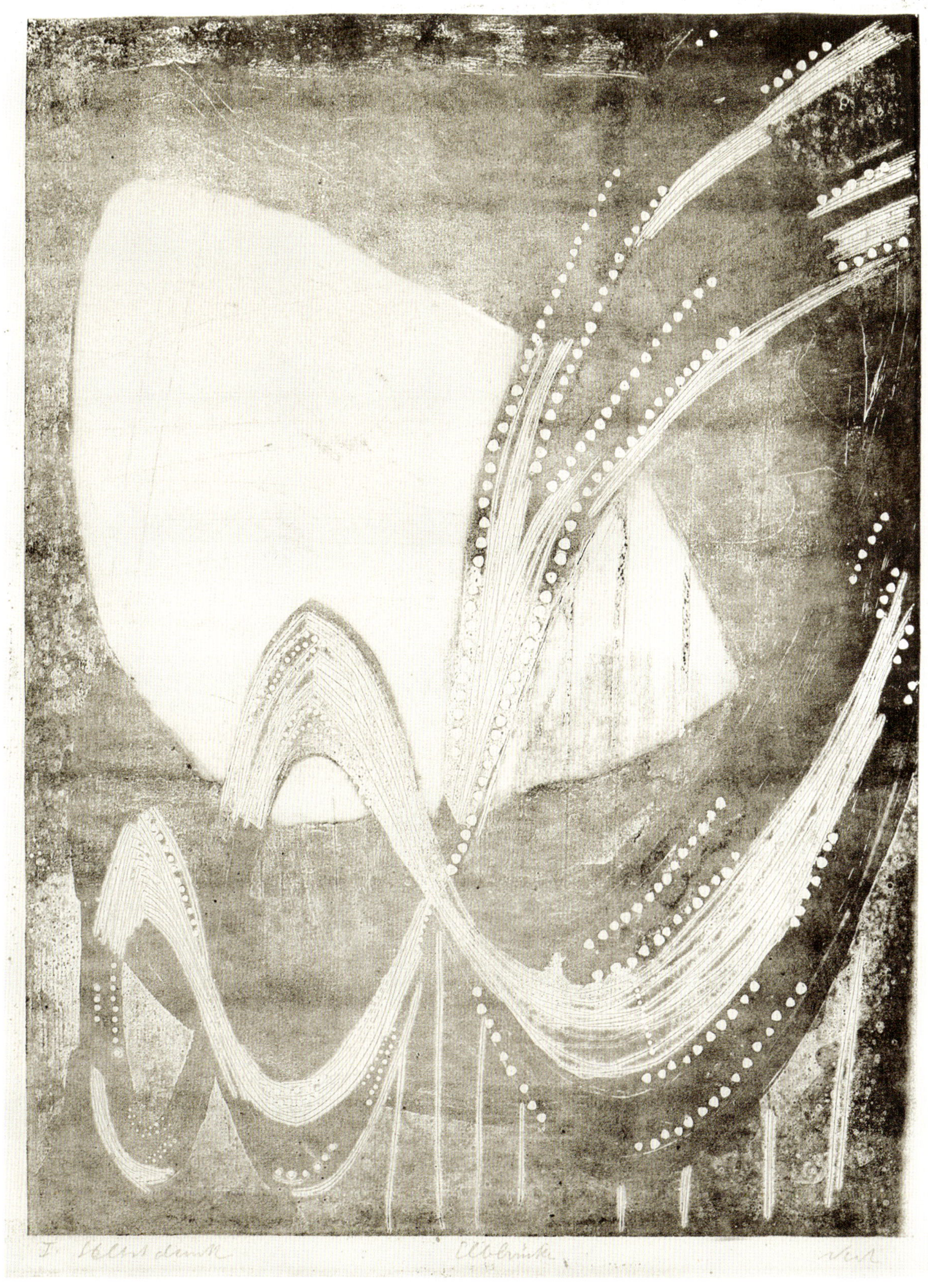

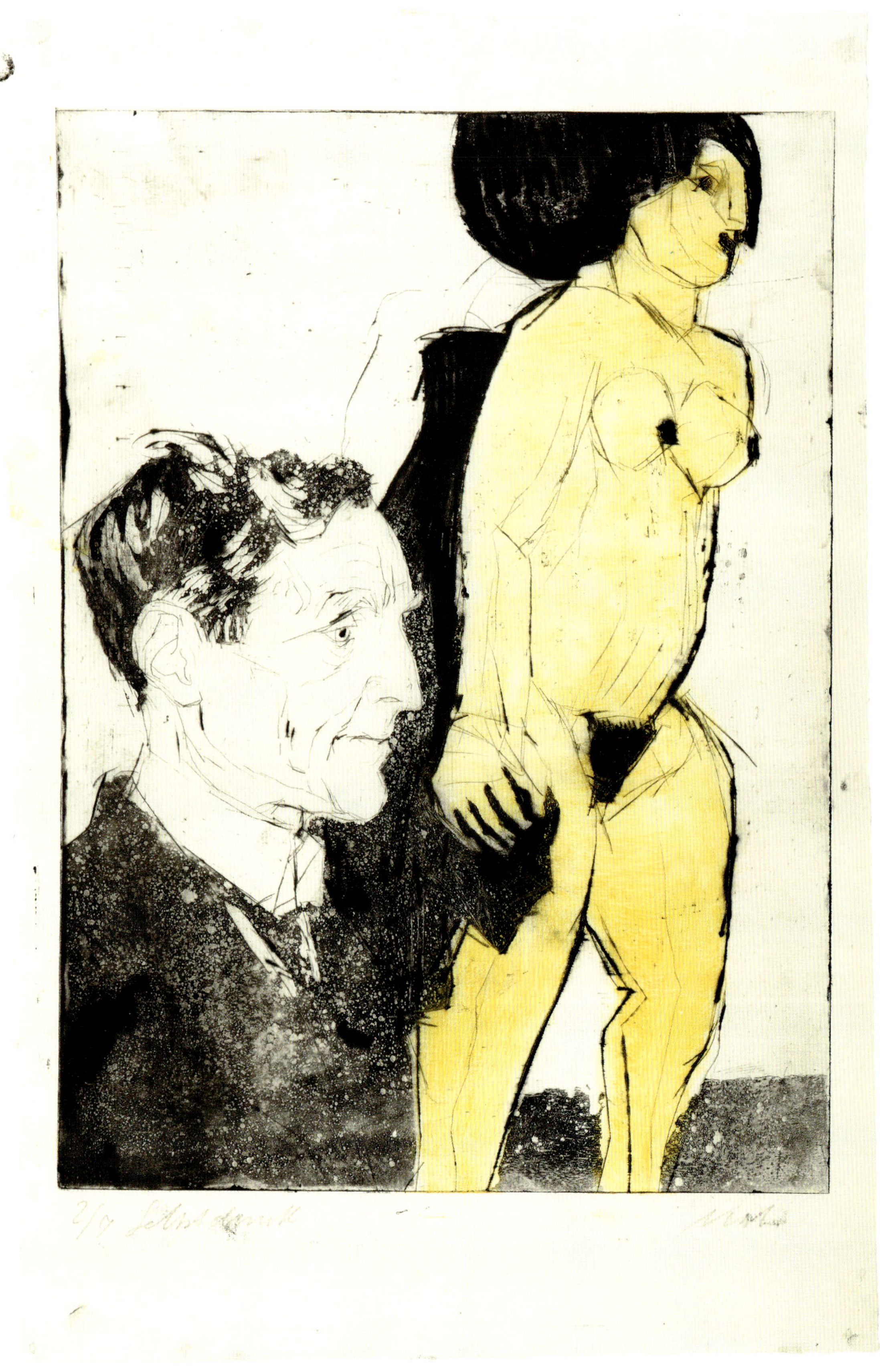

68
Rolf Nesch, Max Sauerlandt vor Holzskulptur von Ernst Ludwig Kirchner, 1930, kolorierte Radierung, Sammlung Tim Tobeler, Hamburg

Abstraktion. »Elbbrücke III« (Abb. 67) bildet nicht die Brücke selbst ab, sondern nur die berühmten Linsenträger in formaler Reduktion. Die elliptischen Bögen schwingen in Achten in die Tiefe, während die vertikalen Linien im Vordergrund die Stützen ihrer Bodengründung andeuten. Eine asymmetrische helle Form im Hintergrund, durch Schablone gedruckt, könnte eine abstrahierte Wolke sein. Weiße durchgeätzte Punkte begleiten die Bögen dekorativ, sie stellen Nietenköpfe dar. Im Baujahr 1887 galten die genieteten Stahlbögen als technisches Meisterstück des Handwerks. Die starke Wirkung des Drucks liegt in der Konzentration auf wenige augenfällige Aspekte. Neschs »Brücken« waren die letzte grafische Folge vor seiner Emigration nach Norwegen. Sie ist seine technisch am weitesten fortgeschrittene Serie, ein Höhepunkt der grafischen Weiterentwicklung.

Zu den herausragenden Porträts der späten Sezession zählt Neschs farbige Radierung »Max Sauerlandt vor Holzskulptur von Ernst Ludwig Kirchner« (1930, Abb. 68). Sauerlandt förderte gezielt junge, expressiv arbeitende Künstler, neben Schiefler war er einer der wichtigsten Unterstützer Neschs in Hamburg, er beriet ihn zudem bei seinen Erwägungen für oder gegen Abstraktion. Letztlich konnte sich der Künstler nicht zur völligen Aufgabe der abbildenden Kunst entschließen.[112] Sauerlandt ist in Halbfigur im unteren Teil vor der Skulptur von Kirchner platziert. Sein blasses, zerfurchtes Haupt hebt sich vor einer schwarzen Fläche ab, vielleicht ein Tuch, während die gelb kolorierte Skulptur mit den kantigen Konturen monumental in Ganzfigur die Bildränder überschneidet. Sie scheint auf ihn herabzublicken. Sind Spekulationen über die Rolle der Kunst und die der Fachleute hier am Platz? Der Direktor war der eifrigste Verfechter der Moderne in Hamburg, er hatte zwei Skulpturen von Kirchner im Aufgang des Museums platziert, von denen eine hier abgebildet ist.[113] Diese wurden 1933 magaziniert, später wahrscheinlich zerstört.

Die späte Sezession katapultierte sich durch Fortschritte in der Malweise, durch den neuen Stil, Erfindungen und Innovationen in der grafischen Technik um 1930 in die Avantgarde, ihre Hoffnungen auf überregionale Anerkennung und Würdigung, gar auf eine Nachfolge der Brücke, wie Nesch 1932 gegenüber Schiefler verlauten ließ, schienen durchaus begründet. Nesch, Kluth, Kronenberg, Löwengard, Grimm umd andere hatten nach 1931 Ausstellungen in Berliner Avantgardegalerien, so beispielsweise bei Möller und Nierendorf. Der Weg schien frei.

ABSTRAKTION

Die Künstler des Kubismus und des Blauen Reiter hatten kurz nach 1900 Abstraktionen bereits bis zur Ungegenständlichkeit geführt. Verschiedene europäische Stilrichtungen griffen sie auf.

Um 1928 vollzog Alexandra Povòrina den Übergang in die Abstraktion, im Zusammenhang mit dem Umzug der Familie nach Köln und ihrer Neuorientierung nach Paris. 1933 trat sie der Gruppe Abstraction-Création bei. Das Bild »Nächtliche Vögel« (1932/1954, Abb. 69) kennzeichnet diesen Übergang.

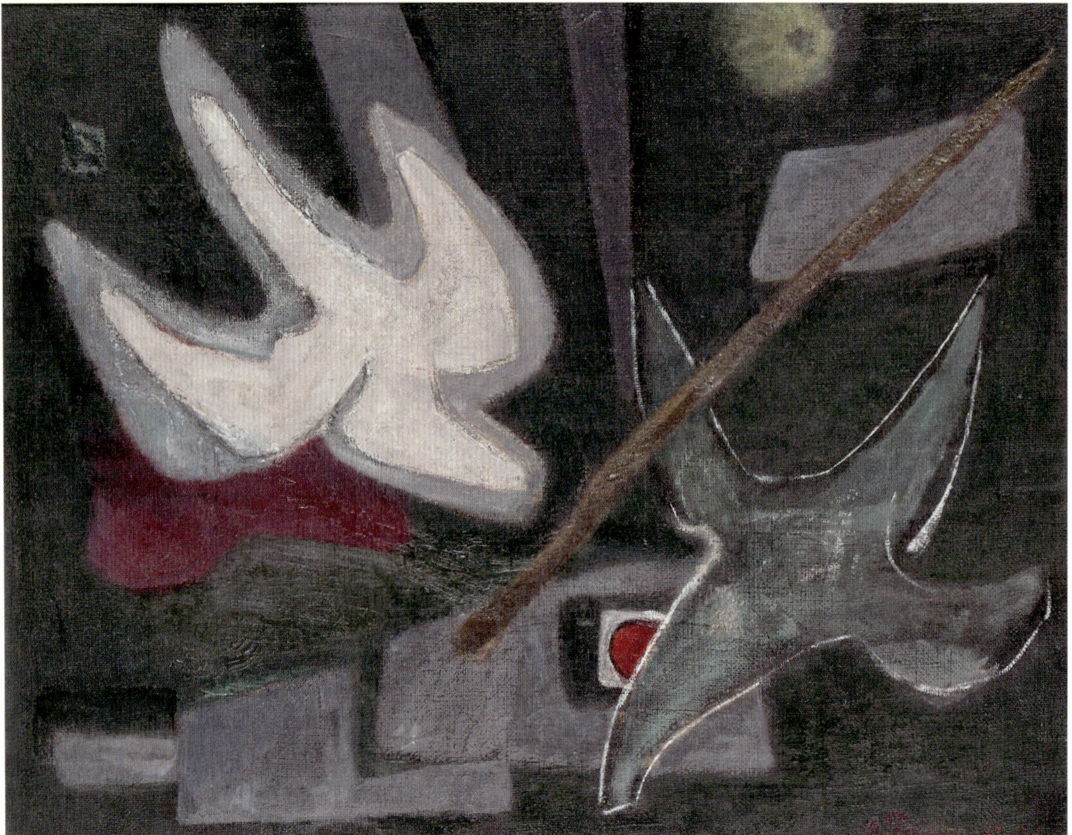

69
Alexandra Povòrina, Nächtliche Vögel, 1932/1954, Öl auf Leinwand, Sammlung Maike Bruhns, Hamburg

70 ▸
Karl Ballmer, Figur / Engel, 1926, Gouache auf Pappe, Sammlung Tim Tobeler, Hamburg

In Hamburg abstrahierte Karl Ballmer bereits um 1925 seine Bildmotive. Max Sauerlandt lernte ihn 1930 kennen, traf ihn häufig und wurde eine Art väterlicher Freund und Berater. Ballmer und Sauerlandt wiesen dem jungen Künstlerkollegen den Weg in die Abstraktion. »Heute zählt Ballmer zu einem der wichtigsten Künstler Hamburgs der frühen dreißiger Jahre, der den Spätstil der Hamburgischen Sezession entscheidend mitbestimmte.«[114]

Ballmers »Figur / Engel« (1926, Abb. 70) ist ein rotes geometrisches Zeichen mit dreieckigem Haupt und menschenähnlichen Zügen in Augen und Mund. Grün konturierte seitlich angefügte Formen bilden Flügel und eine Art Hintergrundgestalt auf blauem Grund. Blau zieht sich eine breite Linie in der Leerform des Zeichens nach unten. Assoziationen an Geistiges, Transparenz, Wesenhaftes, unkörperliche Existenz bieten sich an, naheliegend bei der anthroposophischen Einstellung und Lebensführung des Malers.

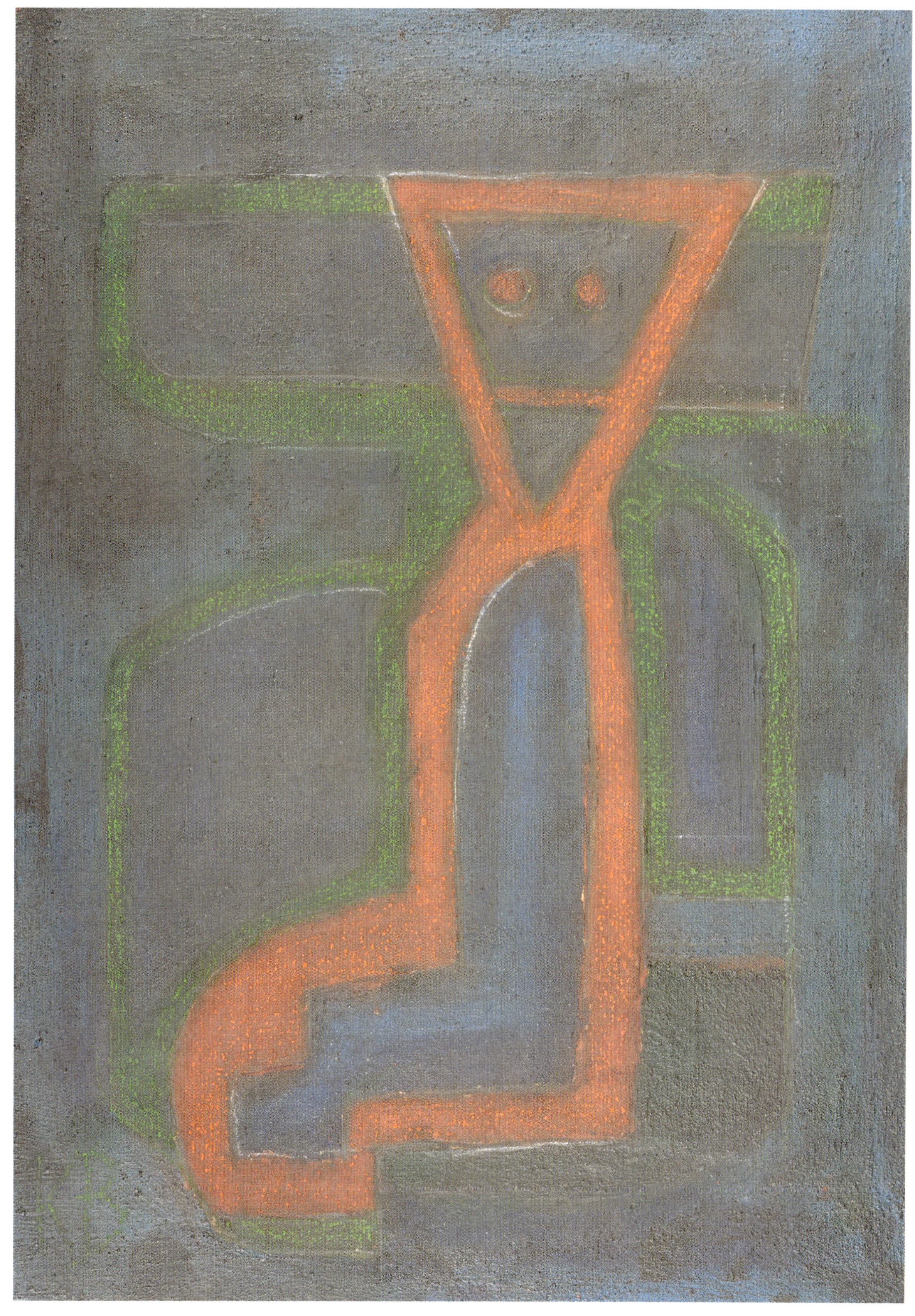

SEZESSION NACH 1933

Auflösung, Künstlerreaktionen, Folgen, Ende

DIE AUFLÖSUNG

Im März 1933 begann für die Sezession eine entscheidende Zeitwende, denn die Nationalsozialisten setzten in die Tat um, was sie zuvor angedroht hatten.[115] Mit brachialen Maßnahmen bemächtigte sich die Politik der pluralistischen, selbstbestimmten Kunstszene Hamburgs. Künstler und Künstlerinnen wurden mit Einrichtung einer »Reichskulturkammer« ab September 1933 zentral erfasst, reguliert und dirigistisch bevormundet. Ausstellungen waren zur Genehmigung anzumelden,[116] Arbeitsmaterialien teilte die Kammer zu. Zur Staatskunst wurden eine erkennbare, naturalistisch abbildende Malerei und eine heroisierende Plastik erhoben, die angeblich dem »Volksempfinden« entsprachen und »allgemeinverständlich« waren. Alle Kunstrichtungen, die Stilmittel zur Ausdrucksintensivierung einsetzten, wie Perspektivbrüche, Abstraktion der Form, Gegenstandsunabhängigkeit der Farbe, wurden als »entartet« diffamiert.

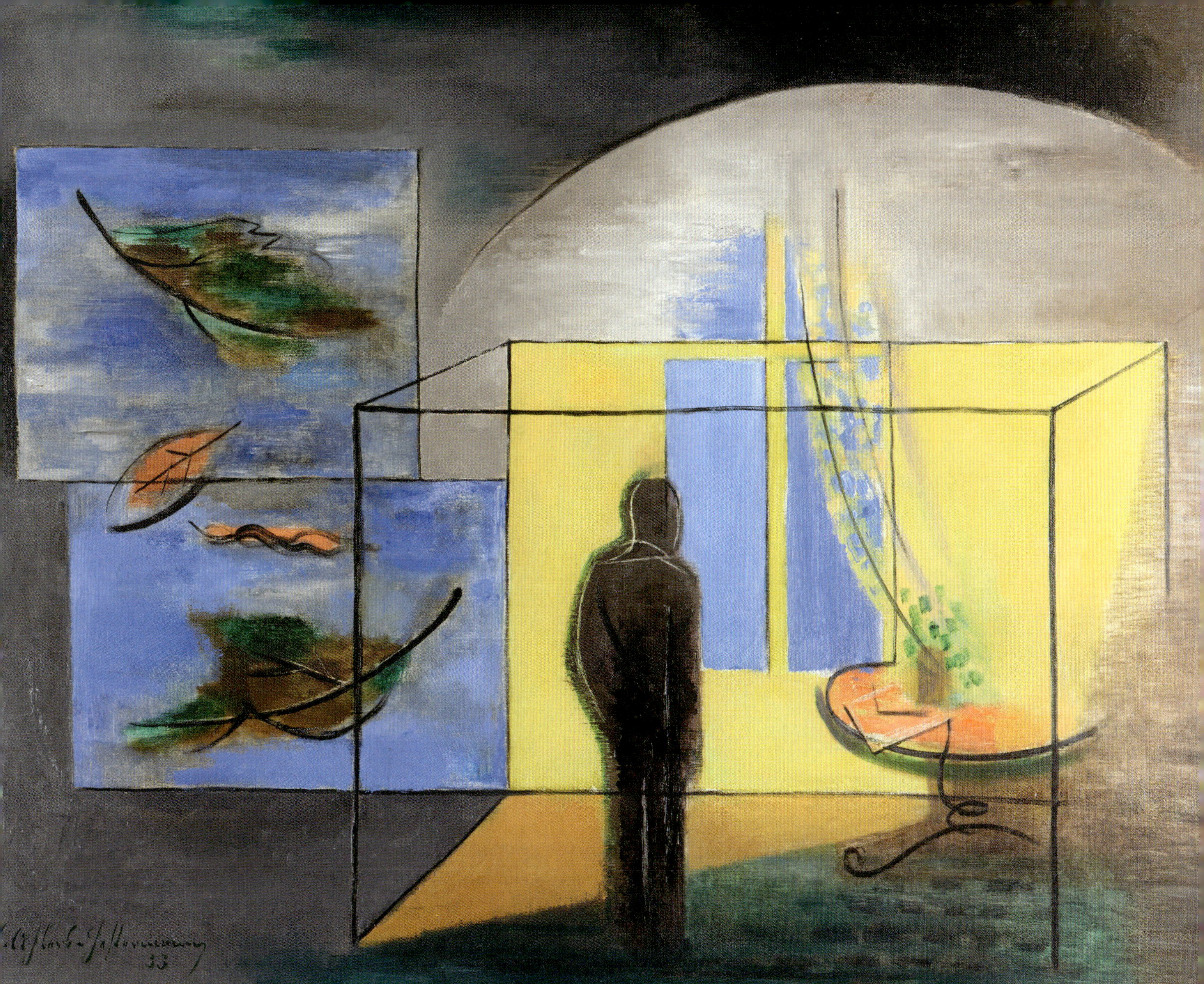

71
Friedrich Ahlers-Hestermann, Einsamkeit – Drinnen und Draußen, 1933, Öl auf Leinwand, Sammlung Maike Bruhns, Hamburg

Wer sich nicht als anpassungswillig oder -fähig erwies, wurde ausgegrenzt. Das traf die gesamte künstlerische Moderne – Brücke, Blauer Reiter, Sturm, Novembergruppe, Das Junge Rheinland –, auch die Hamburgische Sezession.

Diese war schon vor der Machtübernahme ins Blickfeld der NS-Strategen geraten, als sie sich 1932 auf dem Künstlerfest »Krawall im All« und beim Zinnoberfest 1933 öffentlich über Deutschtümelei, militaristischen Geist, Engstirnigkeit und Borniertheit der Kunstideologie lustig machte. Die Gegner revanchierten sich jetzt: Nach gut zwei Wochen Laufzeit wurde die zwölfte Sezessionsausstellung am 30. März 1933 geschlossen, »da die Ausstellungsobjekte in ihrer überwältigenden Mehrzahl zur Förderung des Kulturbolschewismus geeignet sind«, wie die Verfügung des Polizeipräsidenten Dr. Nieland lautete. Als Vorwand dienten

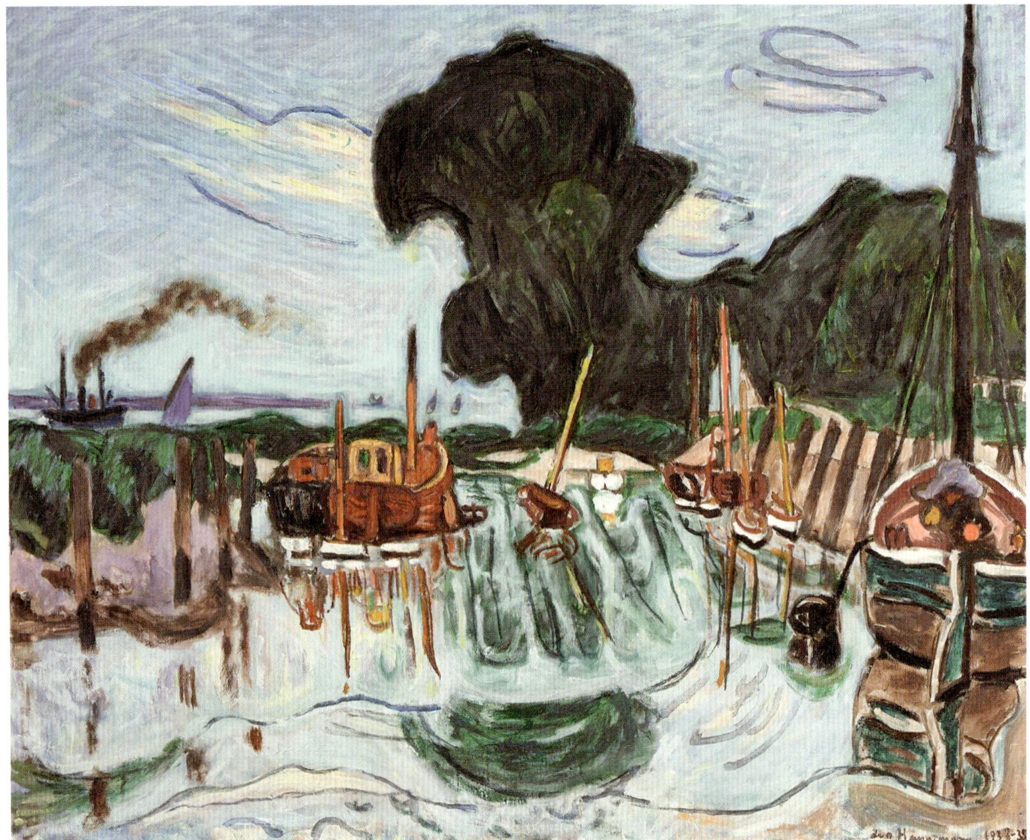

72
Ivo Hauptmann, Teufelsbrück, 1933–1935, Öl auf Leinwand, Sammlung Maike Bruhns, Hamburg

zwei Bilder im Sezessionsstil von Karl Kluth, »Wegekreuzung« und »Akt auf rotem Sofa«, denen Linkslastigkeit bzw. pornografische Tendenz unterstellt wurden. Das erste Ausstellungsverbot im Deutschen Reich traf 1933 die Hamburgische Sezession. Damit endete eine kreative Ära hamburgischer Kunstgeschichte.

Kurz nach dem Ausstellungsabbruch forderten die neuen Machthaber die Gruppe auf, sich »gleichzuschalten« – das bedeutete, ihre jüdischen Mitglieder auszuschließen – und setzten zur Nachhaltigkeit der Forderung den Vorstand einen Tag lang in einem SA-Lokal fest. Ivo Hauptmann berief daraufhin als Vorsitzender eine Mitgliederversammlung ein, in der die Künstler am 16. Mai 1933 beschlossen, sich nicht bevormunden zu lassen: »Umstände, über die wir keine Macht haben, machen es erforderlich, die Hamburgische Secession aufzulösen.«[117] Mit der Selbsteliminierung kamen sie den Politikern zuvor, ein schöner und einmaliger Beweis für Freundschaft und Künstlersolidarität, auch für die gemeinsame Ablehnung des Nationalsozialismus. Der geforderte Ausschluss der sechs jüdischen unter den 33 Mitgliedern betraf Alma del Banco, Paul und Hilde Hamann, Kurt Löwengard, Anita Rée und Gretchen Wohlwill. Den Freundschaften tat das keinen Abbruch, sie hatten Bestand.

Die Sezession wurde unter dem Vorwurf »entarteter« und »artfremder« Kunst zu dem Zeitpunkt zerschlagen, als sie den erwünschten Anschluss an die Avantgarde erreicht hatte und überregional wahrgenommen wurde.[118] Das Reich hatte zu Anfang der 1930er

Jahre nach Hamburg geblickt, auf seine Kunstentwicklung und Kulturförderung. Mit der erzwungenen Auflösung der Sezession gingen eine Epoche freien Schaffens in den 1920er und frühen 1930er Jahren, der kulturellen Weltoffenheit und Fortschrittlichkeit, eine unwiederholbare Glanzzeit hamburgischer Kunst jäh zu Ende. Das Netzwerk aus Kunst und Kultur konnte zu keiner Zeit in dieser Dichte in der Kunstszene wiederbelebt werden.

Ivo Hauptmann malte noch 1933 einen Kommentar zu den Vorfällen. Das Gemälde »Teufelsbrück« (Abb. 72), ein in Hamburg beliebtes Motiv, unterscheidet sich deutlich von seinen anderen, hellfarbigeren. Kähne und Jollen liegen bei Ebbe im Hafen auf Grund und bilden reizvolle Kontraste zu dem ruhigen, vorn bewegten Wasser. Im Hintergrund erhebt sich eine mächtige grünschwarze Baumgestalt mit Gebüsch. In nächtlicher Beleuchtung mutiert sie zu einem dunklen Drachenwesen mit weit offenem Maul, das von rechts heranzukriechen scheint wie eine nahende Gefahr. Wolkenstreifen erhellen das schwere Haupt, grüne Schatten auf dem Wasser scheinen die Boote einzukesseln. Ein auslaufender kleiner Dampfer schickt dem bedrohlichen Wesen eine lange Dampfwolke entgegen – er fährt die Elbe hinunter und aus Deutschland heraus. In der lastenden Stimmung erhält das Landschaftsmotiv eine politische Implikation: Das Bild ist eine Reaktion des Malers auf die Auflösung der Hamburgischen Sezession, deren Vorsitzender er war.

Auch Friedrich Ahlers-Hestermanns Bild »Einsamkeit – Drinnen und Draußen« (Abb. 71), nimmt 1933 Bezug auf die politische Entwicklung, der er die Entlassung aus der Kölner Werkkunstschule zu verdanken hatte. Er zeigt sich selbst als einsame Gestalt im Gegenlicht heller Scheinwerfer, wie in einem Glaskasten gefangen. Auf dem Tischchen liegt neben dem Blumenstrauß ein Schreiben. Fallende Blätter assoziieren Herbstliches, das Ende eines Lebensabschnitts. Der Ausblick in das helle Blau jenseits des Fensters mit dem hohen Fensterkreuz suggeriert eine unüberschaubare, aber nicht trostlose Zukunft, während die graue Wandzone auf die Gestimmtheit des Isolierten hindeutet. Das Gemälde kann als wichtiges Selbstzeugnis des Künstlers verstanden werden.

KÜNSTLERREAKTIONEN

Auf die Ausgrenzung reagierten die plötzlich bevormundeten Künstler unterschiedlich. Einige übten Camouflage, tarnten ihre Arbeit mit der Wahl unverfänglicher Motive wie Emil Maetzel und Kurt Löwengard. In Hamburg bot sich dafür das traditionelle norddeutsche Landschaftsfach an. Andere muckten auf: Eduard Bargheer, Karl Kluth, Fritz Kronenberg, Willem Grimm setzten trotzig ihre Arbeit im verfemten Sezessionsstil fort, riskierten Eklats bis zum Ende aller Möglichkeiten. Friedrich Ahlers-Hestermann, Alexandra Povòrina, Karl Ballmer und Alma del Banco zogen sich in die innere Emigration zurück. Den Forderungen der Reichskulturkammer nach Anpassung an die gewünschte NS-Malerei nicht nachzukommen, bedeutete Druck, Lähmung, Gewissenskonflikte. Da die Arbeiten keine Abnehmer mehr fanden, stapelten sich die Bilder im Atelier. Kontakt und Anregung von außen ließen nach oder blieben aus – und damit Bestätigung, Ermunterung, Kritik. Durch Ausschluss von öffentlichen Aufträgen und Wettbewerben drohte Verarmung. Die Einsamkeit evozierte Neurosen, Depressionen und Suizidalität.

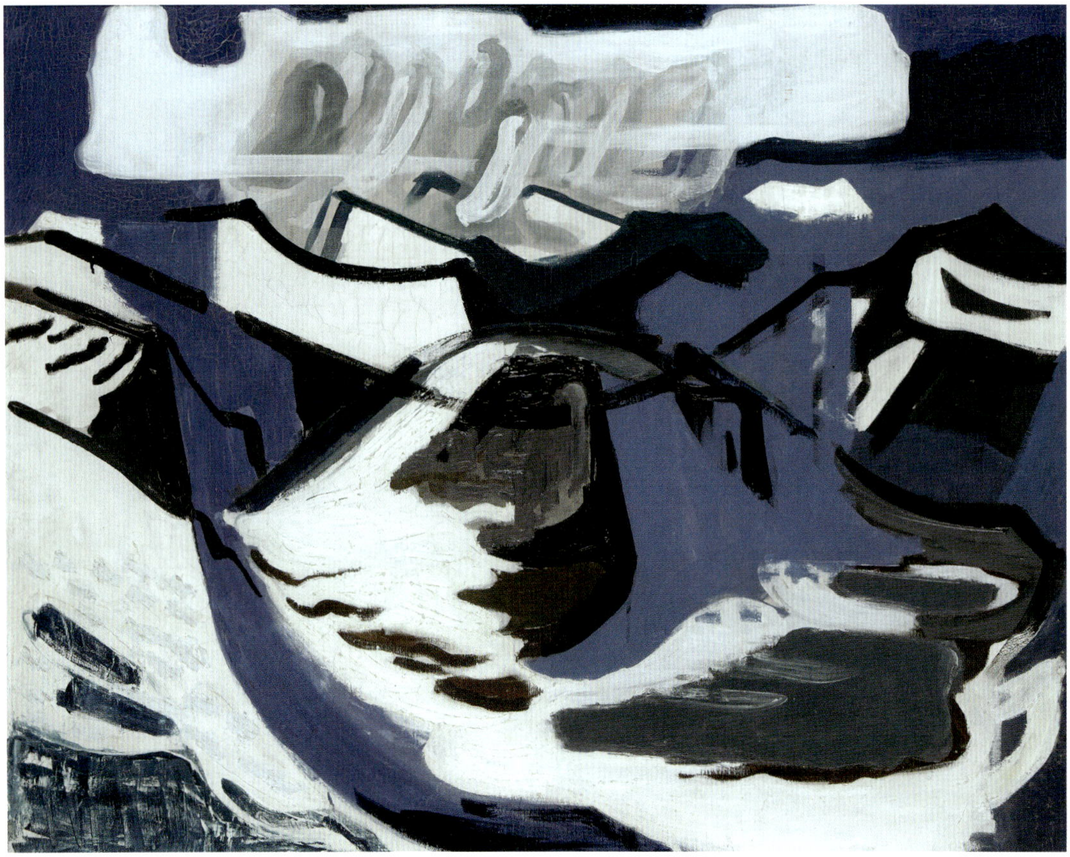

73
Karl Kluth, Hardangervidda, 1934/1936, Öl auf Leinwand, Sammlung Maike Bruhns, Hamburg

Als erster nichtjüdischer Künstler reiste Rolf Nesch im Oktober 1933 nach Oslo aus. Obwohl er in Carl Vincent Krogmann, seit 1933 Bürgermeister von Hamburg, einen mächtigen Gönner und Sammler seiner Kunst besaß, musste er schon im Sommer 1933 einsehen, dass seine kulturpolitischen Pläne nicht zu verwirklichen waren,[119] dass er im Gegenteil um seine eigenen berufliche Zukunft fürchten musste. Als »entarteter« Künstler wurde er im Ohlendorff-Haus von der SA belästigt, vom Hausmeister bespitzelt, von Seiten der Behörde bevormundet. Am Tag nach der Ankunft in Oslo besuchte er den verehrten Edvard Munch. Sein Leben im norwegischen Exil war mühselig und von großen Problemen begleitet.[120]

Stärker traf die NS-Verfolgung Künstler jüdischer Abstammung, sie wurden ausnahmslos in ihrer Laufbahn unterbrochen; einige physisch vernichtet, andere, die emigrieren konnten, fanden im Exilland nicht mehr zu innovativen Ansätzen.[121] Anita Rée nahm sich im Dezember 1933 auf Sylt das Leben. Alma del Banco folgte ihr im Jahr 1943, verarmt und Repressalien ausgesetzt, vor der angekündigten Deportation nach Theresienstadt. Paul und Hilde Hamann emigrierten 1933 nach Paris, 1936 siedelten sie nach London über und blieben dort. Als Künstler konnten sie keine erfolgreiche Karriere mehr starten. Paul Henle und Kurt Löwengard emigrierten 1939 nach London, Löwengard erlag ein halbes Jahr später einer unheilbaren Krankheit. Als einzige kehrte Gretchen Wohlwill 1952 aus portugiesischem Exil nach Hamburg zurück. Jahre der Verarmung und künstlerischen Stagnation lagen hinter ihr.

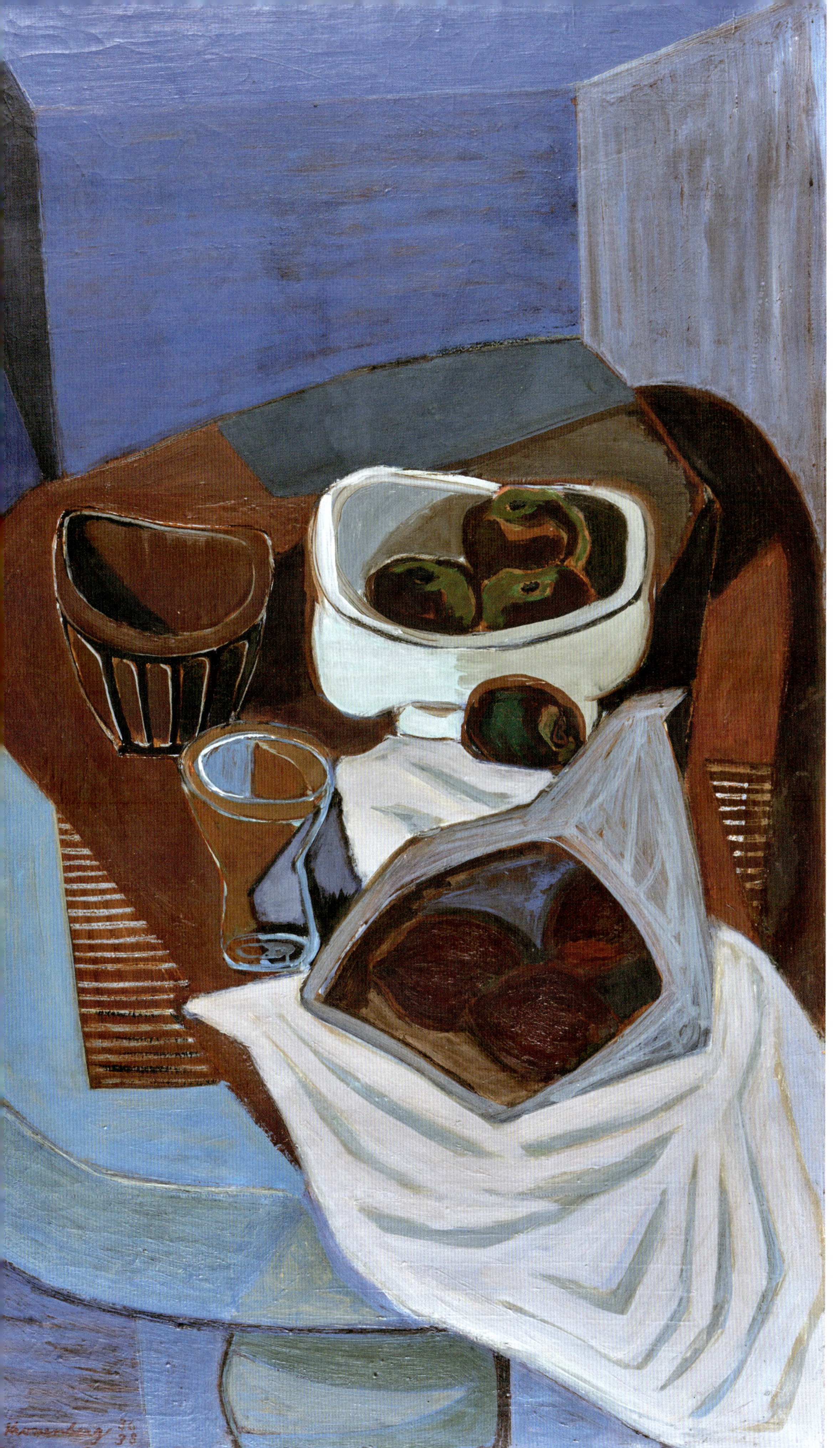

74
Fritz Kronenberg, Stillleben, 1936, Öl auf Leinwand, Sammlung Maike Bruhns, Hamburg

Ins Exil ging auch Arnold Fiedler, der 1938 nach Paris ausreiste. Karl Ballmer kehrte 1938 mit seiner jüdischen Frau in sein Heimatland Schweiz zurück. Eduard Bargheer übersiedelte 1942 endgültig nach Italien und kam erst 1953 zurück.

Friedrich Wield nahm sich 1940 das Leben, nachdem sein Entwurf für das Heinrich-Hertz-Denkmal und er selbst durch die Kulturbehörde so lange boykottiert worden waren, bis er keine Lebensgrundlage mehr besaß.

Mit dem Abbruch der Künstlerbundausstellung im Hamburger Kunstverein ging den Künstlern 1936 das von Karl Schneider umgebaute Ausstellungsgebäude verloren, es wurde versteigert. Willem Grimm, Reinhard Lentz und Karl Kluth gaben danach die freie Malerei auf, Kluth wurde Theatermaler in Kiel, Grimm Landwirt, Lentz Schauspieler.

Der erfolgreichste Maler unter den jungen Sezessionisten, Karl Kluth, blieb auch nach der Auflösung der Gruppe zunächst bei seinem abstrahierenden Stil. »Hardangervidda« (Abb. 73) entstand 1934 nach der zweiten Norwegenreise zu dem verehrten Edvard Munch. Mit hochgradiger Abstraktion der Naturform, schwingenden Linien und objektübergreifender Farbigkeit dürfte es dem 1937 in der Hamburger Kunsthalle beschlagnahmten »Schneefeld in Norwegen« (1935) ähnlich gewesen sein. Unter einer riesigen, alles überlagernden Wolke und dunklem Himmel erstreckt sich die gewaltige norwegische Hochebene, durchzogen von Gebirgsstöcken, Seen und Fjordarmen. Farblich sparsam, formal reduziert und verspannt prägt Dynamik die menschenleere Darstellung.

Fritz Kronenbergs »Tischstillleben mit Äpfeln« (Abb. 74) entstand 1936/1938. Trotz der Verfemung malte er weiterhin kubistisch, tektonisch gebaute Szenen mit stark abstrahierten Objekten in strenger Zweidimensionalität, hier in dem verdunkelten Kolorit, das zeitbedingt bei vielen Malern auftritt. Leicht angefault wirken die braunen Äpfel, beengend und dunkel der hinterfangende Raum. Das Weiß der Tischdecke sticht seltsam fahl dagegen ab. Ein mutiges Bild angesichts der Aktion »Entartete Kunst« 1937.

DIE FOLGEN

Von der Vernichtung der modernen Kunst in öffentlichen Institutionen war auch die Sezession betroffen. Die Aktion »Entartete Kunst« räumte 1937 die Hamburger Kunstmuseen und die Hansische Hochschule von Arbeiten der Moderne frei und zerstörte diese später. 230 Arbeiten der Hamburgischen Sezession waren dabei, von Rolf Nesch allein 86.

Von den 15 Wandbildern der Sezession existieren nach Wiederfreilegungen und Restaurierung heute noch sechs.

Das Ohlendorff-Haus und das frühere Ausstellungshaus wurden 1943 Opfer der Bombardierung Hamburgs.

Einige jüngere Künstler mussten nach 1939 Kriegsdienst leisten: Fritz Kronenberg, Karl Kluth, Eduard Bargheer, Willem Grimm, Reinhard Lentz. Zum zweiten Mal wurden Karl Opfermann, Hans Martin Ruwoldt und Fred Hendriok einberufen. Hendriok starb 1942

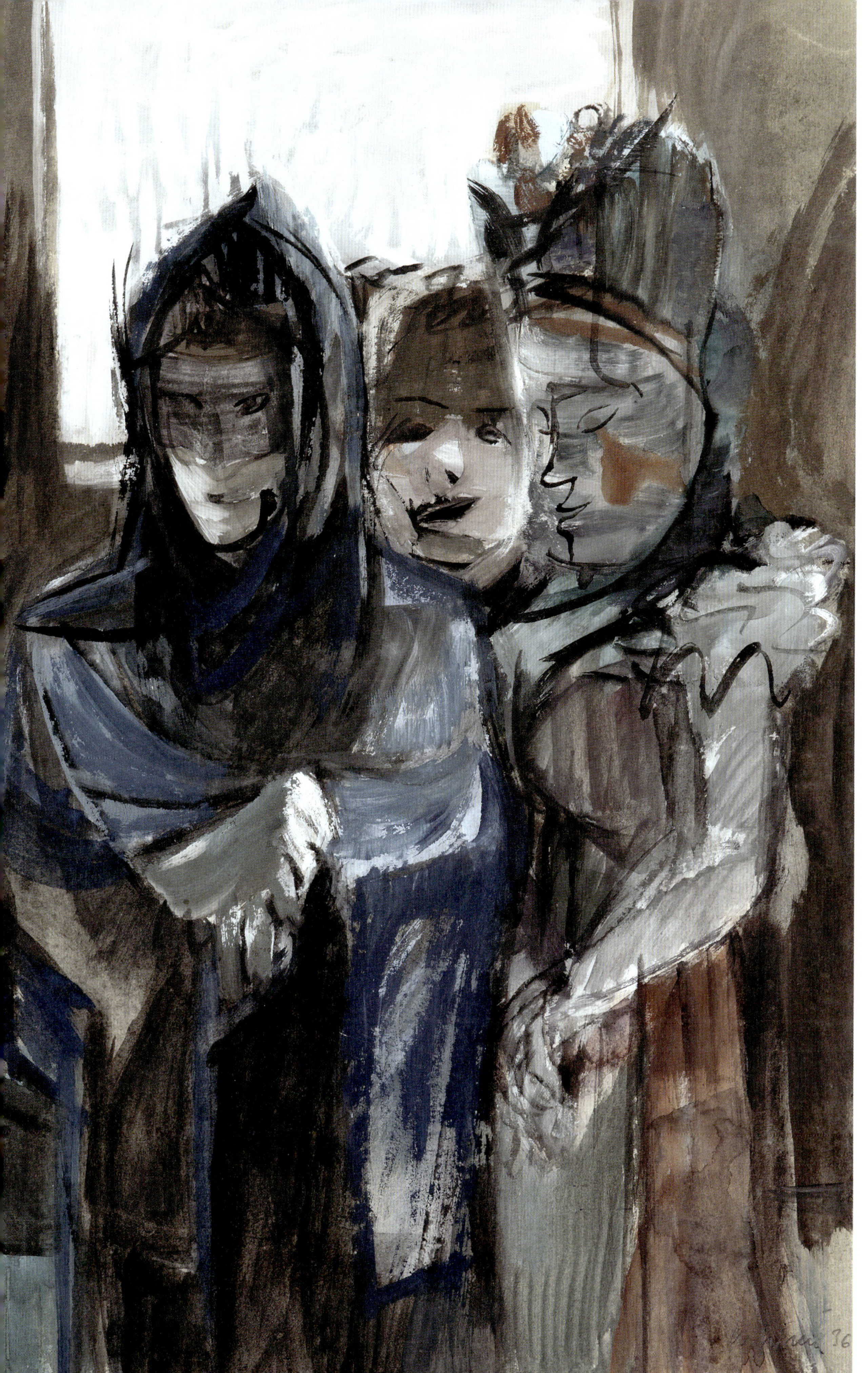

75
Willem Grimm,
Drei in der Tür,
1936, Gouache,
Sammlung Maike
Bruhns, Hamburg

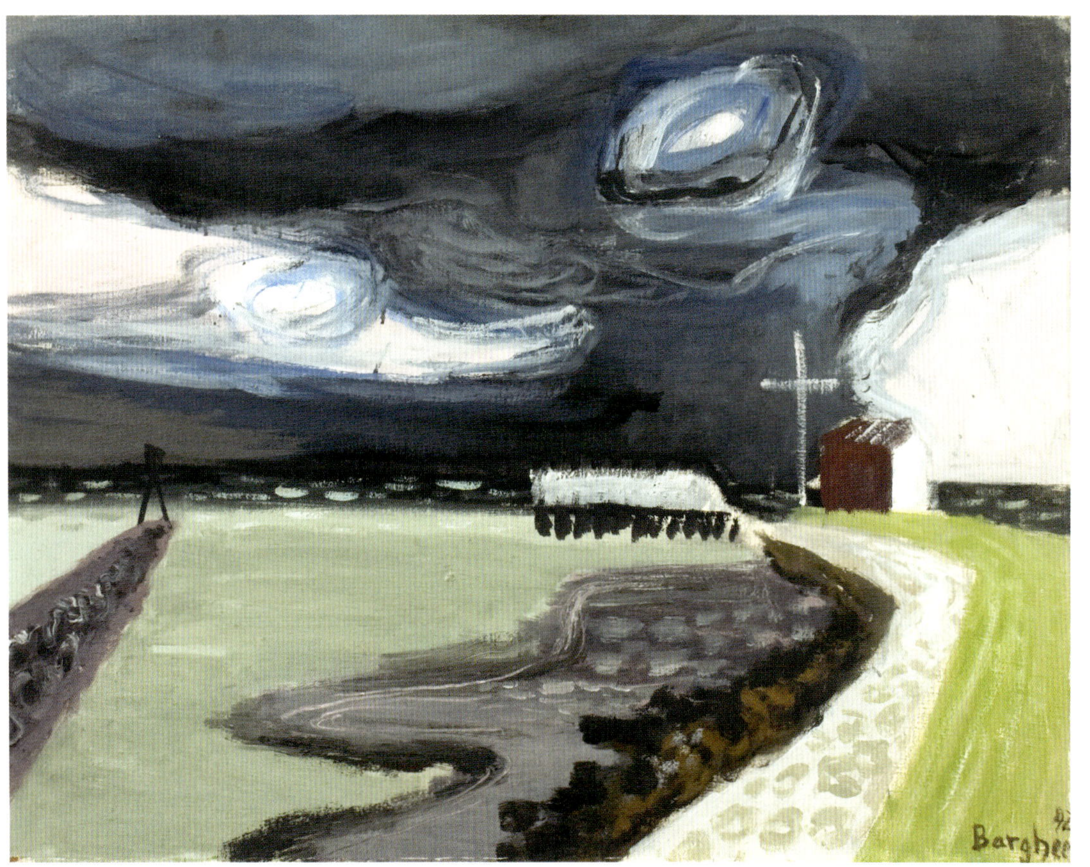

76
Eduard Bargheer,
Elbe im Unwetter,
1942, Öl auf Leinwand,
Stiftung Historische
Museen Hamburg,
Altonaer Museum

in Russland. Rolf Nesch unternahm in Oslo nach der deutschen Besetzung wegen seiner erneuten Musterung zur Wehrmacht im November 1943 einen Selbstmordversuch, der ihn für den Rest des Lebens zu einem behinderten Menschen machte.

Willem Grimms »Drei in der Tür« (Abb. 75) reflektiert 1936 den Zeitgeist. In Blankenese war das »Rummelpott«-Laufen in Verkleidung ein alter Silvesterbrauch, der den Winter vertreiben sollte. Grimm machte ihn zum Hauptmotiv seiner Malerei. Eng drängt sich die Gruppe halbwüchsiger Mädchen in damenhafter Kostümierung hier vor einer fahlen Fläche, vielleicht einem Fenster, zusammen. Die verschleierte, bleiche blaue Figur links stellt den Tod dar, eine Reminiszenz an die 1931 verstorbene Gertraut Grimm, Tochter der befreundeten Arztwitwe Cläre Grimm in Blankenese. Die Figurengruppe löst Furcht und sogar Schaudern aus, sie wird zum Sinnbild für die unheimliche NS-Zeit.

Eduard Bargheer projizierte in seinem Bild »Elbe im Unwetter« (Abb. 76) vor seiner endgültigen Ausreise nach Italien 1942 die politische Situation und den Druck, den diese auf die Künstler ausübte, auf die heimische Landschaft, wie es ähnlich Gretchen Wohlwill, Hans Martin Ruwoldt, Erich Hartmann und Karl Kluth taten. Ein schwarzblauer Himmel mit stürmischen Wolkengebilden in Form gigantischer Ungeheuer lastet über dem Elbufer mit dem jäh in die Tiefe führenden Deich. Sturm treibt Wellen mit Schaumköpfen auf den Strand. Der Signalmast neben dem Schuppen könnte als Anspielung auf die Passion gesehen werden.

NEUGRÜNDUNG, ENDE

Nach dem Ende des Zweiten Weltkriegs gründete sich die Sezession am 11. Juni 1945 erneut in der Hoffnung auf Wiederbelebung der Gruppe im Geist der Gründung von 1919. Am 10. November 1945 fand die erste Nachkriegsausstellung in den Räumen des Antiquars Ernst Hauswedell statt. Weitere folgten, auch für zuvor Verfemte wie Käthe Kollwitz. Im Januar 1947 wurde eine Retrospektive für den 1940 im Londoner Exil verstorbenen Kurt Löwengard veranstaltet.

Es zeigte sich jedoch bald, dass trotz allen guten Willens die Versuche, die Sezession nach dem Krieg wieder aufleben zu lassen, zum Scheitern verurteilt waren. Die Defizite und Verluste der Vergangenheit, auch an begabten Künstlern, ließen sich mit neuen Mitgliedern nicht wettmachen. Einige waren verstorben, andere kehrten nicht zurück, Karl Kluth kam erst 1949 aus russischer Kriegsgefangenschaft frei. Alle waren nicht mehr jung, keinem gelang es, nach 1945 an die Malerei von vor 1933 anzuknüpfen. Abstraktion und informelle Kunst lösten die stilistischen Tendenzen der 1920er und 1930er Jahre ab. Die Hamburgische Sezession fand nicht wieder in ihre alte elitäre Position hinein. 1952 löste sich die Gruppe endgültig auf.

Ina Ewers-Schultz lieferte 2002 eine schlüssige Erklärung dafür: »Mit ihrem Festhalten an der Figuration – lediglich Ballmer, Fiedler und Povòrina hatten sich der Abstraktion zugewendet – positionierten sich die Künstler selbst abseits von der aktuellen Kunstdiskussion. An ihre elitäre Stellung im Hamburger Kunstleben und an ihr Motto nach Aufgeschlossenheit gegenüber allen neuen Bestrebungen konnten sie damit nicht mehr anknüpfen.«[122]

Karl Kluth formulierte 1966 rückblickend, was auch Nesch und Hartmann berichteten: »Die Hamburgische Sezession war eine ideale Künstlervereinigung […]. Alle wurden Freunde. Neben den mit jugendlichem Ernst und der Aufbruchsfreudigkeit der zwanziger Jahre gestalteten Ausstellungen waren es die unvergesslichen Sezessionsfeste ›Zinnober‹, die die Verbindung zur Hamburger Gesellschaft herstellten. […] Eine liberale Haltung der Jury machte es unmöglich, dass die Ausstellungen je in die Langeweile programmatischer Enge mündeten […]. In jenen Jahren tauchte zum ersten Male der Begriff ›Hamburgische Malerei‹ im gesamtdeutschen Kunstleben auf. Der fortwährenden Steigerung ihrer Bedeutung wurde im Jahre 1933 ein Ende gesetzt […]. Damit endete eine Periode, in der wir trotz meistens bescheidener Mittel alle glücklich waren. Wie nie wieder.«[123]

ANMERKUNGEN

▬ 1 Friedrich Ahlers-Hestermann wurde wegen eines Lungenleiden zurückgestellt. ▬ 2 Siehe dazu S. 24. ▬ 3 Eine Kopie des Tagebuchs und Briefkopien befinden sich im Archiv Hamburger Kunst, Warburg-Haus, Hamburg. Abgedruckt in: Bruhns, Löwengard 1989, S. 5–8, 87–95. ▬ 4 Hakon: Galerie Commeter – Willy Davidson, in: Hamburger Echo, 11.11.1921. ▬ 5 Ahlers-Hestermann, Malerinnen 1966. ▬ 6 Weimar, Avantgarde 2010, S. 339. ▬ 7 Ruth 1911, Bogumil 1913, Hans Peter 1915, Monika 1917. ▬ 8 Karl Lorenz, Erste Ausstellung der Hamburgischen Sezession, in: Die Rote Erde, 1919, Bd. 1, S. 230–232, zit. nach Weimar, Sezession 2003, S. 9. ▬ 9 »Allerdings ist wichtig zu betonen, dass wohl niemand die Geschicke der Sezession so stark mitbestimmt hat wie die Maetzels«, Joppien, Künstlerpaar 2017, S. 16. Dass sie sich damit den Weg an die Spitze der Kunstszene freimachten, wie Joppien konstatiert, trifft für die frühen Jahre zu, für die späten weniger. ▬ 10 Von Steinhagen ging angeblich die Initiative aus laut Heydorn, Maler 1974, S. 44 ff. Jaeger / Steckner, Zinnober 1983, S. 7–9. Ewers-Schultz, Hamb. Sez. 2002, S. 18 f. nennt zusätzlich Hugo Johnsson, Willy Davidson, Karl Prahl, Johannes Wüsten und Will Spanier als Gründer. ▬ 11 Vgl. Brief von Emil Maetzel an seine Frau vom 15. 8. 1919, in: Joppien, Künstlerpaar 2017, S. 15. ▬ 12 Friedrich Wield an Anita Rée am 1.11.1919, in: Bruhns, Rée 1986, S. 208. ▬ 13 Ewers-Schultz, Hamb. Sez. 2002, S. 17. ▬ 14 Sezession bedeutet Loslösung meist jüngerer Künstler von einer als nicht mehr zeitgemäß empfundenen Kunstrichtung mit dem Ziel, eine neue, »moderne« Ausdrucksweise zu erarbeiten. Sezessionen hatte es bereits im 19. Jahrhundert in München und Berlin gegeben als Gegenpol zu dem herrschenden Akademismus, 1919 entstand eine weitere in Dresden. ▬ 15 Z. B. bei der Eröffnung der 11. Sezessionsausstellung 1932. ▬ 16 Joppien, Künstlerpaar 2017, S. 15. Es handelte sich dabei zunächst um Pläne für Ausstellungshallen am Holstenwall. ▬ 17 Siehe dazu S. 86 f. ▬ 18 Kommentiert von Hans Leip, in: Neue Hamburger Zeitung 15.12.1919, abgedruckt in: Jaeger / Steckner, Zinnober 1983, S. 73. ▬ 19 Es sprachen: Arthur Sakheim (Dramaturg), Rosa Schapire (Kunsthistorikerin), Hans W. Fischer (Journalist), Karl Lorenz (Dichter, Herausgeber), Wilhelm Niemeyer (Kunsthistoriker, Dichter), Max Sauerlandt, Gustav Schiefler, Hans Heinz Stuckenschmidt (Komponist), Ernst Roters (Kapellmeister), Richard Tüngel (Baurat), Karl Kraus (Herausgeber der Zeitschrift »Die Fackel«). Zu den Biografien und Aktivitäten der einzelnen siehe Weimar, Sezession 2003, S. 29–39. ▬ 20 Fischer 1923, in: Jaeger / Steckner, Zinnober 1983, S. 21. ▬ 21 Zu der Länge der Mitgliedschaft der einzelnen und den Lebensdaten siehe Kurzbiografien am Katalogende. Zu dem Hin und Her der Ein- und Austritte siehe Weimar, Sezession 2003, Lexikon. ▬ 22 Friedrich Ahlers-Hestermann, Maetzels 1958. Ewers-Schultz sieht die Gründe für die Austritte um 1920 in Differenzen zwischen der Gruppe der Expressionisten um Steinhagen und dem Kreis um Ahlers-Hestermann. Ewers-Schultz, Hamb. Sez. 2002, S. 21. ▬ 23 Der erklärte Zweck der Künstlerschaft war die wirtschaftliche Förderung der bildenden Künste sowie die allgemeine öffentliche Vertretung der Künstlerschaft. Bruhns, Kunst Krise 2001, S. 19. ▬ 24 Willy Davidson, Lore Feldberg-Eber, Alexandra Povòrina, Heinrich Steinhagen. ▬ 25 Siehe dazu S. 88 f. ▬ 26 Joppien, Künstlerpaar 2017, S. 25. ▬ 27 Siehe dazu Kapitel 3, Malstile. ▬ 28 Siehe dazu S. 84. ▬ 29 Zur Rezeption der zwölf Ausstellungen und zu den sehr unterschiedlichen Pressereaktionen siehe Weimar, Sezession 2003, S. 9–29. ▬ 30 Karl Lorenz, in: Die Rote Erde, Jg. 1, 1919, S. 232. ▬ 31 Weimar sieht die Ursache für die Spaltung der Gruppe in dem kleinen Katalog der ersten Ausstellung, der nur die Gemälde und Skulpturen aufführt, nicht die ausgestellten Aquarelle und Grafiken. Weimar, Sezession 2003, S. 11. ▬ 32 Wie alle Folgeausstellungen außer den drei letzten 1931 bis 1933. ▬ 33 Ersetzt wurden Steinhagen durch Ahlers-Hestermann, Davidson durch Kuöhl, Prahl durch Dorothea Maetzel-Johannsen. ▬ 34 Julius Konietzko, 1886–1952, Forschungsreisender mit Schwerpunkt auf Völkerkunde und Volkskunde. Handel mit Ethnografica und Antiquitäten auf internationaler Ebene, womit indirekt Einfluss auf die bildende Kunst erfolgte, auf Nolde, Schmidt-Rottluff, Pechstein, Hofer, in Hamburg auf die Sezession. ▬ 35 Bau-Rundschau, Jg. 12, 1921, H. 2, S. 43 f. ▬ 36 Zu den Gastkünstlern, die mit der Sezession ausstellten, darunter international bekannte, siehe Weimar, Sezession 2003, S. 9–29. ▬ 37 Ebd., S. 9. ▬ 38 Theodor Paul Et'bauer, in: Hamburger Anzeiger, 17. 3. 1923. ▬ 39 Siehe dazu S. 50. ▬ 40 Carl Anton Piper, in: Hamburger Nachrichten, 17. 4. 1924. ▬ 41 Weimar, Sezession 2003, S. 13, 18, 21 f., 25. ▬ 42 Pauli kritisierte nicht uneigennützig, denn zu jeder Ausstellung der Sezession und des Kunstvereins mussten die Kunstvereinsräume in der Kunsthalle freigemacht werden. Er befürchtete Schäden für die alten Bilder der Sammlung. ▬ 43 Richard Tüngel, 1893–1970, Baurat in der Baubehörde, später Chefredakteur von »Die Zeit«. ▬ 44 Maetzel übernahm 1928–1932 den Vorsitz der Sezession und brachte neue Initiativen ein. ▬ 45 Karl Schneider, 1892–1945, seit 1927 Mitglied der Sezession, vorher in den Ausstellungen vertreten. ▬ 46 Siehe dazu S. 82 f. ▬ 47 Nachdem 1930 keine Ausstellung stattgefunden hatte, wurden die 10. bis 12. Ausstellung jeweils im März eröffnet. ▬ 48 Siehe dazu S. 84. ▬ 49 Siehe dazu S. 86. ▬ 50 Siehe dazu S. 90 f. ▬ 51 Siehe dazu S. 99 f. ▬ 52 Wohlwill und Ahlers-Hestermann ab 1909, del Banco 1914, Rée 1912/13. ▬ 53 Siehe dazu S. 67 und Abb. 52. ▬ 54 Friedrich Ahlers-Hestermann, Pause 1949, S. 131. ▬ 55 Siehe dazu S. 69. ▬ 56 Siehe dazu S. 61. ▬ 57 Maximilian Rohe: Jahresausstellung der Hamburger Sezession, in: Hamburger Fremdenblatt 1931. Undat. Zeitungsausschnitt im Archiv Hamburger Kunst, Warburg-Haus Hamburg. ▬ 58 Siehe dazu S. 90 f. ▬ 59 Joppien, Entfesselt 2006, S. 9. ▬ 60 Joppien, Künstlerpaar 2017, S. 14. ▬ 61 Flemming, Werk 1986, S. 44. ▬ 62 Karl Lorenz nannte Karl Opfermann den eigensten, ausgeglichensten Bildhauer auf deutschem Boden, in: Die Rote Erde 1919. Seine kreativste Schaffensphase lag allerdings am Beginn des Expressionismus. Wield überzeugte zu Lebzeiten durch Können, Leistung, Persönlichkeit. Er selbst empfand seine Arbeit als religiös. Nach seinem Freitod (1940) gerieten er und sein

Werk in Vergessenheit. ▬ 63 Joppien, Künstlerpaar 2017, S. 10–12. Er analysiert eventuelle Kontakte zu Schmidt-Rottluff in Berlin. ▬ 64 Ozeanische Kultobjekte tauchen in den Bildern der Maetzels um 1920 nicht auf. Joppien, Künstlerpaar 2017, S. 23. ▬ 65 Siehe dazu S. 72–81. ▬ 66 Die Mädchen sind laut Auskunft von Doris Zitzewitz angeblich Cousinen, es könnten aber auch Ruth und Monika Maetzel dargestellt sein (geb. 1911 und 1917), also 16- und zehnjährig. ▬ 67 Flemming, Werk 1986, S. 69. ▬ 68 Siehe dazu unten S. 90 f. ▬ 69 Bruhns, Ruwoldt 1991, S. 17. ▬ 70 Siehe dazu S. 84 f. ▬ 71 Joppien, Entfesselt 2006, S. 9. ▬ 72 Sie tanzten auf: »Die Gelbe Posaune der Sieben« (1920), »Die Götzenpauke« (1921). ▬ 73 »Auf den Festen Die Götzenpauke« (1921), »Der Himmlische Kreisel« (1922), »Cubicuria« (1924). ▬ 74 Fischer, Kulturbilderbogen 1998, S. 118. ▬ 75 Hans W. Fischer: Die gelbe Posaune der Sieben, in: Neue Hamburger Zeitung, 9. 2. 1920. ▬ 76 Ebd. ▬ 77 Bau-Rundschau. Zeitschrift für die gesamte Bau- und Wohnungskultur des Nordens, hrsg. von Konrad Hanf, Jg. 11, Nr. 5–6, 12. 2. 1920. ▬ 78 Zitat aus der Vereinssatzung. Der Verein Künstlerfest Hamburg wurde unter der Nummer 1244 am 4. 2. 1921 ins Hamburger Vereinsregister eingetragen. ▬ 79 Willi Davidson: Zehn Jahre Künstlerfest, in: Prisma in Zenith. Der 10. Kostüm-Künstler-Karneval, hrsg. von Erich Engel, Paul Hamann, Hamburg 1928, S. 21. ▬ 80 Leip, Puppenspiele, in: Schütt 2005, S. 69. ▬ 81 Hans W. Fischer: Die Götzenpauke, in: Neue Hamburger Zeitung, 14. 2. 1921. ▬ 82 Ebd. ▬ 83 Jaeger / Steckner, Zinnober 1983, S. 115. ▬ 84 Hugo Sieker: Zinnober. Fest der Sezession im Curiohaus, in: Hamburger Anzeiger, 22. 2. 1928, zit. nach: Jaeger / Steckner, Zinnober 1983, S. 115. ▬ 85 Ebd. ▬ 86 Harry Reuss-Löwenstein: Zinnober, in: Hamburger Anzeiger, 1. 3. 1933, zit. nach: Jaeger / Steckner, Zinnober 1983, S. 170. ▬ 87 Ebd. ▬ 88 Völkischer Beobachter: »Eine verbotene Sezessions-Ausstellung«, 1. 4. 1933. ▬ 89 Sibylle Grüter-Philips: Brief an Hans Henny Jahnn, 16. 2. 1935, zit. nach: Mainholz, Schütt, Walter, Künstlerfeste 1994, S. 45. ▬ 90 Richard Tüngel, Fritz Schumacher zum Gedächtnis, in: Die Zeit, 13. 11. 1947, S. 5–6. Ders., in: Die Zeit, 1. 5. 1952 ▬ 91 50 000 Mark jährlich für Wandgemälde in öffentlichen Gebäuden sowie 200 000 Mark zur Unterstützung notleidender Künstler durch Ankauf von Arbeiten für Schulen und Amtsräume, dazu zwei Prozent aller Kosten staatlicher Neubauten für Aufträge an Bildhauer. Bruhns, Bauschmuck 2013, S. 119. ▬ 92 Der Ankaufspreis belief sich auf 180 000 Reichsmark, die Umbaukosten auf 120 000 Reichsmark. Der Hamburger Staat gab 180 000 Reichsmark als unverzinstes Darlehen. Die fehlenden Mittel wurden durch Stiftungen aufgebracht, Veranstaltungen des Vereins Künstlerfeste, u. a. Bruhns, Kunst Krise 2001, S. 28, 53. ▬ 93 Siehe dazu S. 80 f. ▬ 94 Bruhns, Kunst Krise 2001, S. 28 f. ▬ 95 Außerdem 1932 das Haus des Arts mit elf Räumen am Harvestehuder Weg und ein heruntergekommenes Gebäude am St. Anscharplatz 1 und 2. ▬ 96 Die 1923/24 von Dorothea Maetzel-Johannsen für die Kunsthalle gemalten Supraporten und Friedrich Wields »Schalenträger II« ebd. gehörten nicht in Schumachers Wandbild-Programm. Siehe dazu Bruhns, Bauschmuck 2013, S. 119–134. ▬ 97 Siehe dazu S. 32. ▬ 98 Schumacher, 24 Wandbilder 1932. ▬ 99 Siehe dazu S. 79. ▬ 100 Siehe dazu S. 84 f. ▬ 101 Der Kreis, 1927, H. 5 mit 3 Abb. ▬ 102 Bruhns, Kunst Krise 2001, S. 45 f. ▬ 103 Zu den Norwegenreisen der Künstler siehe S. 39 f. ▬ 104 Z. B. durch Dorothea Maetzel-Johannsen. ▬ 105 Spielmann, in: Bargheer 1996, S. 7. ▬ 106 Siehe dazu S. 95. ▬ 107 Ludwig Benninghoff, in: Der Kreis 1929, H. 1, S. 5. ▬ 108 Siehe dazu S. 100 f. ▬ 109 Volker Detlef Heydorn, Gottfried Sello u. a. werteten ihn als Kunstkonstrukt. Differenziert aufgeführt bei Ewers-Schultz, Hamb. Sez. 2002, S. 30–32. Friederike Weimar bezieht 2003 keine Stellung. ▬ 110 Bei Ina Ewers-Schultz, Helmut Leppien, Rüdiger Joppien, Ulrich Luckhardt, Maike Bruhns, Helmut Leppien. Leppien in: Grimm 1989, S. 15. ▬ 111 Siehe S. 57. Bruhns, Nesch Hamburg 1993, S. 35, 38. ▬ 112 Bruhns, Nesch Briefe 1993a, S. 110 f. ▬ 113 Zu der Rolle Kirchners in der Sezession siehe S. 90. ▬ 114 Joppien, in: Ballmer 2017a, S. 60. ▬ 115 Siehe Bruhns, Kunst Krise 2001, S. 104, 299–310. Dies.: Sezessionskünstler nach 1933, in: Weimar, Sezession 2003, S. 58–62. ▬ 116 Mit Ausnahme von Atelierausstellungen. ▬ 117 Archiv Hamburger Kunst, Warburg-Haus Hamburg, Kopie in Akte Hamburgische Sezession. ▬ 118 Siehe dazu S. 95. ▬ 119 Er wollte z. B. Alfred Hentzen als Nachfolger für den pensionierten Gustav Pauli empfehlen, Arbeitsprogramme für notleidende Künstler entwickeln, den »Aufbau« einer neuen Kunst organisieren. ▬ 120 Bruhns, Nesch Briefe, 1993a. ▬ 121 Bruhns, Exil 2007. ▬ 122 Ewers-Schultz, Hamb. Sez. 2002, S. 41. ▬ 123 Spielmann, Kluth 1975, S. 16 f. ▬

KURZBIOGRAFIEN DER KÜNSTLER IN DER AUSSTELLUNG

Verena Fink

Friedrich Ahlers-Hestermann
Maler, Schriftsteller

1883 Hamburg – 1973 Berlin
Mitglied der Hamburgischen Sezession: 1919–1933

1900–1903 Schüler bei Arthur Siebelist in Hamburg, dieser legte die Ausbildung schwerpunktmäßig auf Naturmalerei. Danach Gemeinschaftsatelier mit Franz Nölken und erste Ausstellungsbeteiligungen. 1903–1907 Mitglied des Hamburgischen Künstlerclubs von 1897. Zwischen 1907 und 1914 immer wieder mehrmonatige Aufenthalte in Paris; dort 1912 Freundschaft mit der russischen Malerin Alexandra Povòrina, Heirat drei Jahre später. 1919–1928 Lehrtätigkeit an der privaten Kunstschule Gerda Koppel in Hamburg. 1928–1933 Lehrtätigkeit an den Kölner Werkschulen, 1933 Entlassung und Gründung einer eigenen Malschule in Köln. Aufgrund der erzwungenen künstlerischen Untätigkeit verstärkte Hinwendung zur Schriftstellerei. 1938/39 Umzug nach Berlin.[1] Nach Ende des Zweiten Weltkriegs bis 1951 Leiter der Landeskunstschule Lerchenfeld in Hamburg, 1956–1973 Mitglied der Akademie der Künste in Berlin; dort Direktor der Abteilung Bildende Kunst.

Karl Ballmer
Maler, Grafiker, Schriftsteller

1891 Aarau, Schweiz – 1958 Lamone bei Lugano, Schweiz
Mitglied der Hamburgischen Sezession: 1932–1933, 1947–1951

1909 Ausbildung zum Architekten im Kantonalen Gewerbemuseum Aarau und Studium an der Kunstgewerbeschule Basel, 1910–1912 Kunstakademie München, 1913/14 Grafiker in Bern und Zürich. 1918 Bekanntschaft mit Rudolf Steiner und seiner späteren Lebensgefährtin, der Anthroposophin Katharina von Cleef. Mitausgestaltung des ersten Goetheanums in Dornach. Danach autodidaktische Weiterbildung und schriftstellerische Tätigkeit, anthroposophische Texte und Vorträge.

1920–1922 Philosophie- und Anthroposophie-Studium in München, Stuttgart und Berlin. 1922 mit Katharina von Cleef nach Hamburg, philosophische Privatstudien, aber auch Malerei. 1931 und 1932 Gastbeiträge bei den Sezessionsausstellungen und 1932 Beitritt. 1938 Rückkehr in die Schweiz. Dort konnte er nicht mehr an die schriftstellerischen und künstlerischen Erfolge anknüpfen.[2]

Alma del Banco
Malerin

1863 Hamburg – 1943 Hamburg
Mitglied der Hamburgischen Sezession: 1919–1933

1885 Ausbildung in der Malerei bei Ernst Eitner und Arthur Illies an der Kunstschule Valeska Röver, 1912–1914 Studien in Paris; ab 1919 eigenes Atelier in der Großen Theaterstraße, das zum Treffpunkt der Hamburger Künstlerszene avancierte; del Banco war eine gefragte Porträtistin. 1920 Mitglied in der Hamburgischen Künstlerschaft, 1921 im Deutschen Künstlerbund. Mehrere Studienreisen durch Europa. Als Jüdin zunehmend Repressalien bis zum Ausschluss aus der Reichskulturkammer ausgesetzt, zog sie aufgrund von finanziellen Schwierigkeiten zu ihrem Schwager Hans Lübbert nach Dockenhuden, dort 1943 Freitod nach Erhalt eines Deportationsbescheids nach Theresienstadt.

Eduard Bargheer
Maler, Grafiker

1901 Hamburg-Finkenwerder – 1979 Hamburg-Blankenese
Mitglied der Hamburgischen Sezession: 1929–1933

1918–1924 Lehrerausbildung, danach autodidaktische Studien sowie Ausbildung an der Kunstschule Gerda Koppel in der Malerei. Ab 1927 Freundschaft mit Gretchen Wohlwill. 1927–1940 Dozent an der Kunstschule Gerda Koppel in Hamburg. In den 1920er und 1930er Jahren mehrere Reisen mit Gretchen Wohlwill nach Paris, England, Italien und Dänemark, Einzelreisen nach Rom und Ischia. Freundschaften und intensive Kontakte mit dem Maler Rudolf Levy sowie den Kunsthistorikern Ludwig H. Heydenreich und Erwin Panofsky.

1935 Erste Begegnung mit Paul Klee in der Schweiz.[3] Kauf einer Fischerkate am Süllberg in Hamburg, die bis heute das Bargheer-Haus beherbergt. 1940/1942 Umzug nach Italien. 1942–1944 Dolmetscher in La Spezia auf einer Kriegsmarinewerft in Italien. Ab 1947 ständiger Wohnsitz auf Ischia, ab 1950 wechselnder Aufenthalt in Forio d'Ischia und Hamburg-Blankenese. 1955 Teilnehmer an der I. und 1959 an der II. documenta in Kassel. 1957 Gastdozent an der Hochschule für Bildende Künste Hamburg, 1963–1965 Professor an der Hochschule der Künste in Berlin.

Carl Blohm
Maler, Grafiker, Bildhauer

1886 Tönning – 1946 Dägeling/Itzehoe
Mitglied der Hamburgischen Sezession: 1919–1921

Ausbildung bei den Vertretern der Freilichtmalerei Julius Wohlers und Arthur Illies an der Hamburger Kunstgewerbeschule; danach Reisen durch Südamerika, 1914/15 Soldat in Russland, anschließend als Maler, Grafiker und Bildhauer in Hamburg freischaffend tätig; ab 1920 gleichzeitig Atelier in Bielenberg und Altona. Bis 1936 in Berlin, Niederlassung 1939 in Dägeling bei Itzehoe. Als Bildhauer erfolgreich ab 1937. 1924 Beitritt zum Altonaer Künstlerverein; 1925 und 1927 Mitglied der Aufnahmekommission, in dieser Zeit ausgedehnte Studienreisen durch Spanien, Albanien, Pommern. 1945 Mitbegründer des Steinburger Künstlerbunds.

Franz Breest
Maler, Grafiker, Zeichenlehrer

1871 Triepkendorf/Mecklenburg – 1931 Hamburg
Mitglied der Hamburgischen Sezession: 1919–1931

Lehrkurse bei Arthur Siebelist im Aktzeichnen, sonst überwiegend Autodidakt, Ausbildung zum Zeichen- und Volksschullehrer, ab 1911 Lehrer für Zeichnen an der Hamburger Oberrealschule Uhlenhorst und freier Künstler. Anfänglich impressionistisch anmutende Landschaftsbilder; später in der Kunstszene vor allem anerkannter Tiermaler, motiviert durch seine Besuche in Hagenbecks Tierpark. 1914–1918 Soldat, Karikaturen für die Liller Kriegszeitung. 1920 Beitritt zur Hamburgischen Künstlerschaft und 1921 zum Deutschen Künstlerbund.

Ab 1918 verstärkte Suche nach »Form«, Orientierung an Franz Marc. Dekorative Farbigkeit und geschmackvolle Flächenaufteilung. Bewunderung für Felszeichnungen der Höhlenbewohner. 1921 Porträts mit neusachlicher Tendenz. 1924 Neuansatz mit Ostseebildern. Begabter Zeichner und Karikaturist, qualitätvolles grafisches Werk.

Willy Davidson
Maler, Grafiker, Bühnenbildner, Innenarchitekt

1890 Bromberg – 1933 Hamburg
Mitglied der Hamburgischen Sezession: 1919–1920, später Gast

Studium an der Dresdner Akademie bei Gotthard Kühl, während des Ersten Weltkriegs Kriegsdienst in Belgien, Frankreich und Holland, 1918 eigenes Atelier im Technikum Hamburg. Bis 1920 Vorstand, außerdem Finanzverwalter des Vereins Künstlerfest in Hamburg. Arbeiten zum Thema Industrielandschaften, Figurenbilder, Interieurs, Reisebilder, Bühnenszenen. 1923 Autor und Zeichner für die linke expressionistische Zeitschrift »Der Krakehler«, in den 1920er Jahren zahlreiche Auslandreisen. 1927–1932 Bühnenbildner beim Hamburger Stadttheater (Oper). Später Atelier mit Innenarchitekt Curt Ahleff im Haus Rothenbaumchaussee 26–28 (Haus Levy).

Lore Feldberg-Eber
Malerin

1895 Hamburg – 1966 London
Mitglied der Hamburgischen Sezession: 1919–1921, später Gast

Ausbildung an der Kunstschule Gerda Koppel in Hamburg; dort Unterricht bei Franz Nölken, Friedrich Ahlers-Hestermann und Paul Kayser, Begeisterung für französische Malerei. 1917–1918 an der Schule für freie und angewandte Malerei in München bei Karl Caspar und Hans Hofmann und zwei weitere Jahre Privatunterricht bei Dora Hinz in Berlin. Ab 1920 in Hamburg freischaffend tätig. Ende der 1920er Jahre Mitglied in der GEDOK und im Altonaer Künstlerverein. 1921 Heirat mit dem Hamburger Kaufmann Moritz Eber, drei Töchter. 1928 Umzug nach Dockenhuden. Fortsetzung ihrer künstlerischen Arbeit. Anerkennung in der Hamburger Kunstszene mit Landschaftsbildern, Stillleben und Porträts, zahlreiche Ausstellungen in Hamburg und Berlin. Bau eines modernen Atelierhauses von Karl Schneider. 1938 Emigration nach Cambridge, England, Verlust des gesamten Besitzes und Werkes. Sie erteilte dort Deutschunterricht. Nach Kriegsende Rückerstattung des Besitzes und Verkauf. Aufbau einer neuen Firma durch Moritz Eber. 1947 Umzug nach London. Kontaktaufnahme zu ehemaligen Sezessionskünstlern. Künstlerische Arbeit bis zum Tod.

Arnold Fiedler
Maler, Grafiker

1900 Hamburg – 1985 Hamburg
Mitglied der Hamburgischen Sezession: 1932–1933

1916–1923 Ausbildung bei Arthur Illies und Julius Wohlers an der Hamburger Kunstgewerbeschule. 1920 Atelier in einem Hafenspeicher durch Vermittlung Fritz Högers. 1925–1929 Weiterbildung im Atelier Hans Hofmann in München; dort später Lehrer. 1930 Parisaufenthalt, 1930–1936 mehrere Einzelausstellungen in Hamburg. 1938 Emigration nach Paris, im Zweiten Weltkrieg zeitweise Internierung in Frankreich, Einberufung zum »Volkssturm« und danach amerikanische Kriegsgefangenschaft. Ab 1946 wieder in Hamburg, 1947–1951 Mitbegründer und Lehrtätigkeit im Baukreis, einer alle künstlerischen Gattungen verbindenden Kunstschule in Hamburg. Weitere Ausstellungsbeteiligungen. 1956 Edwin-Scharff-Preis. 1958, 1967 Ehrengast der Villa Massimo in Rom. 1959–1969 Atelier in Paris.

Otto Fischer-Trachau
Maler, Zeichner, Raumkunstgestalter

1878 Trachau/Dresden – 1958 Hamburg
Mitglied der Hamburgischen Sezession: 1919–1933

Von Haus aus Maler mit Schwerpunkt auf Innengestaltung, 1902 Studium an der Kunstgewerbeschule Dresden; dort u. a. Dekoration mit Max Pechstein für Künstlerfeste. 1907 Umsiedlung auf Anraten des späteren Baudirektors Fritz Schumacher nach Hamburg. Ab 1908 Wandgemälde, Glasfenster und Mosaike für zahlreiche öffentliche und private Bauten, hauptsächlich in Hamburg, aber auch außerhalb Hamburgs, daneben Tätigkeit als freier Maler und Gebrauchsgrafiker, z. B. für Plakate. 1925 Lehrerstelle an der Kunstgewerbeschule Leipzig. Ab 1927 Dozent und Professor an der Kunstakademie Wiesbaden, nach Entlassung 1934 Rückkehr nach Hamburg und keine weiteren Staatsaufträge, erst ab Ende der 1930er Jahre wieder vereinzelte. Aufgrund der Arbeiten, die der Ästhetik der Nationalsozialisten entsprachen, wurde Fischer-Trachau von der Neugründung der Hamburgischen Sezession ausgeschlossen. Viele seiner Wandbilder wurden im Zweiten Weltkrieg zerstört.

Fritz Flinte
Maler

1876 Hamburg – 1963 Hamburg
Mitglied der Hamburgischen Sezession: 1919–1920 und 1932–1933, 1945–1953

1893–1896 Ausbildung zum Drechsler im väterlichen Betrieb; Zeichenkurse an der Gewerbeschule Altona. 1896–1898 Besuch der Kunstgewerbeschule in Hamburg, 1899–1901 Dekorationsmaler, 1901–1905 Studium an der Kunstakademie Stuttgart bei O. Pötzelberger und C. Grethe. Danach Rückkehr nach Hamburg. 1911 erste Ausstellung bei Commeter, im Ersten Weltkrieg Kriegsdienst in Rumänien, 1917 wegen Schwäche freigestellt. Heirat mit der Gewerbeschullehrerin Mathilde Wolff, zwei Kinder. Ab 1922 Mitglied des Hamburger Künstlervereins. Mehrere Reisestipendien. Atelier in der Hartwicusstraße 5. 1943 teilweise Vernichtung seines Œuvres bei Bombenangriffen. 1950 Ehrenmitglied des BBK, Ehrenrente des Hamburger Senats, 1961 Edwin-Scharff-Preis.

Willem Grimm
Maler, Grafiker

1904 Eberstadt/Darmstadt – 1986 Hamburg
Mitglied der Hamburgischen Sezession: 1929–1933

1919–1921 Ausbildung zum Schrift- und Buchgestalter an der Werkkunstschule Offenbach. 1922 Debschitz-Schule in München bei Carl Caspar. 1922–1923 in Worpswede, Handdrucke für Walter von Hollander. 1924 Umzug nach Hamburg und u. a. bis 1926 Schüler bei Willi Titze an der Landeskunstschule. 1926–1929 Studienreisen nach Paris, New York und Westindien. 1930–1931 Lehrauftrag an der Landeskunstschule für Naturzeichnen; ab 1931 jährliche Aufenthalte auf Sylt. In den 1930er Jahren weitere Studienreisen. Nach Abbruch der Künstlerbundausstellung Hamburg 1936 Ausbildung zum Landwirt in Worpswede. Im Zweiten Weltkrieg Bewachung von Munitionsdepots in Norddeutschland, 1943 Zerstörung des Ateliers durch Bomben. 1946–1969 Dozent (Prof.) an der Landeskunstschule für freie Malerei, 1959 Edwin-Scharff-Preis.

Paul Hamann
Bildhauer, Grafiker, Zeichner

1891 Hamburg – 1973 London
Mitglied der Hamburgischen Sezession: 1919–1933

1910–1914 Ausbildung an der Hamburger Kunstgewerbeschule bei Richard Luksch, in dieser Zeit Aufenthalte in Paris in der Werkstatt Rodins. Obwohl Pazifist, Kriegsdienst im Ersten Weltkrieg. Ab 1919 zunehmende Anerkennung seiner bildhauerischen Werke sowie Holzschnitte in Hamburg. 1920 Lehrtätigkeit an der Kunstgewerbeschule, Heirat seiner Schülerin Hilde Guttmann. Bis 1926 abwechselnd in Hamburg und Worpswede, danach in Berlin. 1933 Emigration des Paares nach Paris und 1936 nach London. Dort weiterhin kreative Arbeit und Mitbegründung der »Free German League of Culture«, 1940 Internierung, 1941 Trennung von seiner Frau, Gründung einer Kunstschule, 1950 britische Staatsangehörigkeit.

Erich Hartmann
Maler, Grafiker

1886 Elberfeld – 1974 Sylt
Mitglied der Hamburgischen Sezession: 1919–1933

1903–1906 Studium an der Düsseldorfer Kunstakademie, Fachrichtung Malerei bei Eduard von Gebhardt, dann an der Kunstschule Hermann Gröber in München. 1908–1912 Münchner Kunstakademie bei Peter von Halm. Studienreisen durch Deutschland, Russland und Italien. 1912–1914 in Paris. Im Ersten Weltkrieg Kriegsdienst in Frankreich; nach seiner Verwundung 1918 nach Altona. Ab 1922 Lehrauftrag an der privaten Kunstschule Gerda Koppel. 1919 Beitritt zum Deutschen Werkbund neben der Hamburgischen Sezession. 1946–1953 Dozent an der Landeskunstschule Hamburg und bis 1957 nebenamtliche Lehrtätigkeit.[5] 1956 Edwin-Scharff-Preis, Ehrenrente, Ehrenmitglied des Bundes Bildender Künstler.

Ivo Hauptmann
Maler

1886 Erkner bei Berlin – 1973 Hamburg
Mitglied der Hamburgischen Sezession: 1928–1933, 1945–1952

Ältester Sohn des Dramatikers und Schriftstellers Gerhard Hauptmann. Bekanntschaft mit Otto Müller, dem späteren Mitglied der Künstlergruppe Brücke. 1903 Studium an der Académie Julian in Paris, 1903/04 Schüler von Lovis Corinth in Berlin, 1904–1908 an der Großherzoglich-Sächsischen Kunstschule Weimar, dort bei Hans Olde und Meisterschüler von Ludwig von Hofmann; Bekanntschaft mit Edvard Munch und Henry van de Velde. Reisen nach Sylt, Griechenland, Holland und Dänemark. Von 1909–1912 erneut in Paris, diesmal an der Académie Ranson. Freundschaften mit Rainer Maria Rilke, Auguste Rodin und Paul Signac. 1912 freischaffender Maler in Dresden. 1913 Studium bei Arthur Siebelist an der Hamburger Kunstgewerbeschule. Mitglied im Deutschen Künstlerbund, der Hamburgischen Künstlerschaft und der Dresdner Künstlervereinigung, Mitbegründer der Freien Berliner Sezession. 1925 Umzug nach Hamburg, dort rasch in der Hamburger Kunstszene integriert; Beteiligung an den Ausstellungen der Sezession, 1933 1. Vorsitzender. 1945 Mitglied der neugegründeten Hamburgischen Sezession.
1946–1952 Dozent an der Landeskunstschule, 1950 Mitbegründer und Vizepräsident der Freien Akademie der Künste Hamburg, 1961 Bundesverdienstkreuz, 1962 Edwin-Scharff-Preis.

Paul Kayser
Maler, Grafiker

1869 Hamburg – 1942 Donaueschingen
Mitglied der Hamburgischen Sezession: 1919–1933

1889–1890 Besuch der Kunstgewerbeschulen in Dresden und München. Danach bis 1894 Dekorationsmaler in Hamburg und autodidaktische Weiterbildung zum Künstler, Mitbegründer des Hamburger Künstlerclubs von 1897. Förderung durch Alfred Lichtwark, 1900 Wandbild für die Schulaula des Paulsen-Stifts, 1902 Heirat, 1906–1939 Lehrer an der privaten Kunstschule Gerda Koppel, 1908 Umzug ins eigene Haus nach Hamburg-Blankenese. 1909 Begegnung mit dem französischen Maler Albert Marquet. Weitere Großaufträge wie zwei Gemälde für den Kreuzer »Imperator« der HAPAG 1912 und Wandbild für die Handelskammer 1913. Nach Kriegsdienst 1916–1918 eigenes Atelier am Glockengießerwall. 1921 Verkauf seines Hauses in Blankenese, 1920–1924 Timmendorf Strand, dann Rückkehr nach Hamburg, 1941 Umzug nach Donaueschingen.

Kayser unternahm zahlreiche Studienreisen durch Europa.

Karl Kluth
Maler, Grafiker, Bühnenbildner

1898 Halle – 1972 Hamburg
Mitglied der Hamburgischen Sezession: 1931–1933

Nach einer begonnenen Lithografenlehre und Kriegsdienst im Ersten Weltkrieg 1919–1922 Studium an der Akademie in Karlsruhe bei Albert Haueisen und August Babberger, dort Bekanntschaft von Fritz Kronenberg. 1922 Umzug nach Hamburg; 1928 Lichtwark-Preis gemeinsam mit Hans Henny Jahnn. 1929 Studienreise zu Edvard Munch nach Norwegen, zeitweise Gemeinschaftsarbeit. 1930 Stipendium für ein Atelier. 1932 Studienreise nach Italien mit Willem Grimm und Hans Ruwoldt. 1933 12. Ausstellung der Hamburgischen Sezession abgebrochen wegen zwei seiner als unanständig empfundenen Bilder. 1932 Wohnatelier im Ohlendorffhaus. 1934 Norwegenreise mit Willem Grimm, erneuter Besuch bei Edvard Munch. 1937–1939 Bühnenbildner an den städtischen Bühnen Kiel. 1940 Einberufung, bis 1949 in sowjetischer Kriegsgefangenschaft. 1950 Vorstandsmitglied des Deutschen Künstlerbunds und des Hamburger Kunstvereins, 1951–1962[6] Professor an der Hochschule für Bildende Künste sowie 1957 Edwin-Scharff-Preis und 1964 Ehrengast der Villa Massimo in Rom.

Richard Emil Kuöhl
Bildhauer, Bauplastiker, Modelleur

1880 Meißen – 1961 Rolfshagen bei Bad Oldesloe
Mitglied der Hamburgischen Sezession: 1919–1933

Ab 1896 vierjährige Töpfer-Ausbildung in einer Meißner keramischen Modellfabrik; danach dort für zwei Jahre Angestellter. 1902–1905 Besuch der Kunstgewerbeschule Dresden bei Karl Grosz; danach leitender Modelleur in der bauchemischen Versuchsanstalt Dr. Julius Bidtel in Meißen und für die Firma Otto Schulz in Berlin. Ab 1906 freier Bildhauer und Bauplastiker in Berlin, auf der Dresdner Kunstgewerbeausstellung die große silberne Staatsmedaille für »mustergültiges Spielzeug und Bronzearbeiten«. 1912 Übersiedlung nach Hamburg, dort bis 1915 und ab 1919 wetterfeste Baukeramiken, sog. Klinkerkeramik, für Hamburger Staatsbauten unter der Leitung von Fritz Schumacher, unter anderem für die Krugkoppelbrücke, das Chilehaus, Pressehaus und den Altstädter Hof im Kontorviertel, die Finanzbehörde am Gänsemarkt und das neue Krematorium auf dem Ohlsdorfer Friedhof. Mitglied im Hamburger Künstlerverein und in der Hamburgischen Künstlerschaft.

Nach der Machtübernahme durch die Nationalsozialisten Annahme von Aufträgen, wie z. B. für das Denkmal für die im Ersten Weltkrieg Gefallenen des 76er Infanterie-Regiments am Hamburger Bahnhof Dammtor. Nach dem Zweiten Weltkrieg trotz Vorwürfen aufgrund seiner Anpassung an den Nationalsozialismus[7] vor allem in den 1950er Jahren neue Aufträge.

Fritz Kronenberg
Maler, Grafiker

1901 Köln – 1960 Hamburg
Mitglied der Hamburgischen Sezession: 1932–1933, 1946–1952

Nach Besuch der Bildhauerklasse an der Kölner Kunstschule 1920–1923 Zeichenstudium an der Kunstakademie Karlsruhe gemeinsam mit Karl Kluth. 1923/24 Reisen in die USA, nach Spanien, Nordafrika und Norwegen. Bekanntschaft mit Georges Braque. Heirat mit Erika Strauss. Nach Lehrtätigkeit 1925–1927 an der Kunstgewerbeschule Köln freischaffender Künstler in Hamburg. Wieder Reisen, diesmal unter anderem durch Asien und Ägypten. 1936 Beginn der Zusammenarbeit mit der Griffelkunst-Vereinigung; nach Scheidung Heirat mit Sigrid Vogler. 1943 Ausbombung der Wohnung und des Ateliers in der Moorweidenstraße, danach in Keelbek bei Tarp, 1949 Rückkehr nach Hamburg. 1946 Mitglied der neugegründeten Hamburgischen Sezession. 1953 Mitglied der Freien Akademie der Künste. Mitte der 1950er Jahre NDR-Serie »Malen mit Fritz Kronenberg«, 1958 Edwin- Scharff-Preis. 1959 Keramikwand für die U-Bahnstation Meßberg.

Ludwig Kunstmann
Bildhauer

1877 Regensburg – 1961 Hamburg
Mitglied der Hamburgischen Sezession: 1919–1920

Nach Holz- und Steinbildhauerlehre in Regensburg Studium an der Kunstakademie Stuttgart. Ab 1910 Atelier in Hamburg. Viele Studienreisen durch Deutschland und Nordeuropa. Monumentale Plastiken an zahlreichen Bauten, u. a. von Fritz Schumacher, am Ballinhaus, Thaliahof und an der Hamburger Privatbank von 1860. Mitglied der Hamburgischen Künstlerschaft und des Hamburger Künstlerverein von 1832. In der NS-Zeit vielbeschäftigter Künstler. Atelier und Wohnung wurden im Zweiten Weltkrieg zerbombt.

Reinhard Lentz
Maler, Grafiker, Schauspieler

1906 Hamburg – 1994 Lenggries
Mitglied der Hamburgischen Sezession: 1929–1933

Studium der Innenarchitektur, 1924 Wechsel an die Hamburger Kunstgewerbeschule zu Willi Titze. Freundschaft mit Willem Grimm. Parallel zum Kunststudium Arbeit als Schauspieler. 1926 dreimonatiges Stipendium in Paris. 1927 sechsmonatige Schiffsreise mit Grimm nach New York und Westindien. 1929 gemeinsam mit Grimm neunmonatiges Stipendium in Paris. Danach für einige Wochen Gasthörer an der Düsseldorfer Akademie bei Werner Heuser. In Hamburg freischaffender Künstler, Mitgliedschaft auch im Altonaer Künstlerverein. Parallel 1933 und 1935 Schauspielunterricht. 1937 in erster Linie Schauspieler, 1943 Intendant der niedersächsischen Landesbühne in Hannover. Umzug nach München. 1944 Soldat und britische Kriegsgefangenschaft. Danach Umzug nach Arzbach-Lain, Restaurierung aller Bauernschränke und Fotokolorierungen. Ab 1953 ein halbes Jahr Schauspieler am Jungen Theater Hamburg, Gelegenheitsarbeiten beim Rundfunk und Fernsehen. 1962 Umsiedlung nach Lenggries, dort vorwiegend als Maler tätig.

Kurt Löwengard
Maler, Zeichner, Grafiker

1895 Hamburg – 1940 London
Mitglied der Hamburgischen Sezession: 1923–1933

1913 erste künstlerische Ausbildung bei Arthur Siebelist. Dienst im Ersten Weltkrieg. 1919 Bauhausschüler bei Lyonel Feininger und Walther Klemm. Anschließend ausgedehnte Studienreise durch Spanien, ab 1922 freischaffender Künstler in Hamburg. Weitere Studienreisen nach Paris, Holland, Südfrankreich und England, Mitglied in der Hamburgischen Künstlerschaft, während der Weltwirtschaftskrise Unterstützung durch die Künstlernothilfe. 1928 Wandbild für die

8. Sezessionsausstellung, diverse grafische und zeichnerische Auftragsarbeiten. Ab 1935 Engagement im Jüdischen Kulturbund Hamburg. 1939 Emigration nach London, dort an einer unheilbaren Krankheit gestorben.

Emil Maetzel
Architekt, Maler, Grafiker, Bildhauer

1877 Cuxhaven – 1955 Hamburg
Mitglied der Hamburgischen Sezession: 1919–1933, 1945–1952

1896–1900 Studium der Architektur in Hannover und Dresden. 1900 Reise nach Paris. Bis 1907 Mitarbeit an der Bauleitung des Hamburger Hauptbahnhofs, 1907–1933 (Ober-)Baurat in der Hamburger Baudeputation. 1910 Heirat mit der Malerin Dorothea Johannsen. Im Ersten Weltkrieg im Eisenbahn-Ersatzbataillon in Berlin stationiert. Holzschnittarbeiten für die Zeitschriften »Der Sturm« und »Die Aktion«. 1921 eigenes Atelier, 1927 Einzug in ein von ihm selbst entworfenes Haus in Volksdorf. Ab 1928 Vorsitzender der Hamburgischen Sezession. 1933 Zwangspensionierung durch die Nationalsozialisten. Nach dem Krieg rückwirkend Ernennung zum Baudirektor. Nach 1945 zeitweise 2. Vorsitzender der wiedergegründeten Hamburgischen Sezession.

Dorothea Maetzel-Johannsen
Malerin, Grafikerin

1886 Lensahn/Holstein – 1930 Hamburg
Mitglied der Hamburgischen Sezession: 1919–1930

Bis 1909 Ausbildung zur Zeichenlehrerin an der Hamburger Gewerbeschule, danach Lehrerin an der Städtischen Mädchenschule in Schleswig. 1910 Heirat mit dem Architekten und Maler Emil Maetzel und bis 1917 Geburt von vier Kindern. 1911–1918 häufige Reisen nach Berlin, Schülerin von Lovis Corinth. 1923 Wandgemälde in der Hamburger Kunsthalle. 1926 Ausstellung in der Hamburger Kunsthalle gemeinsam mit Friedrich Wield. 1928 Wandbilder für die Raumgestaltung von Karl Schneider anlässlich der 8. Sezessionsausstellung, danach Aufenthalt auf Gotland. 1930 Entwürfe für ein Deckengemälde im Planetarium Hamburg, nicht vollendet. 1930 Tod durch Herzschwäche.

Rolf Nesch
Maler, Grafiker

1893 Oberesslingen/Württemberg – 1975 Oslo
Mitglied der Hamburgischen Sezession: 1933 (Mitglied nur 1933, Ausstellungen mehrere zuvor)

1907–1909 Lehre zum Dekorationsmaler in Heidenheim, dann bis 1911 an der Kunstgewerbeschule Stuttgart. 1913/14 Studium an der Kunstakademie Dresden. Dienst während des Ersten Weltkriegs, danach in britischer Kriegsgefangenschaft. 1919–1923 Meisteratelier an der Kunstakademie Dresden, Bekanntschaft mit Oskar Kokoschka. 1924 sechswöchiges Erlernen von Drucktechniken bei Ernst Ludwig Kirchner in Davos. 1929 bis 1933 freischaffend in Hamburg, dort Freundschaft mit Rosa Schapire, Max Sauerlandt und Gustav Schiefler. Ab 1925 Innovationen in der Drucktechnik mittels Druckätzung und Materialdruck: Werkzyklen, »Muck«, »St. Pauli«, »Hamburger Brücken«. Im Oktober 1933 Emigration nach Norwegen, Besuch bei Edvard Munch. Weiterentwicklung seiner grafischen Techniken. 1936 Bekanntschaft mit dem Dada-Künstler Kurt Schwitters. 1943 Suizidversuch in Oslo. 1946 norwegische Staatsbürgerschaft. 1950 Heirat mit der Norwegerin Ragnhild Hald. Erwerb eines Hofs in Aal im Hallingdal.

Mitglied im Deutschen Künstlerbund, Teilnehmer der documenta. Zahlreiche Auszeichnungen: 1958 Lichtwark-Preis, 1962 Biennale-Preis Venedig, 1971 Kulturpreis der Stadt Oslo, 1973 Henrik-Steffens-Preis Kiel. 1962 Ehrenmitglied der Freien Akademie der Künste in Hamburg.

Karl Opfermann
Grafiker, Bildhauer

1891 Rödding/Nordschleswig – 1960 Ahrensburg
Mitglied der Hamburgischen Sezession: 1919–1933

Bis 1913 Ausbildung zum Ornamentmacher und Bildhauer an der Werkkunstschule in Flensburg, 1913/14 Schüler von Richard Luksch an der Kunstgewerbeschule Hamburg. Nach Kriegsdienst im Ersten Weltkrieg freischaffender Künstler in Hamburg mit Atelier an der Kunstgewerbeschule, später Beim Strohhause 9. Mitglied im Deutschen Künstlerbund und der Hamburgischen Künstlerschaft. Nach 1920 Veröffentlichung von Holzschnitten in expressionistischen Zeitschriften und weitere Auftragsarbeiten. Gehörte zum Kreis der »Tafelrunde« um Hans W. Fischer.[8] 1926 Studienreise durch Italien. 1932 Atelier im Ohlendorff-Haus, ab 1935 neue Aufträge, unter anderem eine Porträtbüste Adolf Hitlers, aber auch Verfemung aufgrund seiner Mitgliedschaft in der Novembergruppe und der Hamburgischen Sezession. 1939–1941 Soldat, 1943 Zerstörung seines Ateliers. 1945 Verwehrung der Mitgliedschaft in der neugegründeten Sezession wegen NSDAP-Mitgliedschaft. Nach Zwischenaufenthalt in Flensburg von 1948 an wohnhaft in Ahrensburg. In den 1950er Jahren Mitgliedschaft in der Künstlergruppe »Die Palette«.

Alexandra Povòrina
Malerin
1895 St. Petersburg – 1963 Berlin
Mitglied der Hamburgischen Sezession:
1919–1920 und 1929–1933

1901–1903 Studium der Literatur, Geschichte und slawischen Sprachen, 1903 Übersiedlung nach München, dort Unterricht an der Kunstschule von Simon Hollósy, 1906 Heirat mit Károly Kiss. 1909 Rückkehr nach Russland, 1911–1913 Studienaufenthalt in Paris, Unterricht im Atelier Maria Vassiliewa, 1912 Verlobung mit Friedrich Ahlers-Hestermann. 1913 letzter Aufenthalt in Russland als Kunstlehrerin in Wjatka/Ural, Rückkehr nach Paris. Bei Kriegsausbruch 1914 Flucht nach Hamburg unter Zurücklassung ihrer Werke. 1916 Heirat mit Friedrich Ahlers-Hestermann, bis 1929 überwiegend in Hamburg. 1919 Geburt der Tochter Tatiana. 1918 Mitglied der Neuen Gruppe Hamburg, 1921 des Deutschen Künstlerbundes, 1924 fünf Monate auf dem Monte Verità bei Ascona. 1926 Mitgründerin der GEDOK Hamburg. 1928 mit der Familie nach Köln, 1930 Gründungsmitglied der Kölner GEDOK, 1933 Mitglied der Pariser Künstlergruppe Abstraction-Création. 1938 Tuberkulose mit bleibenden gesundheitlichen Schäden, 1939 Umzug nach Berlin, 1947–1952 Dozentin an der Kunsthochschule Berlin-Weißensee, 1960 aus gesundheitlichen Gründen Aufgabe der Malerei, Hinwendung zu Collagen.

Anita Rée
Malerin
1885 Hamburg – 1933 Kampen/Sylt
Mitglied der Hamburgischen Sezession: 1919–1933

Ausbildung bei Arthur Siebelist in Hamburg, ab 1910 freie Malerin in Ateliergemeinschaft mit Franz Nölken und Friedrich Ahlers-Hestermann. 1912 Studium bei Fernand Léger in Paris. 1926 Gründung der GEDOK gemeinsam mit Ida Dehmel. 1922 bis 1925 Leben und Arbeit in Positano, Reisen in Italien. Danach Rückkehr nach Hamburg und gefragte Porträtmalerin. 1929 und 1931 Aufträge für Wandbilder in Hamburger Schulen. 1931 Altarbild für die Ansgarkirche in Langenhorn (nicht aufgebaut). 1932 Umzug nach Sylt, dort Freitod im Dezember 1933.

Otto Rodewald
Maler, Grafiker
1891 Schöningen/Helmstedt – 1960 Hamburg
Mitglied der Hamburgischen Sezession:
1928–1933, 1945–1952

1909–1914 Studium an der Kunstgewerbeschule Hamburg bei Carl Otto Czeschka. Nach Kriegsdienst im Ersten Weltkrieg nach 1923 eigenes Atelier in der Sierichstraße. 1921 Teilnahme an der Ausstellung der Hamburgischen Sezession; Stipendium durch Vermittlung des Kunsthallendirektors Gustav Pauli, lebenslange Freundschaft zu einem seiner ersten Sammler, dem Bankier Paul Michael Mendel. 1922/23 Aufenthalt in einem Lungensanatorium in Davos; dort Grafikzyklus »Wolken und Berge«. 1925 Ankauf mehrerer Grafiken durch den Hamburger Senat und Mitbegründer des Kunstclubs »Die Insel«. Ab Ende der 1920er Jahre Reisen durch Europa und den Vorderen Orient. 1929–1931 Aufenthalt in Sidi Bou Said, Tunesien. 1937/38 Wandbilder für Kasernen im Auftrag der Heeresbauverwaltung. Nach 1945 Beteiligung an der Konzeption der neuen Wochenzeitung »Die Zeit«. 1945 Vorstandsmitglied der neugegründeten Hamburgischen Sezession gemeinsam mit Erich Hartmann, Herbert Spangenberg und Hans Martin Ruwoldt.

Hans Martin Ruwoldt
Bildhauer, Zeichner, Grafiker
1891 Hamburg – 1969 Hamburg
Mitglied der Hamburgischen Sezession: 1928–1933, 1945–1952

1906–1909 Modellierer- und Formerlehre in Rostock, bis 1910 Gesellentätigkeit. 1911–1914 Studium an der Hamburger Kunstgewerbeschule bei Richard Luksch, 1913 Begegnung mit dem russischen Bildhauer Moissey Kogan. Im Ersten Weltkrieg Soldat und französische Kriegsgefangenschaft. 1920 Rückkehr nach Hamburg. 1923 Heirat, 1926 eine Tochter. 1926 Mitglied im Altonaer Künstlerverein sowie in der Hamburgischen Künstlerschaft. Bis 1933 einige Aufträge durch Fritz Schumacher für Bauten und Anlagen. 1932 Arbeitsreise mit Grimm und Kluth nach Italien. 1934 Fachbereichsleiter Bildhauerei der Reichskammer der bildenden Künste Hamburg.[9] 1938 (Unfreiwillige) Ausführung des Ersatzreliefs für das Gefallenendenkmal von Ernst Barlach.[10] 1955–1959 Professur für Bildhauerei an der Hochschule für bildende Künste Hamburg. Kurz nach seinem Tod vollständige Zerstörung seines Hauses und Ateliers durch einen Brand.

Martin Schwemer[11]
Maler, Grafiker
1894 Hamburg – 1986 Hamburg
Mitglied der Hamburgischen Sezession: 1919–1929

Bruder des Malers Paul Schwemer. Drei Jahre Studium an der Kunstgewerbeschule Hamburg bei Paul Helms und Carl Otto Czeschka. Im Ersten Weltkrieg Soldat. Ab 1920 Mitglied der Hamburgischen Künstlerschaft.

Paul Schwemer
Maler, Grafiker, Kunsterzieher

1889 Neubukow/Mecklenburg – 1938 Hamburg
Mitglied der Hamburgischen Sezession: 1919–1929

1904–1909 Zeichenlehrerausbildung in Hamburg, drei Jahre Besuch der Kunstgewerbeschule Hamburg bei Arthur Illies. Im Ersten Weltkrieg Soldat. Danach Fortbildung zum Werklehrer, später Zeichenlehrer an der Lichtwarkschule. Bedeutender Vertreter des Hamburger Expressionismus, in vielen Presseerzeugnissen vertreten. 1919 gemeinsam mit Karl Lorenz Herausgeber der Monatsschrift für Kunst und Kultur »Die Rote Erde«, später Mitarbeiter.

Heinrich Steinhagen
Maler, Grafiker, Bildhauer, Keramiker

1880 Insel Poel – 1948 Hamburg-Rahlstedt
Mitglied der Hamburgischen Sezession: 1919–1920

1897 abgebrochene Dekorationslehre in Wismar, künstlerischer Autodidakt. 1898 freischaffend in Hamburg tätig. 1914 erste künstlerische Anerkennung auf der internationalen Grafikausstellung in Prag. Trotz Förderung durch den Kunstsammler Ernst Rump schwierige finanzielle Lebenssituation. Studienreisen nach Italien, Frankreich, Österreich-Ungarn und die Schweiz. Im Ersten Weltkrieg Soldat in Frankreich und Russland, Desertion und schwere Verwundung. 1919 Eintritt in die KPD und Gründung des revolutionären Künstlerrats für die Hamburger Kunsthalle. 1919/20 Staatsatelier in der Hamburger Kunsthalle, Ankauf von mehr als 100 Grafiken durch die Hamburger Kunsthalle, 1923 Verkauf seiner Arbeiten an einen Kunsthändler. Eigenständiger Hausbau mit Wohnung und Atelier in Hamburg Neu-Rahlstedt als Gesamtkunstwerk. Zwei Ehen, eine Lebensgemeinschaft, acht Kinder. 1937 teilweise Zerstörung des Hauses und des überwiegenden Teils seines Lebenswerks durch Brand und Wiederaufbau. Aufgrund finanzieller Schwierigkeiten fortwährende Unterstützung durch Wohlfahrtshilfe. 1944 vier Monate KZ wegen Kritik an Hitler nach Kriegstod seines Sohnes Harald. Nach 1945 Dichterlesungen und Hauskonzerte im Steinhagen-Haus. Nach Steinhagens Tod Verfall des Gebäudes und 1963 Abriss.

Otto Tetjus Tügel
Maler, Schriftsteller, Musiker, Schauspieler, Tänzer

1892 Hamburg – 1973 Oese/Bremervörde
Mitglied der Hamburgischen Sezession: 1919–1933

Nach kurzzeitigem Besuch der Kunstgewerbeschule in Hamburg 1909–1939 freischaffender Künstler, überwiegend in Worpswede. In dieser Zeit immer wieder längere Aufenthalte in Hamburg. Im Ersten Weltkrieg 1916–1918 Soldat, dann wieder in Worpswede, Anschluss an die Worpsweder Bohème im Brunnenhof. In den 1920er Jahren stark in der Kunstszene Hamburg involviert: unter anderem zahlreiche Mitgliedschaften in Künstlervereinigungen sowie Vorbereitung und Teilnahme an den legendär gewordenen Künstlerfesten. 1923 Fußwanderung nach Haparanda. Viele Reisen. Acht Ehen, zehn Kinder. In den 1930er Jahren Einsiedelei in der Marcus-Hütte in Worpswede, 1939 Umzug nach Bederkesa, dort Zeichenlehrer an einem Gymnasium. Nach 1945 über Brillit bei Gnarrenburg Umzug auf den Quickhof in Oese bei Bremervörde.

Friedrich Wield
Bildhauer, Grafiker

1880 Hamburg – 1940 Hamburg
Mitglied der Hamburgischen Sezession:
1919–1922

1896 Bildhauerlehre bei Walter Zehle in Hamburg. Studium in Paris, 1900–1903 an der Münchner Akademie bei Wilhelm von Rümann. 1903–1905 Gehilfe bei Zehle in Hamburg. 1905–1914 wohnhaft in Paris, dort unter anderem Kontakte zu Auguste Rodin. 1914 Rückkehr aus Frankreich, im Ersten Weltkrieg zunächst aus gesundheitlichen Gründen zurückgestellt, dann 1915–1918 Kriegsdienst. 1919 Staatsatelier in der Hamburger Kunsthalle. Mitglied der »Tafelrunde« Hans W. Fischers. Bis 1922 Vorsitzender der Hamburger Sezession, dann Mitglied im Deutschen Künstlerbund. 1925 erneuter Aufenthalt in Paris. 1930 Übernahme des Ateliers der verstorbenen Dorothea Maetzel-Johannsen in der Ulmenau 3. 1933 verhinderte die NS-Kulturbehörde die Fertigstellung seines Heinrich-Hertz-Denkmals »Ätherwelle«. 1935 mehrere Wochen auf Sizilien. 1936 Umzug in das Künstlerheim Birkenau 24, Dozent für Bildhauerei an der Hamburger Volkshochschule. 1940 Freitod aufgrund der Einschränkungen seiner künstlerischen Arbeit und Lebensgrundlage durch die Nationalsozialisten.

Albert Woebcke
Bildhauer

1896 Altona – 1980 Hamburg
Mitglied der Hamburgischen Sezession: 1927–1933

Steinbildhauerlehre, parallel dazu Besuch der Altonaer Handwerker- und Kunstgewerbeschule, 1913 Abschluss mit Auszeichnung. Ermutigung durch Alfred Lichtwark und Gustav Pauli, in Hamburg an die Kunstgewerbeschule zu gehen. Dort Schüler bei Johann Michael Bossard. Im Ersten Weltkrieg Soldat, danach freischaffender Bildhauer in Hamburg, zahlreiche Kontakte zu Hamburger Künstlern, Zugehörigkeit zur »Tafelrunde« von Hans W. Fischer, 1922–1926 Dozent der Bildhauerklasse an der Handwerker- und Kunstgewerbeschule in Altona, ab 1926 Mitglied des Altonaer Künstlervereins,[12] Mitglied des Deutschen Werkbunds. Studienaufenthalte in Berlin, Zürich, Rom, Paris, viele Reisen. Im Zweiten Weltkrieg Arbeit in der Rüstungsindustrie, mutmaßliches Brachliegen seiner künstlerischen Tätigkeit. 1943 Verlust des größten Teils seiner Arbeiten durch Bombenhagel. Nach dem Krieg überwiegend Bildhauerkurse.

Gretchen Wohlwill
Malerin, Grafikerin, Zeichenlehrerin

1878 Hamburg – 1962 Hamburg
Mitglied der Hamburgischen Sezession: 1919–1933

Ab 1894 Ausbildung an der Kunstschule Röver in Hamburg bei Ernst Eitner und Arthur Illies. 1904/05 an der Académie de la Grande Chaumière bei Lucien Simon und Jaques Emile Blanche. 1909/10 an der Académie Matisse Bekanntschaft unter anderem mit Friedrich Ahlers-Hestermann und Franz Nölken. 1910 Examen als Zeichenlehrerin in Berlin, dann bis 1933 Kunsterzieherin an der Emilie-Wüstenfeld-Schule in Hamburg. In den 1920er Jahren Reisen unter anderem mit Alma del Banco, Alexandra Povòrina und Eduard Bargheer, Freundschaft insbesondere mit Eduard Bargheer. 1933 Entlassung als Jüdin aus dem Schuldienst, Ausschluss aus der Hamburgischen Künstlerschaft. Mitarbeit im Jüdischen Kulturbund. 1940 Emigration nach Portugal, dort Lebensunterhalt mit handwerklichen Arbeiten und Sprachunterricht. 1952 Rückkehr nach Hamburg. 1959 Ehrenmitglied des Berufsverbands Bildender Künste in Hamburg.

Johannes Wüsten
Maler, Zeichner, Grafiker, Keramiker, Schriftsteller, Journalist

1896 Heidelberg – 1943 Zuchthaus Brandenburg-Görden
Mitglied der Hamburgischen Sezession: 1919–1921

1897 Umzug der Familie nach Görlitz. 1914–1916 nach abgebrochener Tischlerlehre in Dresden Studium bei Otto Modersohn in Worpswede. 1916–1918 Soldat. Ab 1918 in Hamburg freischaffender Künstler; aktive Beteiligung in der Hamburger Kunstszene. Ankauf eines seiner Bilder durch die Hamburger Kunsthalle, Mitarbeit im Hamburger Künstlerrat.[13] 1919–1921 Vorstandsmitglied der Hamburgischen Sezession, 1922 Rückkehr nach Görlitz, anschließend dort Gründung einer Fayence-Manufaktur mit seinem Bruder und seiner späteren Ehefrau Dorothea Köppen, nach Schließung derselben 1926 Aufbau einer Kunstschule in Görlitz. Vor 1933 Engagement gegen die Nationalsozialisten und Eintritt in die KPD, 1934 Exil in Prag, 1938 Emigration nach Paris, 1940 Verhaftung durch die Gestapo, später Verurteilung zu 15 Jahren Zuchthaus. 1943 Tod infolge einer offenen Tuberkulose.

Die hier vorgestellten Biografien beruhen im Wesentlichen auf Bruhns / Mewes, Nachtmahre 2013; Ewers-Schultz, Kunstsammlung der Hamburger Sparkasse 2002 und Weimar 2003. Weitere Quellen:

▬ 1 www.kettererkunst.de/bio/friedrich-ahlers-hestermann-1883.php (abgerufen am 9. 1. 2019). ▬ 2 Edition LGC, www.edition-lgc.de/i.php?n=A-allg. Vita (abgerufen am 11. 1. 2019); dort Bekanntschaft Ballmers mit Steiner im Jahre 1918. ▬ 3 www.eduard-bargheer.de/biographie.html (abgerufen am 9. 1. 2019); Bruhns 2013: Auf Ischia ▬ 4 Feust, Axel: Altonaer Künstlerverein 1905–1939. 7. September 1990–21. Januar 1991, Altonaer Museum, Offizin Paul Hartung Druck 1991, S. 65. Darin ist vermerkt, dass Feldberg-Eber »1919/20 Mitglied« der Hamburgischen Sezession war. ▬ 5 Werner, Stefanie Christine; Erich Hartmann (1886–1974). Leben und Werk eines Hamburger Malers. Mit einem Verzeichnis der Gemälde und der »Kunst am Bau«, Univers.-Diss, Hamburg 2011. http://ediss.sub.uni-hamburg.de/volltexte/2011/5355/pdf/pdfDissTextband.pdf, S. 153–156 (abgerufen am 9. 1. 2019). ▬ 6 http://schaukasten.sub.uni-hamburg.de/beckett/beckett_d/index.php?k_kluth.php (abgerufen am 2. 2. 2019), hier ab 1952. ▬ 7 Bruhns, Kunst Krise 2001, Band 1, u. a. S. 141, 156, 477 f. ▬ 8 Eine Art »Stammtisch«, der von Journalist Hans W. Fischer ins Leben gerufen wurde. ▬ 9 Bis 1936, siehe: Paas, Sigrun, Schmidt, Hans (Hg.): Verfolgt und verführt. Kunst unterm Hakenkreuz in Hamburg. Hamburger Kunsthalle 12. Mai bis 3. Juli 1983 (Ausstellungskatalog). Jonas, Marburg 1983, S. 157; Klee, Ernst: Kulturlexikon zum Dritten Reich. Wer war was vor und nach 1945, Fischer, Frankfurt/M. 2007, S. 458. ▬ 10 Nach Garbe/Michelsen konnte sich Ruwoldt den Vereinnahmungsversuchen der Nationalsozialisten nicht entziehen, Garbe, Detlef; Michelsen, Jens: Gedenkstätten in Hamburg. Ein Wegweiser zu Stätten der Erinnerung an die Jahre 1933–1945, Hamburg 2003, Nr. 37, www.hamburg.de/contentblob/71634/69eebe0a28c37d42b5a6f86b155bf434/data/-gedenkstaetten-in-hamburg-ein-wegweiser-zu-den-staetten-der-erinnerung-an-die-jahre-1933-1945-lzpb-und-kz-gedenkstaette-neuengamme-hamburg-2003.pdf;jsessionid=09C7A3F67E2E6BE77B 6025C334197CF1.liveWorker2 (abgerufen am 2. 2. 2019). ▬ 11 Paul Schwemer ausführlich in: Bruhns 2001, Bd. 2, S. 352 f. ▬ 12 Scheffler, Wolfgang: Der Altonaer Bildhauer Albert Woebcke, in: Die Heimat, Band 44/1934, S. 50–54. ▬ 13 Zusammenschluss von zwölf Künstlern und Architekten als Künstlervertreter gegenüber der Stadt Hamburg. Diese Tätigkeit wurde als »ehrenvoll« erachtet, Weimar 2003, S. 164.

LITERATUR

Friedrich Ahlers-Hestermann, Pause vor dem dritten Akt, Berlin 1949.

Friedrich Ahlers-Hestermann, in: Ausst.-Kat. Emil Maetzel, Dorothea Maetzel-Johannsen, Kunstverein Hamburg 1958.

Friedrich Ahlers-Hestermann, in: Ausst.-Kat. Drei Malerinnen, Kunsthaus Hamburg 1966.

Karin von Behr, Heinrich Steinhagen 1880–1948. Ein deutscher Expressionist, Fischerhude 2003.

Maike Bruhns, Kurt Löwengard (1895–1940) – Ein vergessener Hamburger Maler, Hamburg 1989.

Maike Bruhns (Hrsg.), Hans Martin Ruwoldt (1891–1969). Skulpturen – Reliefs – Zeichnungen, Ausst.-Kat. BAT, Hamburg 1991.

Maike Bruhns, Die Hamburgische Secession, in: Ausst.-kat Galerie Herold, Hamburg 1992.

Maike Bruhns, Rolf Nesch in Hamburg, in: Rolf Nesch 1893–1975, Retrospektive zum 100. Geburtstag, Kloster Cismar u. a. 1993, S. 27–42.

Maike Bruhns (Hrsg.), Rolf Nesch – Zeugnisse eines ungewöhnlichen Künstlerlebens in turbulenter Zeit (Briefe), Gifkendorf 1993a.

Maike Bruhns, Anita Rée – Leben und Werk einer Hamburger Malerin, Hamburg 1986.

Maike Bruhns, Kunst in der Krise, Bd. 1: Hamburger Kunst im »Dritten Reich«, Bd. 2: Künstlerlexikon Hamburg 1933–1945, Hamburg 2001.

Maike Bruhns, Geflohen aus Deutschland – Hamburger Künstler im Exil 1933–1945, Ausst.-Kat. Museum für Hamburgische Geschichte, Hamburg 2007.

Maike Bruhns, Bauschmuck bei Fritz Schumacher – ein Kaleidoskop der Künste, Hamburg 2013.

Maike Bruhns/Claus Mewes (Hrsg.), Nachtmahre und Ruinenengel. Hamburger Kunst 1920 bis 1950. Werke aus der Sammlung Maike Bruhns. Publikation zum 50-jährigen Bestehen des Kunsthauses Hamburg, Ausst.-Kat. Hamburg, Berlin 2013.

Ina Ewers-Schultz, Die Hamburgische Sezession – Die Kunstsammlung der Hamburger Sparkasse, Ausst.-Kat. Haspa, Hamburg 2002.

Hans W. Fischer, Hamburger Kulturbilderbogen. Eine Kulturgeschichte 1909–1922. Neu hrsg. und kommentiert von Kai-Uwe Scholz, Mathias Mainholz, Rüdiger Schütt, Hamburg 1998.

Hanns Theodor Flemming, Zum Werk, 1986. Wiederabgedruckt in: Jan Buchholz / Doris von Zitzewitz (Hrsg.), Dorothea Maetzel-Johannsen – Leben und Werk, Neumünster 2013.

Volker Detlef Heydorn, Maler in Hamburg 1886–1945, Bd. 1, Hamburg 1974.

Roland Jaeger / Cornelius Steckner, Zinnober – Kunstszene Hamburg 1919–1933, Hamburg 1983.

Rüdiger Joppien, Entfesselt – Expressionistischer Aufbruch in Hamburg um 1920, Ausst.-Kat. Museum für Kunst und Gewerbe, Hamburg 2006.

Rüdiger Joppien, Ein Künstlerpaar der Moderne: Emil Maetzel Dorothea Maetzel-Johannsen, in: Ausst.-Kat. Kunsthaus Stade, Petersberg 2017, S. 8–35.

Rüdiger Joppien, Karl Ballmer und Max Sauerlandt – im Spiegel der Taschenkalender Max Sauerlandts, in: Karl Ballmer, Kopf & Herz, Ausst.-Kat. Ernst Barlach Haus, Hamburg 2017a, S. 55–131.

Hans Leip, Tage- und Nächtebuch der Hamburger Puppenspiele. Expressionistisches Puppentheater in Hamburg, hrsg. von Rüdiger Schütt, Kiel 2005.

Helmut Leppien, in: Der Maler Willem Grimm 1904–86, Leben und Werk, Hamburg 1989.

Mathias Mainholz/Rüdiger Schütt/Sabine Walter, Hamburger Künstlerfeste 1914–1933. Eine Künstlerfestchronik anlässlich der Friedrich-Adler-Ausstellung im Museum für Kunst und Gewerbe Hamburg vom 23. September bis 6. November 1994, Hamburg 1994.

Familie Rump (Hrsg.), Der Neue Rump , Lexikon der bildenden Künstler Hamburgs. Überarbeitete Neuauflage des Lexikons von Ernst Rum (1912), ergänzt, überarbeitet und auf den heutigen Wissensstand gebracht von Maike Bruhns, 2. Aufl. Neumünster / Hamburg 2013

Heinz Spielmann, in: Eduard Bargheer – Norddeutsche Landschaftsbilder 1929–1939, Ausst.-Kat. Kloster Cismar 1996, S. 5–8.

Heinz Spielmann, Karl Kluth, Hamburg 1975.

Fritz Schumacher, 24 Wandbilder in Hamburger Staatsbauten, Hamburger Kunstverein 1932.

Friederike Weimar, Die Hamburgische Sezession 1919–1933, Geschichte und Künstlerlexikon, Fischerhude 2003 (mit einem Text von Maike Bruhns: Sezessionskunstler nach 1933).

Friederike Weimar, Die Avantgarde der bildenden Künste, in: Dirk Hempel / Friederike Weimar (Hrsg.), Himmel auf Zeit – Die Kultur der 1920er Jahre in Hamburg, Neumünster 2010.

IMPRESSUM

Dieses Buch erscheint als Begleitpublikation zur Ausstellung **»Tanz des Lebens. 100 Jahre Hamburgische Sezession«** im Jenisch Haus.

15. April 2019 – 13. Januar 2020

Stiftung Historische Museen Hamburg
Börries von Notz
Alleinvorstand

Prof. Dr. Anja Dauschek
Direktorin Altonaer Museum

Marc von Itter
Verwaltungsdirektor

Ausstellung

Kuratorin: Dr. Maike Bruhns, Hamburg

Projektleitung Jenisch Haus:
Dr. Nicole Tiedemann-Bischop

Wissenschaftliche Mitarbeit: Dr. Verena Fink

Leihverkehr: Sylvia Uedsen

Gemälderestaurierung und Vorbereitung:
Ina Janssen, Britta Kröger, Hamburg

Papierrestaurierung und Vorbereitung:
Gudrun Kühl, Hamburg

Objektbearbeitung und Aufbau:
Christopher Bainbridge, Andrea Borck, Cornelia Botha, Burkhard Jodat, Dirk Juretzki, Marian Manka, Birgit Staack

Fotoarbeiten:
Elke Schneider

Vermittlung und Veranstaltung: Heike Roegler, Arne Bosselmann

Controlling: Martin König

Ausstellungsgestaltung: Ingenieurwesen Ausstellungsarchitektur Jochen Messer, Hamburg

Ausstellungsgrafik und Werbemittel:
atelier freilinger & feldmann, Hamburg / Paris

Katalog

Herausgeber: Dr. Maike Bruhns, Prof. Dr. Anja Dauschek, Dr. Nicole Tiedemann-Bischop

Autoren: Dr. Maike Bruhns (MB), Verena Fink (VF), Rüdiger Schütt (RS)

Lektorat: Christine Jäger-Ulbricht, Sandstein Verlag

Gestaltung: Michaela Klaus, Sandstein Verlag

Satz und Reprografie: Christian Werner, Jana Neumann, Sandstein Verlag

Druck und Verarbeitung: FINIDR, s.r.o.Český Těšín

Bildnachweis: Hayo Heye, Abb. 13, 22, 26, 36, 45, 49, 50, 53, 69, 73, 75 ▬ Stiftung Historische Museen, Altonaer Museum, Elke Schneider, Abb. Frontispiz, 1–9, 12, 15–17, 19, 20, 23–25, 30, 32, 33, 35, 42, 46, 47, 63, 66, 68, 70, 71, 72, 74 ▬ Stiftung Historische Museen, Altonaer Museum, Abb. 11, 29, 37, 39, 40, 54–57, 76 ▬ Helge Mundt, Abb. Cover, 10, 21, 27, 31, 38, 52 ▬ Michael Hensel, Abb. 28, 31, 34 ▬ Margot Schmidt, Abb. 41, 44, 48, 51, 67 ▬ Beatrice Frehn, Abb. 43 ▬ Rüdiger Schütt, Abb. 58, 59, 62 ▬ Benedikt Scheper, Abb. 64 ▬ Andreas Plettenberg, Abb. 65 ▬ Scans von alten Fotos, Maike Bruhns, Abb. 14, 18, 60, 61 ▬ Trotz intensiver Bemühungen war es uns nicht in allen Fällen möglich, die Rechteinhaber der Abbildungen ausfindig zu machen.

Die Deutsche Nationalbibliothek verzeichnet diese Publikation in der Deutschen Nationalbibliografie; detaillierte bibliografische Daten sind im Internet über http://dnb.dnb.de abrufbar.

WWW.SANDSTEIN-VERLAG.DE
ISBN 978-3-95498-462-6